Mordslandschaften

Thomas Barfuss

Mordslandschaften

Der Krimi in Graubünden

Herausgegeben vom
Institut für Kulturforschung Graubünden

CHRONOS

Inhalt

2 Krimigeschichte: Vom Detektivroman zum Regionalkrimi_171

3 Krimilektüren: Detektive und Touristen_235

Vorwort

Das Bereichernde an guter Forschung ist, dass sie dazu befähigt, Zusammenhänge zu erkennen, die ansonsten unentdeckt geblieben wären.

Thomas Barfuss lässt die Literatur – rund 120 Krimis aus und über Graubünden begründen den erlesenen Bestand des Buchs – für sich selbst sprechen. Dies gelingt ihm, indem er analysiert, ohne zu werten. Er verfolgt historische Hintergründe und Entwicklungslinien, reflektiert sprachpolitische, gesellschaftliche und wirtschaftliche Rahmenbedingungen, hört den Krimiautor:innen zu und entwickelt seine Themen und Thesen mit und bei der Lektüre (und nicht etwa über sie hinweg). Auf diese Weise löst er in seiner Auseinandersetzung mit dem Krimi ein, was die Freude am Genre ausmacht, nämlich, dass die Leser:innen teilhaben am Geschehen, miträtseln und mitdenken und dadurch Lust bekommen, die gespannten Fäden weiterzuspinnen. Ein zentraler Strang ist die von Thomas Barfuss dargelegte Wechselwirkung zwischen Regionalkrimi und Tourismus, Detektiv und Reisendem.

Angeregt durch die vorliegenden *Mordslandschaften*, deren Entstehen am Institut für Kulturforschung Graubünden ich über die letzten Jahre begleiten durfte, stosse ich auf Überraschendes. Jane Austens zwischen 1798 und 1803 verfassten Roman *Northanger Abbey* lese ich zwar nicht zum ersten Mal, doch nie zuvor sind mir die Parallelen zum Bündner Regionalkrimi aufgefallen: Während wir heute mit Philipp Gurts Landjäger Caminada durch das Chur der 1950er-Jahre wandeln und nicht mehr durchs Rheinwäldchen spazieren können, ohne an die puppenhaft zurechtgemachte Tote aus *Graubündner Schreie* zu denken, steht Jane Austens Protagonistin Catherine Morland so im Bann des seinerzeit populären Schauerromans *The Mysteries of Udolpho* von Ann Radcliffe, dass in ihrer Fantasie das längst von einer gewöhnlichen Familie bewohnte Kloster von Northanger zum dramatischen Schauplatz eines düsteren Mords wird. In beiden Fällen werden Orte durch packendes Storytelling mit Bedeutung aufgeladen, verlieren ihre Alltäglichkeit und erscheinen so begehrens- wie besuchenswert.

In ihrer Satire auf die *Gothic Novel*, als die der Roman *Northanger Abbey* auch gelesen werden kann, lässt Jane Austen anklingen, was

Thomas Barfuss mehr als 200 Jahre später im Licht einer insbesondere von Engländerinnen und Engländern eingeleiteten Touristifizierung der Alpen überzeugend herausarbeitet – das spannungsreiche Miteinander von populärliterarisch geweckter Erwartungshaltung und tatsächlicher (touristischer) Erfüllung. Schon Austens Heldin Catherine ist von ihrem Reiseziel desto stärker gefesselt, je mehr es ihrem Wunsch entgegenkommt, hinter die idyllisch aufgemachten Kulissen zu schauen, um die «wahren» Verhältnisse zu entdecken. Also weckt die Lektüre Sehnsucht nach dem beschriebenen Ort, und, einmal dort angekommen, verwandelt sie die bereiste Landschaft in einen emotional aufgeladenen Schauplatz.

Auf dieser vielversprechenden Wechselwirkung fussen denn auch der boomende Regionalkrimi und seine zunehmende Beachtung und Förderung durch die Tourismuswirtschaft. Beide, Regionalkrimi wie Regionaltourismus, regen die Suche nach dem noch Unentdeckten und vermeintlich Authentischen an, woraus sich seit den 2000er-Jahren eine Systematik entwickelt, die das Einmalige zum seriellen und damit wirtschaftlich lukrativen Erfolgsrezept macht, wie Thomas Barfuss in vielen sprechenden Beispielen aufzeigt.

Und damit bin ich schon mitten in den faszinierenden Zusammenhängen, die das vorliegende Buch erschliesst und deren Spuren man nach der inspirierenden Lektüre in anderen Büchern zu entdecken vermag.

Cordula Seger, Leiterin Institut für Kulturforschung Graubünden

Mordslandschaften

«In dieser wunderschönen Bergkulisse hatten sich mal wieder die schlimmsten Verbrechen ereignet.» Diese scheinbar banale Äusserung, mit der ein erfolgreicher Krimiautor den Abschluss eines weiteren Falls markiert, führt mitten hinein ins Thema dieses Buchs. Die Zeilen legen eine Spur zu jenen Mordslandschaften, die an der eigenen Haustür beginnen und sich ins Unbekannte und Unheimliche erstrecken. Es soll deshalb zu Beginn dieser Untersuchung etwas vom detektivischen Spürsinn, der in den Krimis so reichlich vorhanden ist, darauf verwendet werden, den Satz genauer unter die Lupe zu nehmen.

In *dieser* wunderschönen Bergkulisse: Der Hinweis deutet auf eine ganz bestimmte Geografie. Sie wird gleich schon im Titel des betreffenden Kriminalromans benannt, er lautet: *Bündner Abendrot*. Es sind hier also alpine Landschaften mit ihrer typischen Witterung gemeint, und die Mordskulissen, die sie liefern, sind *wunderschön*: «Hinten, tief im Oberland, drückte die Sonne ein letztes Mal durch die dichten, grauen Wolken und tauchte das Bündnerland in ein gelboranges Abendrot. In dieser wunderschönen Bergkulisse ...» Fast meint man, eine Ansichtskarte vor sich zu haben: Blick in die Surselva bei Sonnenuntergang. Und tatsächlich spielen Regionalkrimis mit den Versatzstücken spektakulärer Kulissen und verschicken ihre literarische Post aus allen Regionen Graubündens: Grüsse von der einzigartigen Engadiner Seenlandschaft (blaue Seen, gelbe Lärchen) oder aus der wildromantischen Rheinschlucht (Schlauchboot, schäumendes Wasser). Gruss aus dem weltberühmten Davos (das Kongresszentrum, dahinter Schneeberge). Weitere Kartenkulissen aus Bündner Krimis: Gletscherblick, kühne RhB-Viadukte, Gruss aus der Bündner Herrschaft (Weinlese) oder Baci aus Soglio (Bergansicht von Giovanni Segantini). Der Regionalkrimi bereitet Wetter und Landschaft, Architektur und Kulinarik, Land und Leuten eine literarische Bühne.

«... mal wieder», heisst es weiter. «In dieser wunderschönen Bergkulisse hatten sich *mal wieder* die schlimmsten Verbrechen ereignet.» Das klingt einfach, setzt aber vieles voraus. Denn allein in den gut zwei Jahrzehnten, die das Jahrtausend alt ist, haben sich bereits über hundert solcher schlimmen Verbrechen «mal wieder ereignet». So viele Kriminalromane mit Bündner Verortung sind in dieser Zeit erschienen. Das ist eine ungeheure Zahl, wenn man sie mit dem 20. Jahrhundert vergleicht, wo es insgesamt nicht mehr als 25 waren. Das «mal wieder» verweist aber auch auf seriell produzierende Krimiautor:innen. Sie fallen nicht vom Himmel, sondern bilden sich in biografischen Suchprozessen heraus. Und auch die Serialität hat ihre Geschichte: Die ersten Reihenhelden des Krimis tauchen in Graubünden in den 1980er-Jahren auf. Sie heissen Linard Lum und Pater Ambrosius. Entspringt Ersterer der romanischen Sprachpflege, so erinnert Letzterer an den berühmten Father Brown des Briten G. K. Chesterton. Zu diesem «mal wieder» gehört offenbar eine lange Krimigeschichte mit Innovationen, Interventionen und internationalen Verbindungen. Weiter gehört zu den Voraussetzungen des hundertfachen «mal wieder» der letzten Jahre zwingend auch ein funktionierendes verlegerisches Geschäftsmodell. Nach der pionierhaften Vorarbeit des Orte-Verlags, der von einem Krimiautor geführt wurde, werden Krimis heute in Graubünden mit stetig steigender Tendenz von spezialisierten Krimiverlagen vor allem aus Deutschland und der Schweiz auf den Markt gebracht. Sie erreichen damit eine Leserschaft, die über das angestammte literarische Lesepublikum hinausreicht – Leserinnen und Leser, die das Nahe und Bekannte im Durchgang durchs Unheimliche neu erleben wollen, und ein Publikum, das den Krimi als touristischen Führer für sich entdeckt hat.

Schliesslich ist die Rede von den «schlimmsten Verbrechen». Diese Verbrechen führen die Ermittlungen zumeist über die engen regionalen und nationalen Grenzen hinaus und bringen die Welt ins Tal. Sie verleihen den langlebigen menschlichen Lastern wie Gier, Hass und Eifersucht ein zeitgemässes Gesicht und inszenieren sie vor regionaler Kulisse. Die wunderschöne Kulisse ist ohne all diese schrecklichen, theatralisch in Szene gesetzten Verbrechen überhaupt nicht zu haben. Gäbe es nur die schöne Seite, wir hätten es mit einem Prospekt zu tun, vielleicht sogar mit blankem Kitsch – zumindest läge der Kitschverdacht nahe. Es sind erst die «schlimmsten Verbrechen», welche es möglich machen, dass wir uns unauffällig zwischen Naturidyllen, Heimatkulissen und Touristenparadiesen bewegen – unterwegs in detektivischer Mission.

Der Detektiv – und inzwischen natürlich auch sein weibliches Pendant – sucht hinter einem Vorhang aus Täuschung und Verstellung nach der Wahrheit. Im Regionalkrimi gesellt sich noch eine andere prototypische Figur der Moderne dazu: der Tourist. Auch er (oder sie) ist ständig in Bewegung, unterwegs durch die Region. Tourist:innen suchen das Typische, das Einzigartige und Unverwechselbare einer Gegend mit ihren Landschaften und Wetterlagen, mit ihrer Architektur und Kulinarik. Aber weil in einer entwickelten Dienstleistungsgesellschaft auch der Tourist immer schon von Kulissen erwartet wird, tritt im Regionalkrimi die enge Verwandtschaft mit dem Detektiv besonders deutlich zutage. Auch Tourist:innen suchen hinter den Kulissen nach einer Wahrheit, die sie Authentizität nennen. Zugleich verwandelt sich das Authentische vor ihren kritischen Augen immer wieder in Kulissen zurück. Dieser Spur wird nachzugehen sein. Sie führt zum Erfolgsgeheimnis des regionalen Krimis: Er bringt die Suche nach der gesellschaftlichen Wahrheit mit der Suche nach lokalen Wahrheiten zusammen – nach Zugehörigkeit, Verortung und Authentizität.

Erstens der geografische Aspekt der Mordslandschaften, zweitens die geschichtliche Entwicklung des Krimigenres vom Detektivroman zum Regionalkrimi und drittens eine literatur- und kulturwissenschaftliche Analyse der derzeitigen Krimikonjunktur – das sind die Teile, mit denen im Folgenden eine Annäherung an das Phänomen Krimi in Graubünden unternommen wird. Es handelt sich um die (meines Wissens) erste Arbeit, welche die Entwicklung des Genres in einem bestimmten Gebiet flächendeckend – das heisst unter Berücksichtigung sämtlicher mir greifbaren, öffentlich zugänglichen Kriminalromane – und kohärent – das heisst über eine Spanne von hundert Jahren – herausarbeitet. Besondere Aufmerksamkeit erhält dabei das Verhältnis zwischen Kulisse und Realität.

Zu den Arbeitsbedingungen des Kulturwissenschaftlers gehört es, dass er selbst Teil dessen ist, was er erforscht. Das beginnt bei der eigenen Faszination für Krimis. Ich lese gerne Kriminalromane. Und während der Arbeit hat mir auch immer wieder die Vorstellung geschmeichelt, dass ich als Forscher selbst zum Detektiv werde, der mehr über diese eigenartige Faszination und ihren Gegenstand herausfinden möchte. Aber natürlich geht es bei der Arbeit schliesslich darum, Sichtweisen herzustellen, die neue Erkenntnis ermöglichen. Das ist nur möglich, indem Konzepte und Begriffe entwickelt werden. Dazu gehört für dieses Buch zum Beispiel ‹Regionalität› in der spezifischen Bedeutung, die das Wort seit den 1980er-Jahren angenommen hat – nämlich als Verwaltungs- und Vermarktungseinheit, die zugleich mit dem utopischen Potenzial eines guten Lebens aufgeladen ist. Oder der ‹authentische Realismus› als eine Art Vertrag zwischen Krimiautor:innen und Leser:innen, Orte, Bräuche und Situationen wiedererkennbar zu schildern – seien sie nun typisch (wie eine bestimmte Wetterlage) oder begehbar (wie die vielen prominenten Punkte der Landschaft). Wichtig wurde im Verlauf der Arbeit auch der Begriff eines ‹Authentizitätsmarkers›, der Regionalität mithilfe von Sprache, Kulinarik oder Geschichte überhaupt erst glaubhaft produziert. Ich habe mich bemüht, solche Begriffsbildungen möglichst transparent vorzunehmen. Dabei bin ich mir bewusst, dass Begriffe nicht nur bestimmte Dinge sichtbar, sondern zugleich andere unsichtbar machen. Ich habe mir in dieser Situation damit beholfen, dass ich Begriffe einsetze, aber darüber hinaus auch immer wieder die Breite des Materials für sich sprechen lasse.

Teil eins präsentiert das gesamte Material geografisch und gleichsam im Vorübergehen. Er ist als Krimiführer angelegt, der durch die verschiedenen Regionen Graubündens leitet. Dieser Teil bleibt am stärksten noch der unmittelbaren Faszination des Autors am Krimi verbunden und bietet sich an für Spaziergänge durch verschiedene Mordslandschaften, die überraschende Funde ermöglichen und einen ersten Eindruck von der Fülle und Charakteristik des Materials vermitteln. Hier treffen Krimis aus verschiedener Zeit und mit ganz unterschiedlicher Ausprägung aufeinander. Auch geben die Spaziergänge Gelegenheit, en passant kleine Besonderheiten herauszustellen, Kontraste zu beleuchten oder einem regionalen Ensemble in seiner Eigentümlichkeit nachzuspüren.

So zeigt sich im Prättigauer Krimi eine Nähe zum Bauern- und Gewerbemilieu; im Oberengadin trifft der Thriller aus Italien oder Deutschland mit globalen Plots und ungeheuren Destruktionsfantasien auf eine romanische Krimitradition, die das Terrain der Sprach- und Kulturpolitik bespielt; und der Detektivroman aus der Frühzeit steht neben dem boomenden Regionalkrimi der Gegenwart, der sich gerade im Engadin auf ein reges verlegerisches Interesse abstützen kann. Ganz anders wiederum im Puschlav, wo sich der Schmugglerroman oder die True-Crime-Ermittlung in eine literarische Tradition eingliedern, um die Geschichte des Tals neu durchzuarbeiten. In Davos haben sich sowohl der Sanatoriumsbetrieb als auch die Wintersportsaison im Krimi niedergeschlagen. Dreh- und Angelpunkt des gegenwärtigen Davoser Krimis bildet jedoch das Weltwirtschaftsforum (WEF) – es sind mit Vorliebe Entführungsfantasien, mit denen die Autor:innen eine empörende globale Unrechtsordnung thematisieren, die eine klare Unterscheidung zwischen kriminell und gesetzlich nicht mehr zulässt. Das Churer Rheintal befindet sich in einer dynamischen Phase des Übergangs zu städtischen Formen. Der Krimi dokumentiert hier dörfliche Verlusterfahrungen und vergegenwärtigt eine Traditionspflege, die sich in die Identitäten der Bewohner:innen mitunter defensiv einschreibt. Die Hauptstadt schliesslich, wo Friedrich Dürrenmatt einst zwischen Nebel und Schneegestöber den Kriminalroman zu Grabe getragen hat, feiert im Regionalkrimi der Gegenwart Auferstehung als kriminalistisches Zentrum von «Blaubünden». Von hier schwärmen die Detektive in die Kulissen aus, um sie mit dem Zauberstab des Unheimlichen zu neuem Leben zu erwecken.

Teil zwei folgt der Spur des Krimis chronologisch, entlang verschiedener Beispiele und Krimimuster, Innovationen und Verlagsmodelle. Das ist nur möglich, indem die alpinen Kriminalromane vor dem Hintergrund einer internationalen Entwicklung gesehen werden. Gerade die frühen Detektivromane der 1920er- und 1930er-Jahre kosten das Reisen, die Temposchocks und eine verblüffend kurzgeschlossene Welt aus, und es ist natürlich kein Zufall, dass sie in Graubünden nicht etwa in der provinziellen Hauptstadt spielen, sondern in den Kurorten von Welt: Arosa, Davos und St. Moritz.

Nach dem Krieg setzt Dürrenmatt mit *Das Versprechen*, seinem in und um Chur angesiedelten «Requiem auf den Kriminalroman», eine literarische Orientierungsmarke, die wegführt vom seriellen Genre. Mit *Die Gegenspieler* von Katharina Hess oder *Hannes* von Oscar Peer entstehen in der Folge einige eindrückliche literarische Solitäre. In diese Reihe gehört auch Ulrich Bechers *Murmeljagd* von 1969 – ein Roman, der sämtliche Genregrenzen sprengt und mit der damaligen Konjunktur des Spionageromans ebenso kommuniziert wie mit Thomas Manns *Zauberberg*. Becher nimmt darin die Suche nach Lokalkolorit vorweg, die für den Regionalkrimi so wichtig werden wird – allerdings ist sie bei ihm eingebettet in eine globale Polyphonie der Stimmen und Sprachen.

Ab den 1980er-Jahren erfreut sich der Kriminalroman schweizweit steigender Beliebtheit. In der Surselva und im Engadin treten mit Pater Ambrosius und Linard Lum erste seriell angelegte Detektivfiguren auf den Plan. Hinter dem Bündner Pseudonym Jon Durschei verbirgt sich der Orte-Verleger Werner Bucher, der auf *Mord in Mompé* zahlreiche weitere Krimis mit Pater Ambrosius in verschiedenen Schweizer Regionen folgen lässt. Als Verleger bietet er zudem einer neuen Generation von Schweizer Krimiautor:innen die Möglichkeit zur Veröffentlichung. Die Entstehung der Lokalradios lässt Regionalität auf einem weiteren Feld zum Wettbewerbsfaktor werden: Hörspiele bringen in den 1990er-Jahren populäre Krimihelden hervor – während das Krimi-Pastiche in einem schweizerischen Kontext bei einem vorwiegend jüngeren Publikum mit Roger Grafs *Maloney*-Reihe Kult wird, bespielt in Graubünden Daniel Badraun mit seinem Antihelden Claudio Mettler verschiedene Sender und Regionen. Der in zwei Sprachen arbeitende Engadiner Badraun wird seine Radiostoffe später gleich mehrfach auch ins Regionalkrimiformat übertragen.

Beim Übergang zum Regionalkrimi setzt die vorliegende Publikation einen Schwerpunkt. Die Krimikonjunktur im neuen Jahrtausend wird vermittels Autorenbiografien dargestellt. Dabei zeigen sich Suchbewegungen, die im Krimigenre nicht nur auf eine interessierte Leserschaft stossen, sondern gebündelt werden durch ein verlegerisches Geschäftsmodell. Die grossen nationalen und internationalen – vor allem deutschen – Krimiverlage tragen mit ihrem Absatzmodell viel bei zur plötzlichen Präsenz des Bündner Regionalkrimis in den Buchhandlungen und im Online-Handel ab den 2010er-Jahren.

Mit mehreren Autor:innen wurden Interviews geführt, um ihre Intentionen, Inspirationen und Kooperationen genauer zu ergründen. Ein auf den ersten Blick verblüffendes Resultat dieser Befragungen zeigt, dass sich einige der derzeit erfolgreichsten Krimiautor:innen im Gespräch vom Genre distanzieren. Das hat einerseits damit zu tun, dass der Krimi und insbesondere der Regionalkrimi auf dem literarischen

Feld immer wieder an den Rand gedrängt wird. Als typisches Einsteigergenre und als Schaufenster der Region setzt sich der Regionalkrimi immer neu dem Verdacht aus, nicht «richtige» Literatur zu sein. Wird er von lokalen Medien gern aufgegriffen, so lässt ihn die Literaturkritik zumeist unbeachtet.

Vor allem aber ist der Krimi ein Kooperationsprodukt, das zwischen Verlagen und Autor:innen entsteht, deren Sichtweisen notwendig differieren: Kreative wollen Grenzen überschreiten, literarisches Neuland erschliessen und die ihnen wichtigen Themen zur Sprache bringen; Krimiverlage behalten die erfolgsversprechenden Muster im Auge. Sie sorgen dafür, dass in ihren Produkten das drin ist, was vorne draufsteht – also ein Krimi, der auf dem Markt nachgefragt wird. Jeder hat so seine eigene Agenda, und aus diesem Zusammenspiel – das immer wieder kleine Grenzübertretungen einschliesst und Reibung produziert – entsteht die fortgesetzte Vitalität des Genres.

Der dritte Teil nimmt die Regionalkrimis der letzten zwanzig Jahre mit Bündner Bezug unter die literatur- und kulturwissenschaftliche Lupe. Ausgangspunkt ist eine Beobachtung, die der Soziologe und Journalist Siegfried Kracauer als einer der ersten ernsthaften Erforscher populärkultureller Genres zu Beginn der 1920er-Jahre machte. Was er damals als hartnäckigen Hang des Krimis zum Fernen und Exotischen festhielt, kehrt – so die These – seit den 1980er-Jahren im Regionalkrimi als Exotik des Nahen zurück. Der Krimi wird zu einem Schaufenster der Region mit ihren Landschaften und Eigenheiten, mit ihrer Geschichte und ihrem Menschenschlag. Dazu gehören auch Schattenseiten wie Enge, Vetternwirtschaft und eine kurzsichtige Spekulation. Das kann brisant sein und informativ, und es kann in eine folkloristische und nostalgische Sichtweise münden. Die Exotik des Nahen ist im Krimi als äusserer Rand der kapitalistischen Realität mit ihren ‹Sachzwängen›, ihrer globalen Strukturdynamik und ihrem Destruktionspotenzial angelegt. Der Regionalismus bringt – als Bühne der «schlimmsten Verbrechen» – zugleich eine Reihe alter und neuer Natur-, Heimat- und Sehnsuchtsbilder hervor.

Wenn der Krimi an der «schönsten Kulisse» arbeitet, so muss er dabei doch auch das Versprechen einlösen, das ihn überhaupt erst zum Krimi macht: die Suche nach der Wahrheit hinter der vordergründigen

Wirklichkeit, der Blick hinter die Kulissen. Damit etabliert sich ein Spiel zwischen exotischer Nähe und Erfahrung, zwischen schöner Kulisse und Authentizität, das an kein Ende mehr kommt. Hier liegt der entscheidende Unterschied, der den älteren Heimatroman vom Regionalkrimi trennt: Errichtet Ersterer heimatliche Kulissen, die er mit der Autorität von Traditionspflege und etablierten Identitätsmustern als authentisch hinstellt, so begibt sich das Krimigenre auf eine permanente Suche nach der Wirklichkeit, die sich nicht bei einer bestimmten Kulisse anhalten lässt. Entscheidend ist also die Dynamik, nicht die An- oder Abwesenheit bestimmter Inhalte. Denn dass der Regionalkrimi neben Kritik und lokalem Wissen auch folkloristische Klischees und Postkartengrüsse hervorbringen kann, auch daran lässt das vorliegende Material keinen Zweifel.

Die Karten im ersten Teil geben Aufschluss darüber, welche Krimiregionen wie häufig mit Krimihandlungen bespielt worden sind. Es handelt sich um Visualisierungen, die einen Überblick ermöglichen, ohne dass sie Anspruch auf Vollständigkeit oder Präzision erheben könnten. Ich danke Bettina Gysin Leutenegger für die Gestaltung.

Das Titelbild stammt aus *Dialog mit Mi Fu* von Daniel Rohner. Der Fotograf erhielt anschliessend *carte blanche*, um die im Buch dargestellten Krimiregionen aus seiner Sicht ins Bild zu setzen.

In Teil eins finden sich ferner 58 Buchcover abgebildet, die zeigen, wie sich die Gestaltung der Krimis über die Jahre und Jahrzehnte verändert hat. Ich habe mich entschlossen, die Bücher so abzulichten, wie ich sie gekauft oder ausgeliehen habe. Zum Teil sind also die Gebrauchsspuren sichtbar und, was wichtiger ist: die Werbekleber.

Fremdsprachige Zitate habe ich, wo keine deutsche Übersetzung greifbar war, selbst übertragen. Sie sind daran zu erkennen, dass in diesen Fällen in einer Anmerkung stets der Originaltext beigefügt ist.

Die biografischen Angaben wurden, wo sie nicht direkten Interviewfragen entstammen, wo immer möglich aus Quellen geschöpft, die von den Autor:innen autorisiert sind – also etwa Klappentexten oder Autoren-Websites. Sollten sich Fehler eingeschlichen haben oder Angaben nicht mehr aktuell sein, bitte ich das zu entschuldigen und mir mitzuteilen: thomas.barfuss@kulturforschung.ch.

Ein grosser Dank geht an die Autor:innen Daniel Badraun, Silvia Götschi, Regine Imholz, Rita Juon und Tim Krohn für die Offenheit, mit der sie meine Fragen beantwortet haben. So gut wie der Forscher, indem er den literarischen und kulturellen Spuren nachgeht, zum Detektiv wird, so werden die Krimiautor:innen, indem sie die Region erkunden und Identitäten ausloten, zu Forschenden. Meine Arbeit versteht sich als Teil einer gemeinsamen Reflexion über die Möglichkeiten der Literatur in einer Zeit des Umbruchs. Anregungen und Kritik verdanke ich den Zuhörer:innen, die sich auf meine Überlegungen zum Thema auf dem Krimifestival 2023 in Grenchen, in der Buchhandlung Labyrinth in Basel, im bücherraum f in Zürich und in der Kantonsbibliothek in Chur eingelassen haben. Zu Dank verpflichtet bin ich auch Paul Ott für die umfangreichen Vorarbeiten, die er in seiner Bestandsaufnahme des Schweizer Kriminalromans *Mord im Alpenglühen* (2020) geleistet hat. Ich habe gerne einige Spuren daraus weiterverfolgt, und ich freue mich, dass mein Buch ebenfalls im Chronos Verlag erscheinen kann. Ermöglicht wurden die Forschung und das Buch durch das Institut für Kulturforschung Graubünden, wo ich das Thema als Teil eines Projekts Literatur und Tourismus in Angriff nehmen konnte. Cordula Seger, die Leiterin des Instituts, hat mich als Lektorin durch das Projekt begleitet. Ihrem Scharfsinn und ihrem Wissen verdanke ich nicht nur zahlreiche Hinweise, sondern auch den Anstoss, das Buch konzeptionell so zu gestalten, dass es zugleich für Krimileser:innen attraktiv ist und einen Forschungsbeitrag leisten kann.

1

Krimiführer:
Orte, Morde, Hintergründe

Krimi-Schauplätze Graubünden

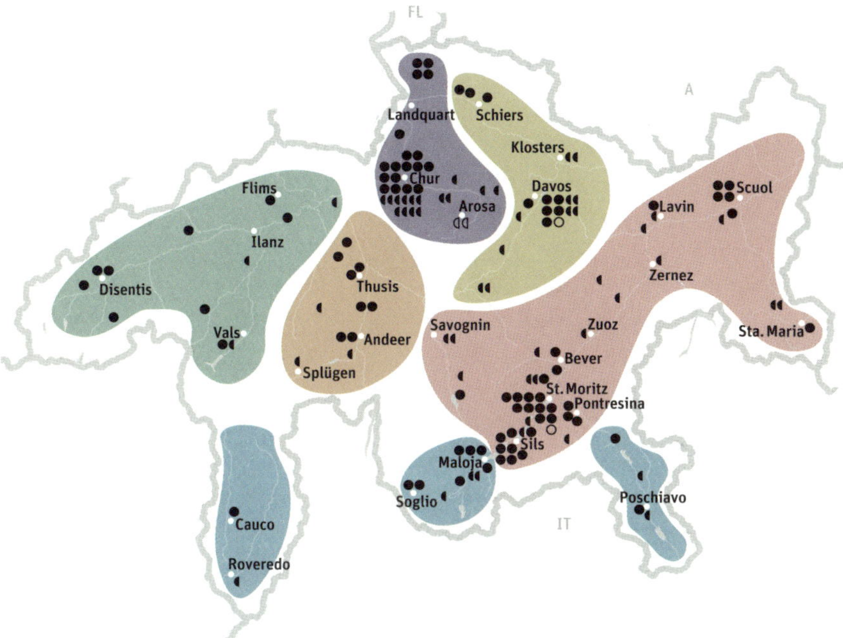

Vor 1945

○ Hauptschauplatz
◖ Nebenschauplatz

Ab 1945

● Hauptschauplatz
◖ Nebenschauplatz

Krimiregionen

1 | Churer Rheintal
2 | Landwassertal und Prättigau
3 | Engadin und Surses
4 | Italienischsprachige Südtäler
5 | Am Hinterrhein
6 | Am Vorderrhein

Churer Rheintal

Chur: In der Hauptstadt des Krimis

In Chur laufen die Fäden des Bündner Krimis zusammen. Die Dichte an Polizist:innen, Gerichtsmediziner:innen und Staatsanwält:innen ist für eine Stadt dieser Grösse beispiellos hoch: Hier wohnen Walter Bonacossa (Georg Weber), Jan Monsch (Peter Montalin), Roc Caminada (Duri Rungger), Jonas Fürbass (Robert Vieli), Giulia de Medici und Walter Caminada (Philipp Gurt), um nur einige kapitale Spürnasen zu nennen.

Vorspiel an der Mauer

Lange bevor Chur sich zur Krimimetropole mausert, im Jahr 1821, schleichen zwei Rückkehrer aus fremden Diensten nachts um ihre Heimatstadt. Weil das Stadttor um diese Zeit schon geschlossen ist, wählen sie den beschwerlicheren Weg über die Mauer: «Am Fuß des bischöflichen Weinbergs half Karl Rauch seinem Wanderfreund Hostetter, auf einen Nussbaum zu klettern. Der Baum stand dicht an der Stadtmauer. Dahinter verbarg sich der Hof der Seifensiederei. [...] Sie landeten wie geplant im Hof, standen auf und tranken am Brunnen einen großen Schluck frisches Wasser.» Aber so haben sich die zwei ihre Heimkunft nicht vorgestellt: «Die Türen der Gebäude waren alle abgeschlossen. Seltsam war überdies, dass der ganze Hof leer und sauber gefegt war.» (2012, 44)

Was bei ihrem Weggang noch Seifensiederei war, ist seit 1817 die erste kantonale Zucht- und Strafanstalt **Sennhof**. Ahnungslos sind die beiden Heimkehrer über die Mauer ins Gefängnis eingestiegen. Mit dieser ironischen Verkehrung beginnt Silvio Huonder seinen historischen Roman *Die Dunkelheit in den Bergen*, der davon erzählt, wie in Graubünden ein übergreifendes Rechtsverständnis und ein funktionierendes Polizeisystem erst langsam und gegen Widerstände sich herausbildet. Hostetter und Rauch lassen sich in der Folge vom ehrgeizigen Johann Heinrich von Mont, seines Zeichens Verhörrichter, Polizeidirektor und Leiter der neuen Zuchtanstalt, als Landjäger verpflichten und kommen weit im Kanton herum (▸ Hinterrhein, ▸ Vorderrhein). Das macht sie zu Vorläufern aller späteren Bündner Kommissare und Polizistinnen. Doch schön der Reihe nach ...

Zweimal Chur mit Dürrenmatt

Den **Churer** Krimi-Einstand nach dem Zweiten Weltkrieg gibt Friedrich Dürrenmatt im Jahr 1958 gleich in zweifacher Weise: Sein Krimi *Das Versprechen* – im Untertitel ein «Requiem auf den Kriminalroman» genannt – entstand im Nachgang zum Film *Es geschah am hellichten Tag* (1958, Regie: Ladislao Vajda), für den Dürrenmatt das Drehbuch mitverfasst hatte. Die Handlung dreht sich um die Suche nach einem Kindermörder. Während diese im Film zu einem erfolgreichen Ende gebracht wird, lässt der Autor im Roman den Zufall zu seinem Recht kommen, was schliesslich eine polizeiliche Aufklärung verhindert.

Die Filmlocation für das Haus des Mörders Schrott (gespielt von Gert Fröbe) befindet sich an der **Oberen Plessurstrasse** in der Jugendstilvilla Unterer Brunnengarten, und neben der **Postgasse** kommt auch der **Martinsplatz** mit der Brunnenstatue kurz ins Bild. Die Buchversion

Als wäre ein Grab ausgehoben worden:
so beschrieb Dürrenmatt die Berge um Chur.

Das Versprechen (1958) zeigt allerdings ein bedeutend weniger präsentables Chur. Der Erzähler erreicht den **Bahnhof** der Bündner Hauptstadt bei «tristem Schneegestöber» und quartiert sich gleich gegenüber im (heute nicht mehr existierenden) **Hotel Steinbock** ein – «doch auch hier Trostlosigkeit». Und so geht es am nächsten Tag weiter: «Chur selbst offenbar steinig, grau, mit großen Verwaltungsgebäuden. Es schien mir unglaubhaft, daß hier Wein wuchs. Wir versuchten, in die Altstadt einzudringen, doch verirrte sich der schwere Wagen, wir gerieten in enge Sackgassen und Einbahnstraßen, schwierige Rückzugsmanöver waren nötig, um aus dem Gewirr der Häuser hinauszukommen.» Der ständige Nebel versperrt nicht nur die Sicht auf Chur und das Rheintal, sondern Polizist Matthäi stochert auch im übertragenen Sinn im Nebel und bekommt nie die gesamten Umrisse seines Falls in den Blick.

Die Stadt als Spiegel des Gemüts

Nach Dürrenmatt herrscht in Chur erst mal Stillstand in Sachen Kriminalroman. Ihren nächsten Auftritt hat die Hauptstadt in den 1970er-Jahren. Katharina Hess beschreibt Chur in *Die Gegenspieler* (1975) als Kontrast zum (fiktiven) Bauerndorf Valsura.

Die gebildete und unabhängige Protagonistin Marion Digg mag das städtische Ambiente, denn sie hat etwas «gegen Bindungen» (9); aber dann fährt sie als verdeckte Ermittlerin nach Valsura und bekommt auf dem Dorf «all das angeboten, was [ihr] fehlt: Heimat, Geborgenheit, Zuneigung, Vertrauen» (312). Es ist ausgerechnet die gelungene Lösung des Kriminalfalls, was die Detektivin um dieses ersehnte Angebot bringt, denn nun muss sie ihre Maske fallen lassen und das Dorf verlassen. So kehrt die Hauptfigur verändert in die Stadt zurück, exponierter, fragiler: Es ist Sonntag in Chur und die Kirchenglocken läuten. Marion eilt die **Reichsgasse** hinunter Richtung **Süsswinkel**, doch sie ist «stumpf, leer und vorsichtig. Denn ich bin ein Gefäss aus Glas, ein Gefäss aus trübem Glas. Rührt mich nicht an! Das Glas hat Risse und ist sehr

dünn.» (308). Der Aufenthalt in Valsura hat nicht nur die Einschätzung ihrer Unabhängigkeit, sondern auch ihren Blick auf Chur verändert: «Es ist dieselbe Stadt – und eine fremde. Die Wiesen sind giftiggrün, wie künstlich sehen die Blätter der Ziersträucher in den Gärten aus. Die Luft weht lau, ein wenig unsauber, der Himmel ist von einem weisslichen Schleier bedeckt. Die Sonne scheint blass und dennoch stechend in die lauten Gassen» (305).

Die Kapitale als Nebenschauplatz

Drei Jahre nach *Die Gegenspieler* erscheint *Hannes. Bericht aus der Haft* (1978) des Engadiners Oscar Peer. Der Autor (1928–2013) unterrichtete am Churer Lehrerseminar, und die Stadt, die sein sensibler Protagonist bewohnt, der schliesslich zum Mörder wird, könnte Chur sein – oder jedes andere «Provinzkaff am Rande der Alpen» (2015, 270). In der deutschen Fassung letzter Hand von 2015, wo Hannes seine Heimatstadt mit diesen nüchternen Worten beschreibt, schildert der Autor einen Ausflug, der explizit nach Chur führt. Auf dem Programm des Ehepaars, das sich längst auseinandergelebt hat, steht Unverfängliches – ein Besuch im **Rätischen Museum**, eine geschäftliche Unterredung. Man übt sich in Alltag, schweigt sich an. «Zu Mittag assen wir in der Hofkellerei nahe der Kathedrale. Auf dem Heimweg fuhren wir durch die Bündner Herrschaft, durchquerten das hübsche Maienfeld und gelangten von dort zur Autobahn.» (2015, 245) Es herrscht die sprichwörtliche Ruhe vor dem Sturm.

Auch in den 1980er- und 1990er-Jahren fallen für die Bündner Kapitale bloss einige Nebenauftritte ab: Die Polizisten, die sich 1987 im ersten Bündner Regionalkrimi *Mord in Mompé* von Jon Durschei (alias Werner Bucher) wie Gockel aufspielen, sind unvermeidlich aus Chur, und Flurin Speschas Protagonistin aus *Fieu e flomma* (1993) lässt sich im Wagen durch «Cuira» chauffieren – allerdings duckt sie sich, denn sie möchte hier auf keinen Fall erkannt werden. Eine Blindfahrt durch die Stadt, das klingt folgendermassen: «Von der Fliehkraft, der mein Körper in den Kurven ausgesetzt ist, kann ich schliessen, wo wir sind: das S vor dem [Restaurant] Calanda, die Linkskurve vor dem Grossen Rat, die lange Gerade der Masanserstrasse»[1] – man lässt das pro-

1 Das Original in Rumantsch Grischun: «Da la forza centrifugala, a la quala è expost mes corp en las curvas, poss jau deducir nua che nus essan: il S davant il

vinzielle «Cuira» möglichst rasch hinter sich, ist unterwegs nach «Turitg» und hinaus in die Welt.

Die Kommissare Fürbass und Bonacossa

Erst der um 2010 einsetzende regionale Krimiboom setzt Chur mit Nachdruck auf die Krimilandkarte. Zwar hat der pensionierte Churer Arzt Robert Vieli bereits in den 1990er-Jahren Krimis veröffentlicht, aber sie sind zunächst nur vage verortet.[2] Seinen Churer Kommissar Jonas Fürbass lässt er ab 2012 zuerst in Scuol ermitteln (*Hinter der Mauer*, ▸ Unterengadin) und im Schams (*Wer war Nicolin Camara?*, ▸ Hinterrhein); aber auch in seinen Churer Fällen *Demontage eines Politikers* (2014) und *Der Schreibtischtäter* (2017) geht es zwar um kantonale Politik und Tourismus, aber ohne Beigabe von Lokalkolorit, wenn man von der gelegentlichen Nennung bekannter Örtlichkeiten – etwa des Saals im **Hotel Drei Könige** für einen Tourismusvortrag – absieht.

Die erste Krimiserie in der Hauptstadt startet der ehemalige Grossrat und pensionierte Churer Sekundarlehrer Georg Weber 2010 mit *Das letzte Hemd hat keine Taschen*. Hauptfigur ist Kommissar Bonacossa, Sohn italienischer Einwanderer im Engadin, den es von Zürich in die Berge zurück zieht. Der Churer Wohnsitz des Kommissars gewährt Einblick in die zweigeteilte soziale Geografie der Stadt: «Die Bahnlinie war so etwas wie die Grenze zwischen dem alten Chur und den neuen Stadtteilen, die seit den Fünfziger- und Sechzigerjahren auf der grünen Wiese entstanden waren. Oberhalb der Bahngeleise lebten die [a]lteingesessenen Churer Bürger in der Altstadt und in den besseren Quartieren an schöner und teurer Hanglage gegen den Mittenberg. In den Wohnblocks und den Hochhäusern der Rheinebene wohnten vor allem die vielen Neuzuzüger aus den Tälern und aus dem Unterland. Hier hatte

---

Calanda, la storta a sanestra sper il Cussegl grond, la lunga grada da la Masanser. Insacura dumond jau: ‹Heiligkreuz?› e Ladina di: ‹Quasi!› Curt suenter stun jau puspè si e di: ‹Per fortuna giain nus a Turitg e betg en Surselva – gliez ma rumpess il dies!›» (88 f.)

2 Der *Torso im See* (1994) wird im Bodensee geborgen, Ich-Erzähler ist ein Arzt. Im Gaunerroman *Ermittlungen in der Provinz* (1998) erforscht ein Bündner Mediziner die Genealogie einer Verbrecherfamilie; in *Der Duft des Verbrechens* (2011) ermittelt Kommissar Hafen gegen einen des Mordes verdächtigen Zahnarzt. Schauplatz ist eine schweizerische Provinzstadt im Umkreis von Zürich.

Bonacossa im obersten Stock eines Hochhauses eine Durchschnittswohnung gefunden.»[3]

Bonacossas erster Fall sieht zunächst nach einem bedauerlichen Suizid aus: Der Nachtzug von St. Moritz nach Chur hat im Domleschg auf der Höhe der psychiatrischen Klinik eine Frau erfasst. Als der Kommissar trotzdem Verdacht schöpft und Nachforschungen anstellt, geschieht auf dem **Campingplatz Obere Au** in Chur ein zweiter Mord. Opfer ist diesmal ein Junkie. Die weiteren Ermittlungen führen Bonacossa ins Engadiner Immobiliengeschäft – und schliesslich bekommt er es auch noch mit der Mafia zu tun.

Ein Auftragsmord zum Jubiläum

Bonacossas zweiter Fall, *Gublers letzte Reise*, erscheint 2013. Der Krimi entsteht im Rahmen eines Jubiläumsprojekts zum 50-jährigen Bestehen der **Fachhochschule Graubünden** (FHGR, damals Hochschule für Technik und Wirtschaft, HTW). «Wie Bonacossa lassen die Mitarbeitenden der HTW Chur nicht locker, bis sie für das Unbekannte oder das Problem eine Lösung gefunden haben», begründet der Rektor im Vorwort den unkonventionellen Festbeitrag. Im Krimi selbst erhält die Churer Fachhochschule dann allerdings bloss einen etwas steif geratenen Auftritt, als der Kommissar «den charakteristischen Bau mit der Kupferfassade» (40) an der **Ringstrasse** betritt, um sogleich auf einer ganzen Seitenlänge über das Jubiläum der Hochschule und ihre 50-jährige Geschichte aufgeklärt zu werden – Jahreszahlen und Namensänderungen inklusive. Eigentlicher Grund für Bonacossas Besuch bei der Hochschule ist ein Leichenfund im Rhein: der ehemalige Immobilienspekulant Gubler, der in eine wohlhabende Hoteliersfamilie eingeheiratet hatte, ist ermordet worden. Studiert hatte Gubler seinerzeit in Chur – wo, dürfte nicht schwer zu erraten sein.

Bonnacossas nächster Fall, *Hotel Belvédère* (2016), wartet mit einem Toten in Maloja auf (▸ Bergell), sodass der Kommissar seine Ermittlungen zu einer «Einbruchserie im Churer Bondaquartier» auf Eis

3 *Das letzte Hemd hat keine Taschen*, 99 f. In diesem Soziogramm der Stadt fehlt ein Hinweis auf die Churer:innen mit internationalem Migrationshintergrund.

legt. Aber dann gibt es auch im Churer Nobelquartier plötzlich eine Leiche – und der Polizist aus dem Rheinquartier schnuppert Höhenluft: «Während sich die vielen Zuzüger und Leute mit bescheidenem mittelständischem Portemonnaie in den Wohnblöcken und Hochhäusern der Neustadt drängten, war hier die Raumzuteilung bedeutend grosszügiger. Geschäftsleute, Manager und höhere Beamte hatten sich in den ehemaligen, nach Süden ausgerichteten Rebbergen ihre Vorstellung von schöner Wohnen mit standesgemässen Häusern verwirklicht.» (143) Die Ermittlungen führen den Sohn italienischer Einwanderer bis in die höchsten Kreise der Regierung.

Zu Besuch im Bärenloch

Das **Bärenloch** in Churs Altstadt zwischen dem **Arcasplatz** und der **Kirchgasse** ist ein Ort, der sich mit seinem dunklen und engen Tunnel zwischen den schiefen Häusern zur Stimmungsmache für Krimiautor:innen geradezu anbietet. Und tatsächlich statten nicht wenige Bündner Polizist:innen, die aus den Tälern in die Hauptstadt kommen, dem pittoresk-schauerlichen Ort einen Besuch ab. Den Anfang macht der Landjäger Roc Caminada aus Duri Runggers *Kein Fall in Disentis* (2010) auf seinem kurzen Churer Abstecher: «Er liebte die engen, kopfsteingepflasterten Gassen im Süssen Winkel, die krummen Mauern und die frechen Farben der Fassaden. Bei der Martinskirche machte er den gewohnten Abstecher durchs Bärenloch und stieg dann zum Hof hoch, wo er [sich] in der Hofkellerei ein Glas bischöflichen Blauburgunders genehmigte.» (105, ▸ Vorderrhein)

Aber schon beim nächsten Besuch – diesmal kommt die Schamser Polizistin Sabina Lindenmann aus Uli Paulus' *Schattengott* (2012) nach Chur – geht die Sache blutig aus, auch wenn der Einstieg harmlos genug klingt: «In der Fussgängerzone schlenderte sie durch die Boutiquen, sah sich in einem Designladen ein paar Lampen an und spazierte durchs Bärenloch. Sie mochte diese schiefen Häuser, die alten Holztüren. In einer kleinen Gasse kam sie an einem Juwelier vorbei, der ‹Heimatkunst› anbot […].» (86) Doch den «Alpen-John-Lennon der späteren Tage», den sie dort mit Nickelbrille und wilder Mähne antrifft, findet sie schon beim nächsten Besuch als Leiche wieder: «Die Haare waren verklebt, auf dem Boden hatte sich eine bräunlich geronnene Lache gebildet.» (152) Ihre Befragung hat den Unglücklichen ins Visier eines Mörders gerückt, der schon zuvor in der Region Viamala mit einer Serie bizarrer Morde aufgefallen ist (▸ Hinterrhein).

Die beiden italienischen Spürnasen allerdings, die einige Jahre später (in Dario Correntis *Stiller als der Tod*) «unbedingt das berühmte Bärenloch» sehen wollen, haben dafür nur Verachtung übrig – «Das ist alles?» –, und anstatt den Ort in ihren Fall einzubauen, lassen sie dort demonstrativ bloss ihren Hund hinpinkeln.[4]

Churer Abgründe

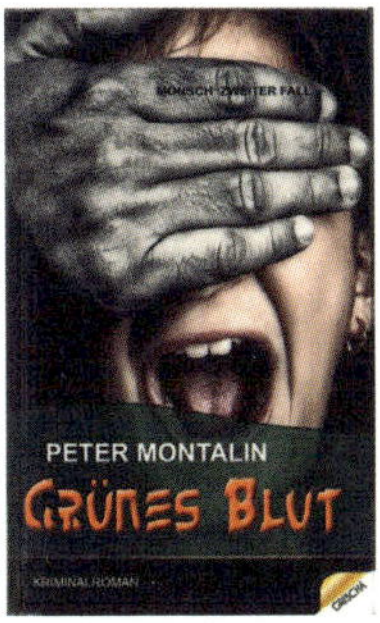

2012 erscheint der Krimi *Schattenvögel*, der die Bischofsstadt mit grausamen Ritualmorden überzieht und damit an Verdrängtes in der Kirche rühren will. Autor ist der am Bodensee aufgewachsene Peter Montalin (Pseudonym von Peter Schönbächler), der im internationalen Marketing tätig war, sich später zum Tierheilpraktiker ausbilden liess und einige Zeit im Domleschg wohnte.[5]

Denkbar grausam entstellt werden die Leichen mehrerer auf dem Churer Strassenstrich tätiger Prostituierter gefunden, die mit Rosenkranz und Kruzifix misshandelt wurden. Jan Monsch, Chefadjutant bei der Bündner Kantonspolizei, nimmt die Ermittlungen in einer schwierigen Zeit auf: nicht nur seine Ehe droht auseinanderzubrechen, auch seine fachliche Kompetenz wird angezweifelt. Während die Tatorte sich vom nahen **Fürstenwald** in die Stadt verlagern – ein Opfer wird in der **Loestrasse** gepfählt –, durchleuchtet Monsch das Churer Milieu: Dabei geraten einerseits der Strassenstrich an der **Rossbodenstrasse** und einschlägige Etablissements an der **Ringstrasse** ins Visier der Polizei, andererseits finden sich unter den Freiern angesehene Juristen, Geistliche und Politiker, die sich in der Öffentlichkeit als penetrante Saubermänner aufspielen. Mit Corina Barandun steht Monsch eine junge, in Karate geschulte Kollegin zur

4 2021, 44. Zu Dario Correntis Churer Abstecher ausführlicher weiter unten.

5 Zum Pseudonym vgl. Carsten Michels in der *Südostschweiz* vom 17. 8. 2012: «Ein neuer Verlag sucht nicht nur Leser, sondern Genossen.» Vom selben Autor ist 2014 das Sachbuch *Im Namen der Kirche* (2014) erschienen. Peter Schönbächler wohnt heute im Kanton St. Gallen und leitet eine Medizinproduktefirma (gemäss E-Mail-Mitteilung an den Verfasser vom 19. 2. 2024).

Seite, die ihn auch dann unterstützt, als ihr Chef im bigotten Städtlein von allen Seiten angefeindet wird.

Montalin doppelt 2013 gleich mit dem zweiten (und bisher letzten) Fall für Jan Monsch nach, wiederum ein Chur-Krimi, der diesmal zusätzlich mit internationalen Verflechtungen aufwartet. Noch einmal geht es in *Grünes Blut* (der Titel verdankt sich der Farbenblindheit einer Nebenfigur) um grausame und sexuell aufgeladene Morde in der Bündner Kapitale. In einem Haus an der **Kirchgasse** – die spärlichen Hinweise deuten am ehesten auf **Masans** – werden die Leichen von mehreren Churer Beamten der Fremdenpolizei gefunden. Sie sind entmannt und grausam verstümmelt worden, weil sie, wie Monsch herausfindet, sich durch sexuelle Gefälligkeiten aus dem Milieu haben bestechen lassen und so selbst zu Tätern geworden sind.

Auch die Kirche steht unter Verdacht: Hof mit Kathedrale.

Montalin bedient sich des Krimis, um hinter die Fassaden der Wohlanständigkeit einer Kleinstadt zu blicken und auf diese Weise politische und sexuelle Tabus zu lüften – etwas, woran Philipp Gurt anknüpfen wird. Auffällig ist allerdings bei Montalin, dass trotz detaillierter Adressangaben atmosphärische Ortsbeschreibungen weitgehend fehlen. Ähnlich verhindert die offenbar gewollt abgebrühte, damit aber auch klischierte Sprache eine Distanz zu Voyeurismus und sexistischem Jargon. So wird zum Beispiel eine Figur beschrieben als «dreiundfünfzig Jahre alt, verheiratet, Vater von zwei erwachsenen Kindern und seit über zehn Jahren Chef der Fremdenpolizei Graubünden» – aber dann geht die Beschreibung unvermittelt über in die Figurenperspektive, wenn es heisst: «Immer mal wieder pflegte er Affären, denn er konnte die Finger nicht von den Weibern lassen.» (43) Von den albanischen Sexsklavinnen, die durch die Frepo-Beamten vergewaltigt werden, wird folgendermassen berichtet: «Fast drei Jahre lang waren sie jetzt in diesem Kellerloch eingesperrt gewesen. Die täglichen Demütigungen reduzierten sich zwar auf dreimal die Woche, aber das war eigentlich immer noch dreimal zu viel.» (169) Dieses «eigentlich» wirft die Frage auf, aus wessen Perspektive hier eigentlich erzählt wird.

Giacomettis Hund

Einen leichten und humoristischen Gegensatz zu Peter Montalins Blutorgien bieten die Klamaukgeschichten um den Engadiner Schwerenöter Claudio Mettler. Der in Samedan aufgewachsene Daniel Badraun hat sie zunächst fürs Radio konzipiert. Der Hörkrimi *Giacomettis Hund* zeigt Mettler im **Churer Kunstmuseum** am Postplatz, wo er eine Stelle als Aufpasser angetreten hat. Wie gewohnt, geht alles schief, und Mettler gerät sogar in Verdacht, Giacomettis weltbekannte Skulptur – den «Köter von Alberto» – aus der Ausstellung entwendet zu haben.

Als Hörspiel für Radio Grischa im Jahr 2000 gesendet, erscheint die Geschichte 2013 zum Roman überarbeitet unter dem Titel *Hundsvieh* bei einem deutschen Verlag. Begünstigt vom Geschäftsmodell des Regionalkrimis, das sich inzwischen verlegerisch etabliert hat, wird das Buch als «Krimi aus den Bündner Bergen» vermarktet. Mettler in Chur, das bleibt allerdings Klamauk pur – wie die Radiokrimis wohl eher auf ein junges Publikum zugeschnitten. Davon zeugt etwa der fulminante Abgang des vermeintlichen Kunstdiebs: Mettler schleicht sich «durch

den Hintereingang ins Warenhaus Manor. Dies ist eine reichlich verwegene Aktion, denn das Gebäude liegt gleich gegenüber dem Kunsthaus am oberen Ende der Bahnhofstrasse.» (48) Und natürlich geht es auch nicht lange gut, sodass Badrauns Antiheld sich «einen Micro-Scooter» schnappt, einen dieser «Mini-Tretroller, mit dem Verrückte neuerdings die Fussgängerzonen und Bahnhofsunterführungen unsicher machen». Nun geht alles halsbrecherisch schnell: «Und schon flitze ich mit dem kleinen Tretroller um die Ecke und rase auf die Rolltreppe zu. Eine Mutter springt mit ihren Kindern zur Seite […] irgendwie schaffe ich es die Treppe hinunter, kippe ein Gestell mit Kosmetik um, springe wieder auf meine Maschine, nehme die Kurve und bin endlich draußen vor dem Warenhaus.» Atemlos geht es über den **Postplatz** die **Grabenstrasse** entlang. Ein letztes Hindernis sind «die Schienen der Arosabahn, die hier wie eine Tram durch die Stadt holpert, dann nehme ich die Brücke über die Plessur. Hinter mir hupen etliche Autos, Reifen quietschen, doch das kümmert mich nicht. Beim alten Zollhaus endlich die Abzweigung, die zur Lenzerheide hinaufführt. Es gibt keinen schnelleren Weg aus der Stadt hinaus.» (54)

Die Nostalgietour beginnt …

Ebenfalls 2013 nimmt Duri Rungger die Leser:innen auf eine historisch-nostalgische Reise ins Jahr 1956 mit. Mit *Chur im Blues* eröffnet der Autor eine Retroströmung, an die Philipp Gurt gegen Ende des Jahrzehnts mit seinem Landjäger Caminada erfolgreich anknüpfen wird. Der pensionierte Biologieprofessor Rungger, der seine Jugend in Chur verbrachte, verarbeitet in seinem stimmungsvollen Krimi nicht bloss eine Menge Lokalkolorit, sondern mit sichtlicher Begeisterung auch Zeitkolorit. Es kommen alte Amerikanerwagen vor und VW-Käfer, die Mädchen tragen zum ersten Mal Hosen, der Globus befindet sich noch am **Kornplatz** (später beim **Bahnhof**, inzwischen ist er ganz weg) und die besten Engadiner Nusstorten gibt's in der **Konfiserie Hürsch**, von der alte Churer:innen noch immer schwärmen. Die Band von einst mit dem Namen Praxim Stompers heisst im Krimi Quader Gang – doch sind auch persönliche Anspielungen unverkennbar: Hinter dem «Malanser mit seinem wilden Saxophon» (61), der die Churer Jazzszene mit seinen modernen Tönen durcheinanderbringt, ist unschwer Werner Lüdi (1936–2000) zu erkennen, der ab den 1960er-Jahren in der freien Improvisationsszene und im Free Jazz Furore machte. Auch sprachlich lässt Rungger das alte Chur aufleben, nennt Taschen «Scarnutz» und begehrte Mädchen «Bibali», wer nicht spurt, ist «an uu huara Aas» und ein dummer Kerl einfach ein «Taudi». Das alles wird in einen spannenden fiktiven Kriminalfall eingepackt: Auf dem Churer **Rossboden** wird die unbekleidete Leiche einer jungen Frau gefunden. Kommissar Roc Caminada – der Name Caminada wird später auch in Philipp Gurts Retrokrimis wieder auftauchen – ist schockiert, denn die Tote gleicht seiner Frau aufs Haar. Und auch die zweite Leiche – sie wird in der Schynschlucht unter dem Solisviadukt entdeckt und gibt dem Fall eine zusätzliche Wendung – weist abermals ähnliche Züge auf. Caminadas Nachforschungen führen in die Churer Jazzszene, und um besser ermitteln zu können, lässt sich der Kommissar kurzerhand von der Quader Gang als Gitarrist anheuern. Zum Finale kommt es schliesslich im Jazzkeller an der **Süsswinkelgasse 20**, den es tatsächlich gegeben hat (dass dieser allerdings in Wirklichkeit wenige Wochen nach der Eröffnung bereits wieder dichtgemacht wurde, damit hat der jazzbegeisterte Kommissar Roc Caminada rein gar nichts zu tun).

Auftritt Philipp Gurt

Hatte Dürrenmatt die Bündner Kapitale noch als vernebelten Provinzort charakterisiert, so weht ab den 2010er-Jahren ein anderer Wind. Unter der beharrlichen und produktiven Arbeit von Philipp Gurt mausert sich Chur zur Krimihauptstadt von «Blaubünden».[6] Ein fortgesetzter Prozess der Professionalisierung und auch marktgängigen In-Form-Bringung seiner Kriminalromane erlaubt es dem Autor, seine Bücher ab 2019 in teilweise überarbeiteten Fassungen vom kleinen Haldensteiner Eigenverlag in den Kölner Emons-Verlag zu überführen. So

6 «Es zog sie [Gurts Polizistin Giulia de Medici] wie so oft magisch hinaus in die Wunderwelt Graubündens oder, wie sie bei so strahlendem Wetter auch spasseshalber sagte – Blaubünden.» (*Bündner Treibjagd*, 18)

entsteht eine Bündner Reihe mit zunächst vier Fällen der Ermittlerin Giulia de Medici: *Bündner Irrlichter* (2020, zuerst 2014), *Bündnerfleisch* (2020, zuerst 2015), *Bündner Treibjagd* (2019), *Bündner Alptraum* (2020). Nach einem weiteren Verlagswechsel von Emons zu Kampa kommen laufend neue Fälle hinzu – für Giulia de Medici *Bündner Abendrot* (2022), *Bündner Sturm* (2023) und *Bündner Blutmond* (2024), für die Retroreihe um Walter Caminada nach *Chur 1947* (2019) und *Helvetia 1949* (2020) *Graubündner Schreie* (2021), *Graubündner Finsternis* (2022) und *Graubündner Totentanz* (2023).

Gurt lässt seine Fälle in ganz Graubünden spielen. Ist Chur, wo seine beiden Serienermittler:innen Giulia de Medici und Walter Caminada wohnen, zunächst das unbestrittene Zentrum seiner Krimiregion, so zeigen die neueren Fälle des heute in **Haldenstein** bei Chur wohnenden Autors einen auffälligen Hang zum Engadin. In Pontresina hat er 2023 denn auch seine dritte, inzwischen deutlich auf ein internationales Publikum zugeschnittene Serienheldin angesiedelt, die naturverbundene Bergbäuerin und Polizistin Corina Costa. Diese Entwicklung erscheint als logischer Schritt auf dem ambitionierten Weg, sich ein internationales Renommee zu erschreiben.

Fernblick auf die Surselva

Die emotionale Verwurzelung in den Bergen und die Verbundenheit mit Chur ist ein immer wiederkehrendes Thema bei Gurt. Die Kleinstadt bedeutet für Giulia de Medici zugleich Alltag und glühende Heimatliebe. Die Offizierin der Bündner Kantonspolizei wohnt am oberen Stadtrand von Chur, im **Lürlibadquartier** in der Nähe des alten **Frauenspitals Fontana**. Ihr fiktives Büro befindet sich im **Hansahof** an der **Oberalpstrasse**, wo auch real die Räumlichkeiten der Fahndung der Bündner Kantonspolizei untergebracht sind. Den Einkauf erledigt die Ermittlerin mit italienischen Wurzeln am liebsten im **Migros-Masans**, und mit ihrem Hund joggt sie gern im **Fürstenwald**. Zu ihren Lieblingsrestaurants gehört das **Marsöl**, wo es ihr besonders die Kochkünste des indischen Kochs angetan haben, aber sie deckt sich – zumindest während der früheren Fälle – auch in der **Alexanderstrasse** bei **McDonald's** ein, während sie sich später auf «Fleisch von Biohöfen» beschränkt (*Abendrot* 170) – auch Krimiheld:innen gehen mit der Zeit.

Gurt evoziert die charakteristischen Churer Wettersituationen – Föhnlage und «typisches Hochdruckwetter, das dem Unterland zähen kalten Nebel bescherte und den Bergkantonen warme Sonnenstunden, stahlblauen Himmel und leuchtende Wälder» –, dabei richtet er den Blick gern rheinaufwärts gegen die Surselva: «Die Sonne warf [...] die letzten Strahlen vom Oberland her so flach über die Wiesen und die nun brachliegenden Äcker, dass auch die Furchen reliefartige Schatten warfen. [...] Die Ostgipfel leuchteten rot, die abgeernteten Maisstoppelfelder lagen still da. Giulia hätte die ganze Welt umarmen können.» (*Bündner Treibjagd*, 164, 167) Denselben Blick gibt's auch nachts, wenn Giulias «Blick frei über die beleuchtete Stadt gerichtet war. Sie liebte diese Stadt so unglaublich, dass sie es besser keinem dieser abgefahrenen Psychofritzen erzählen würde.» (296) Gurts immer neu evozierter Churer Fernblick führt in ein Zwischenreich, wo sich die Heimat und das Unheimliche berühren: «Hinten, tief im Oberland, drückte die Sonne ein letztes Mal durch die dichten grauen Wolken und tauchte das Bündnerland in ein gelborangen Abendrot. In dieser wunderschönen Bergkulisse hatten sich mal wieder die schlimmsten Verbrechen ereignet. Doch Giulia hatte mit ihrem Einsatz für mehr Klarheit und Gerechtigkeit sorgen können.» (*Bündner Abendrot*, 347)

Erfolgreiche Beschwörung des alten Chur

2019 erscheint mit *Chur 1947* der erste Band um Landjäger Walter Caminada. Gurt hat ausführlich im Stadtarchiv recherchiert, um ein möglichst stimmiges Bild der Churer Nachkriegsjahre zu zeichnen. Sein Landjäger ist eine behäbige und gutmütige Vaterfigur. Der Vierzigjährige raucht Krumme, trinkt Zichorienkaffee und ist mit einem Velotöffli unterwegs. Der Autor verwendet grosse Sorgfalt darauf, das alte Chur stimmig und mit einem Schuss Nostalgie zu vergegenwärtigen. Letzteres wird deutlich, wenn das Stadtbild gelegentlich vom Heute her eingeordnet wird: «Caminada fuhr am Samstag um vierzehn Uhr zur Scalettastrasse. Auf der rechten Strassenseite standen nur acht Häuser, auf der linken gar keines, dafür erstreckte sich die grosse

Ein Stück Kriminalgeschichte:
im Vordergrund das ehemalige Gefängnis Sennhof.

Wiese beim Daleu bis hin zum Sportplatz, mit der nur zweihundert Meter langen Ringstrasse […].» (144)

Eine wesentliche Rolle bei der atmosphärischen Erweckung der Nachkriegszeit spielt die Sprache, die Gurt durchsetzt mit alten Churer Ausdrücken wie «Scarnutz» (104), «Zmarent» (120) oder «patschifig» (18). Dazu kommen altbekannte Örtlichkeiten wie das **Restaurant Zollhaus** und die **Badi Sand** oder Reminiszenzen wie der «**Globus am Kornplatz**», ergänzt durch alte Markennamen wie «Churer Bier», «Pitralon» oder «Sassal-Orangina».

Die altbekannte Stadt mit ihren Namen wird durch das Unheimliche in ein neues Licht getaucht: Vom **Bahnhof** über den **Postplatz** und am alten **Hotel Lukmanier** vorbei flüchtet nachts ein junges Fräulein. In der Altstadt bei der **Rathaushalle** wird sie von ihrem Mörder eingeholt und erdrosselt. Der Verdacht fällt sofort auf den vorbestraften Knecht Mehli in der **Armenerziehungsanstalt Plankis** (vor den Toren der Stadt Richtung Felsberg). Aber obwohl Mehli sich am **Calanda** bei **Batänja** versteckt, zweifelt der umsichtige Caminada an dessen Schuld – denn andere Spuren weisen bis in die höchsten Kreise von Chur. Die Ermittlungen führen den Landjäger auch in die **Irrenanstalt Waldhaus**, «die über Chur wie eine Burg thronte» (56). Neben Dr. Heffelfinger, der sich «aus eugenischen Gründen» den Kampf gegen das Vagantentum auf die Fahnen geschrieben hat, trifft er dort auf Menga Fanzun, in die er sich verliebt. Die nachfolgenden Caminada-Krimis bereiten durch die Tatorte – im **Täli** oder **Sandquartier**, in **Masans** oder im **Rheinwäldchen** – weiteren Churer Örtlichkeiten eine Bühne. Mit Frau Menga, Töchterchen Lena, dem Gemüsegarten und den Geissen und Hühnern zeichnet Gurt als Kontrast zu den grotesk anmutenden Krimiverbrechen das Bild einer harmonischen Familienidylle in einer ländlich-kleinstädtisch geprägten Schweiz.

Der Krimi als Zeitvertreib – und als Familiengeschichte

«Herr Casanova war in seinem Leben weit herumgekommen und zuletzt in Chur gelandet.» Dies ist der Ausgangspunkt eines Krimis, der aus dem Altersheim kommt und auch dort spielt. Autorin Lilly Bardill, im Münstertal und im Unterengadin aufgewachsen, ist heute im **Seniorenzentrum Cadonau** in **Masans** zu Hause. Bardill hat *Mord in der Altersresidenz* geschrieben, um «die langweilige Coronazeit mit der

Arbeit an einer Geschichte besser zu ertragen» (2021, 92). Ein Krimiplot als Anlass für «[v]iele Gespräche, viel Lachen und Erinnern», wie die Autorin schreibt.

Und was stellt die Geschichte mit Herrn Casanova an? Um das zu verstehen, muss man weit zurückgehen zu einem mysteriösen Schmuckdiebstahl in Florenz. Manche Fälle klären sich eben erst im Seniorenheim – und auch wenn Herr Casanova ziemlich glimpflich davonkommt, gilt das nicht für alle Verdächtigen von Kommissar Räto Ragettli. Das eigentliche Element dieses Krimis ist allerdings nicht der Ort, sondern die vergehende Zeit: «Die Wochen gehen ins Land», heisst es da. «Still und leise war eine Bewohnerin gestorben. So wurde wieder eine der begehrten Wohnungen frei.» (19) Oder auch: «Die Jahre plätschern dahin», denn: «Die Zeit tat, was sie immer tut: Sie eilte vorüber.» (52)

Dass der Krimi auch der Ort sein kann, um Familiengeschichte zu vergegenwärtigen, zeigt Dina Casparis, Zürcher Autorin mit Bündner Wurzeln. Ihr Krimi *High Heels – Heisse Mode* (2022) handelt von der Entführung des Schweizer Modekönigs am Weltwirtschaftsforum in Davos. Modeaktivist:innen wollen die Firma damit zwingen, den ökologischen Lippenbekenntnissen endlich Taten folgen zu lassen. Die Spuren führen die Protagonistin, Rechtsanwältin Tara Bernhard, nach Chur zur Villa Svea, einer markanten Jugendstilvilla oberhalb der **Masanserstrasse** (in der Nähe der Abzweigung **Kreuzgasse**; im Krimi heisst sie Villa Lucrezia). «Die Kiesauffahrt, der verwilderte Park, die blassrosa Fassade» (338), das alles weckt bei der Protagonistin vage Erinnerungen an ihre Kindheit. Und so fügt die Autorin ein Stück ihrer eigenen Familiengeschichte mit ein und erzählt vom Urgrossvater, der in Graubünden die Schokoladenfabrik gegründet hatte. Und im liebevollen Porträt des schrulligen Amadeo von Vilan ist für Churer:innen der einst stadtbekannte Zeichenlehrer, Künstler und Einzelgänger Rico Casparis zu erkennen.[7]

7 Hansmartin Schmid beleuchtet das in Casparis' Roman integrierte Stück Lokalgeschichte in seiner Buchbesprechung im *Bündner Tagblatt* vom 28. 12. 2022.

Chur als potenzierte Provinz

Die Churer Krimis zeichnen gewissermassen *en miniature* die Entwicklung des Krimigenres in den letzten Jahren und Jahrzehnten nach: Zunächst macht Dürrenmatt aus der Kleinstadt einen undurchdringlichen, geradezu kafkaesken Krimiort, wo Zufall und individuelle Beschränkungen der im Krimi stets siegreichen Vernunft klare Grenzen setzen. In den Folgejahrzehnten richten die Autor:innen ihr Augenmerk nicht auf Verortung, das Interesse gilt stattdessen eher modellhaften Konstellationen. So gibt es auch beim in Chur schreibenden Krimipionier Robert Vieli in den 1990er-Jahren zwar verortete Handlungen und einheimische Namen mit ihrer Geschichte, aber kaum atmosphärische Ortsbeschreibungen. Mit Daniel Badrauns Krimihörspielen meldet sich ein erneuertes, jugendliches Interesse am Krimi, das Klamauk und Doppelbödigkeit bevorzugt und als Trumpf der Lokalradios die Wiedererkennbarkeit der Orte ausspielt – was Badrauns Geschichten schliesslich anschlussfähig macht für die Erfolgsformel des Regionalkrimis. Georg Webers Kommissar Bonacossa kann im Chur-Krimi für einen sozialkritischen Fokus stehen und Peter Montalins Jan Monsch für einen schockierenden ‹Realismus›, mit dem das Genre vermittels Sex und Crime die gute Gesellschaft und ihr gepflegtes Literaturverständnis aufschreckt – auch wenn die ‹Realität› vielfach eher dem Krimijargon entnommen ist als dem Alltag einer Kleinstadt. Demgegenüber verkörpern Duri Runggers Kommissar Caminada und Philipp Gurts gleichnamiger Landjäger Caminada den durchschlagenden Erfolg des Regionalkrimis. Hier sind es emotionale Verbundenheit mit der Region und liebevolle, durchaus auch nostalgische Beschreibungen, welche in scharfem Kontrast stehen zu den grausamen Verbrechen.

Ist damit die Zeit der verächtlichen Provinzschelte abgelaufen? Nicht ganz. Eine saftige Ohrfeige liest sich allemal besser als umständliches Handwerk. Das jedenfalls scheint sich das italienische Autorenduo gesagt zu haben, das unter dem Namen Dario Correnti international vermarktete Thriller mit wechselnden Schauplätzen in den Alpen publiziert. Nach ihrem Debüt *Kälter als der Tod* (2018), das bei Bergamo angesiedelt ist, spielen sie in ihrem zweiten Wurf *Stiller als der Tod* (2021)[8]

8 Das italienische Original erschien 2019 in Mailand unter dem Titel *Il destino dell'orso*.

das für das Genre übliche Serienmordszenario zur Abwechslung vor einer Engadiner Kulisse durch. Dabei kommen sie nicht darum herum, ihre beiden Mailänder Hauptfiguren für einen kurzen Besuch auch nach **Chur** zum Forensiker zu schicken. Die Autoren greifen für diesen obligaten Gang, der in jedem Krimi anfällt und meist mit der skurrilen Persönlichkeit des Gerichtsmediziners ausgeschmückt wird, zu einem prächtigen Stück Stadtschelte: «Alles verströmt [hier] Langeweile und Wohlstand», so ihr vernichtendes Urteil. «Chur ist eine gähnend leere und aufgeräumte Provinzstadt. Wo sind nur die Einwohner geblieben?» (43)

Migranten und Junkies

Die beiden italienischen Spürnasen spazieren angewidert «zur spätgotischen Kathedrale, die schrecklich düster wirkt».[9] Aber auch die Beschreibung des Churer Hofs fördert bloss öde und überkandidelte schweizerische Kleinbürgerei zutage: «Mittelalterliche Laternen und Holzhäuser, ebenfalls aus dem Mittelalter, aber mit neuen und hochmodernen Fenstern, leider nach schweizerischem Geschmack dekoriert (vor den Scheiben baumelnde Schmetterlinge, Windrädchen, akkurate Topfpflanzen und Kürbisse auf den Briefkästen).» (43 f.) Witzig erscheint die folgende Beobachtung, die belegt, dass zumindest einer aus dem Autorenduo Chur wirklich besucht hat, was sich im Zeitalter von Google Earth und Wikipedia nicht von selbst versteht: «Die Überdosis Steinböcke ist erdrückend. Brunnen mit Steinböcken, Wappen mit Steinböcken, die vergoldete Kirchturmuhr ringsum verziert mit Steinböcken, ein Obelisk mit Steinböcken. Steinböcke, wohin das Auge blickt. Auch in den Schaufenstern: Steinböcke aus Holz, Steinböcke auf Kissen, Stoffen, Tischdecken» – und über

9 Die Churer Kathedrale ist natürlich nicht «spätgotisch». Diese falsche Umschreibung findet sich nur in der deutschen Übersetzung, nicht im italienischen Original.

alledem «stimmen Glocken und Glöckchen eine Melodie an, eine Art kollektives, tieftrauriges Kuckuck.» Da verwundert es nicht, dass «die Leute hier nur den einen Wunsch [haben]: sich mit irgendetwas zu betäuben». Daraus erklären sich denn auch die vielen «Geschäfte, die der Gesundheit gewidmet sind: Praxen, die Reha, Massagen, Physiotherapie [...], Naturkostläden, Heilkräuterläden» (44 f.).

Das ist böse in einer erhellenden Art. Tatsächlich scheint das Duo hier für einen Moment an Thomas Bernhard anzuknüpfen, dessen wortgewaltige Literatur sich erst aus dem Affekt, bei ihm sind dies Ablehnung und Ekel, freisetzen liess. Die Churer:innen haben die Tirade aus Bernhards *Der Untergeher* (1983) bis heute im Ohr: «In den Churer Weinstuben schenkten sie den schlechtesten Wein aus und trugen die geschmacklosesten Würste auf.» (87) Und dann: «Chur ist tatsächlich

Krimimetropole oder verschlafene Provinzstadt?
Blick vom Churer Bahnhof Richtung Altstadt.

der trübsinnigste Ort, den ich jemals gesehen habe, nicht einmal Salzburg ist so trübsinnig und letztenendes krankmachend wie Chur. Und die Churer sind dementsprechend. In Chur kann ein Mensch, auch wenn er nur eine einzige Nacht bleibt, für sein Leben ruiniert werden.» (87 f.)

Beim Correnti-Duo ist man sich der eigenen touristischen Wirkungsmacht zweifellos bewusst, wenn man spottet: «Nie sind mehr als zwei Menschen gleichzeitig auf den Strassen zu sehen. Eine Stadt wie geschaffen zum Fotografieren, weil man keine Angst haben muss, dass jemand durchs Bild läuft.» (44) Aber wie geht das zusammen mit dem Befund: «Ringsum nur Migranten. Von dem ein oder anderen durch und durch autochthonen Junkie oder Alkoholiker abgesehen» (45)? Offenbar hat man bei Dario Correnti nun selbst den touristisch beschränkten Blick aufgesetzt und stört sich an der Anwesenheit von Migranten, die nicht ins alpine Klischeebild passen. Aber bevor ihre Provinzkritik auf sie zurückfallen kann, übergeben die Autoren das Urteil an ihre Hauptfigur: «Die tiefe Schweiz macht selbst ihn fertig, der die letzten Kuhdörfer der italienischen Provinz gewohnt ist. Die auf ihre Weise noch einladend sind.»

Schanfigg: Gauner als Gäste

Das Schanfigg könnte leicht als Krimiumgebung der Bündner Hauptstadt durchgehen, wenn da nicht Arosa wäre. In den 1920er-Jahren wird der Kurort Schauplatz eines der frühesten und aufregendsten Kriminalromane der Schweiz – lange bevor die Hauptstadt auf der literarischen Krimilandkarte überhaupt auftaucht.

Kleines Vorspiel bei den Zivilisationsüberdrüssigen

Das Tal der Plessur gehört zu Philipp Gurts Krimirevier um Chur. Giulia de Medici besitzt ein Maiensäss im **Sapün** (oberhalb von **Langwies**) und findet in *Bündner Abendrot* (2022) eine schwimmende Leiche im **Obersee** auf der **Haupter Alp**, während Caminada wegen eines Selbstmords auf dem **Sunnabödeli** ermittelt, einem geheiminsvoll idyllischen Ort unterhalb von **Maladers**, tief im zerklüfteten Plessurtobel, wo der **Calfreiser Tobelbach** in die **Plessur** mündet.

Auch in Robert Vielis *Demontage eines Politikers* (2014) führt eine Spur ins Schanfigg. Der skrupellose Bündner Nationalrat Isidor Eichhorn besitzt nämlich ein Ferienhaus in **Calfreisen**, wo seine verschwundene Frau zuletzt gesehen wurde. «St. Moritz, Pontresina oder Klosters würden besser zu Eichhorn passen», findet der Kommissar. Was sucht ein einflussreicher Lobbyist für den Bündner Tourismus in Calfreisen? «Ein Ort für Ruhebedürftige! Kein Tourismus, keine Kirche, nicht einmal eine Beiz! Nur ein paar Bauern und eine Handvoll Zivilisationsüberdrüssige!» (37) Fürbass tappt im Dunkeln – bis an einem unzugänglichen Ort auf der Arosabahnstrecke ein menschlicher Schädel entdeckt wird. Ist Eichhorn vielleicht doch nicht nur an Ruhe und Erholung interessiert?

Aber zuhinterst im Tal, in **Arosa**, wartet noch etwas anderes darauf, entdeckt zu werden: ein verblüffender Detektivroman aus den 1920er-Jahren. Paul Altheer, zu jener Zeit ein äusserst produktiver Autor und Zürcher Radiomann der ersten Stunde, lässt 1926 in den *Dreizehn Katastrophen* ein weltgewandtes Gangsterpaar in Arosa Zuflucht suchen. Hier lässt man es sich gut gehen und treibt vor allem viel Sport.

Fiasko in Arosa …

«In Arosa lebte seit vierzehn Tagen ein Paar, das sich im Hotel Kulm mit dem Namen Mr. Wood und Miss Wood eingetragen hatte. […] Mr. Wood pflegte des Schwimmsports und war während dreier Viertel des Tages im Untersee oder wenigstens in dessen Nähe anzutreffen. Seine Spezialität waren Kopfsprünge, welche er mit einer Meisterschaft ausführte, welche ihm viel Bewunderung eintrug.» Verbirgt sich hinter Mr. Wood der Gauner Ricco Roland, so hinter seiner Nichte, Miss Wood, die bekannte Filmdiva Lira Lara aus Hollywood. «Sie verbrachte den grössten Teil des Tages auf den herrlichen Tennisplätzen des Kulm-Hotels, auf die stolz und erhaben der Schafrücken hernieder schaute. Der strohblonde Bubikopf der gut gewachsenen jungen Dame flatterte wie eine Siegesfahne in der leuchtenden Sonne von Arosa.» (87)

Das Buch ist eine frühe Dekonstruktion des Detektivromans, denn Detektiv Bob Stoll stolpert von Fiasko zu Fiasko. So auch im Bündner Kurort, wo er inkognito und gut verkleidet auftaucht – bloss um von Ricco Roland einmal mehr an der Nase herumgeführt zu werden. Denn während alle Welt glaubt, Roland sei zum **Älplisee** gewandert und schliesslich «in einer unzugänglichen Kluft am Rothorn [zerschellt]», macht der Gangster in Tat und Wahrheit «einen Spaziergang nach Parpan oder Tschiertschen, von wo er nach Chur bummeln wird, um dort mit dem talwärts fahrenden Engadin-Express das Weite zu suchen» (95). Kein Zweifel, Altheer kennt sich in der Gegend vorzüglich aus. Das gilt auch für den Schauplatz seines zweiten Bündner Krimis, *Diamanten auf Parsenn* von 1942. So atemberaubend frech und modern wie in den *Dreizehn Katastrophen* geht es darin allerdings nicht mehr zu, auch wenn der Autor seinen Detektiv in ▸ Davos auf Skis versetzt.

… und ein amerikanischer Gangster in Peist

Noch bevor Altheers Detektiv in Davos die Skischule besucht, steigt im Schanfigg ein international gesuchter Gangster auf die Bretter – allerdings ohne vorgängige Skischule und mit entsprechend fatalem Resultat.

Warten auf Glamour: Zwischensaison in Innerarosa.

In Wilhelm Stegemanns Roman *... und J. G. Curmann schweigt!* von 1937 lässt der junge Bankbeamte Martin Romer aus Zürich sich von dem vielen Geld verführen, das durch seine Hände geht. Er unterschlägt eine Summe und verliebt sich beim Schalterdienst obendrein noch in eine Scheckbetrügerin aus Paris. Zum Glück bringt ihn sein väterlicher Freund, der Detektiv J. G. Curmann, diskret auf die rechte Bahn zurück. Da trifft es sich gut, dass Curmann in **Arosa** auf den international tätigen Gangster Marcel de Guy trifft, der angereist ist, um Martin und seine Geliebte zu erpressen. Denn ein rechter Kriminalroman braucht einen Schuldigen, und Curmann – der sich seine Sporen als Detektiv in den USA abverdient hat – entlarvt den Bad Guy auf der Stelle. Die Bündner Polizei jagt den flüchtigen Gangster schliesslich auf Skis durchs Schanfigg, bis ein fataler «Stemmbogen nach links» (234) Marcel de Guy auf der Höhe von **Peist** auf Nimmerwiedersehen ins Tobel der **Plessur** befördert.[10]

10 Für eine genauere Analyse und historische Einordnung der beiden frühen Krimis *Die dreizehn Katastrophen* und *... und J. G. Curmann schweigt!* siehe Teil 2.

Churer Rheintal: Bitter im Abgang

Die Witterungsverhältnisse sind trügerisch. Der föhngereifte Wein der Bündner Herrschaft erhält plötzlich einen bitteren Abgang und der leuchtende Calanda wirft einen langen, dunklen Schatten. Im Churer Rheintal prallen Traditionspflege und eine ungestüme wirtschaftliche Entwicklung besonders hart aufeinander. Die alten Dörfer werden Teil einer dynamischen, städtisch geprägten Agglomeration.

Im Schatten des Calanda

Chur als Hauptstadt des Bündner Krimis wirft seine Schatten auch auf die Umgebung: Tote und Verdächtige gibt es rings um die Stadt – besonders am **Calanda**, wo in Gurts *Bündner Treibjagd* (2019) eines der Opfer gefunden wird. Auch der flüchtige Knecht Mehli in *Chur 1947* versteckt sich am Churer Hausberg nahe der alten Walsersiedlung **Batänja**, und im Käsekessi der **Haldensteiner Alp** schwimmt in der dampfenden, blutrot gefärbten Milch der Hirt Toni und sieht nicht aus, als ob er die neben ihm schwimmende Pfeife noch einmal zwischen die versiegelten Lippen stecken wollte (in *Graubündner Totentanz* von 2023).

Etwas weiter rheinabwärts, ebenfalls im Schatten des Calanda, liegt das traditionsbewusste Dorf **Untervaz**. Auf die Krimikarte gesetzt hat es Mirco Krättli mit *Ich bin eiskalt* (2019). «Es fühlt sich nach Heimat an. Ein Bauerndorf ist es schon immer gewesen» (8), beschreibt der Mörder seinen Ort. Und der Autor widmet das Buch denn auch «[m]einem Heimatdorf Untervaz und seinen Bewohnern». Tatsächlich wendet sich Krättli in erster Linie an ein heimisches Publikum, denn es kommen in seinem Krimi kaum Landschaftsbeschreibungen vor, stattdessen bestehen die Schilderungen aus den Orts-, Flur- und Strassennamen der Gemeinde.

Die Bekenntnisse eines Mörders, der seine «Freundinnen» umbringt, wechseln in diesem Dorfkrimi ab mit der Sicht zweier Freunde, die dem Täter aus den eigenen Reihen nur langsam auf die Spur kommen. In auffälliger Weise bezieht sich der Mörder immer wieder auf vazerische Eigenarten und Vereine: das «Schiibaschlaha» (Brauchtum, bei dem am ersten Fastensonntag glühende Holzscheiben vom Berg übers Dorf geschlagen werden), den Guggaball oder den Fussballverein. In den direkten Reden kommt Vazer Dialekt zum Zug, etwa «uhi» und «ahi»

Tatort Heimatdorf: Im traditionsverbundenen Untervaz (hinter der Zementfabrik) wirft ein Krimi Fragen auf.

für rauf und runter, während die Frau, die ein Freund des Mörders «in Zürich aufgegabelt und mit nach Vaz genommen [hat]», diesem mit ihrer Unaufrichtigkeit und ihrem «Zürcher-Dialekt» (77) suspekt bleibt. Selbst mögliche Tatorte wählt der Mörder (oder die Mörderin) offenbar aus engster Heimatverbundenheit – zum Beispiel das **Chäppeli** oberhalb des Dorfes: «Dieser Ort gefällt mir. Ruinen einer alten Kapelle, ein Druidenstein in der Nähe … Ein mystischer Ort. Ein Ort der Stille, der Ruhe, der Besinnung und inneren Einkehr. Ich erinnere mich an die ungefähre Textzeile, die im Buch von Georg Fischer, Untervaz – Mein Heimatdorf, steht. Genau danach sehne ich [mich] so verzweifelt.» (111)

Wird er im Eigenverlag herausgegeben oder bei Books-on-Demand verlegt, mischen sich keine Verlagsprogramme und Lektor:innen ein. Die Geschichte erreicht ihre Leser:innen ungefiltert. Bei Krättli tritt der Krimi als schmerzliche Verlustanzeige der dörflichen Geborgenheit auf in einer Welt, die zwischen Tradition und Moderne schwankt. Der Mörder sehnt sich nach Heimat und leidet darunter, dass er sich

Von Bergen umrahmt: Gewerbezone im Churer Rheintal.

in dieses Sehnsuchtsbild selbst nicht mehr restlos einzuordnen weiss: «Warum kann ich nicht einfach normal sein?» (10)

Weinkrimis in Maienfeld ...

Etwas weiter talabwärts liegt rechtsrheinig die **Bündner Herrschaft** mit den Weinbauorten **Fläsch**, **Maienfeld**, **Jenins** und **Malans**. Zahlreiche Bündner Krimikommissare beziehen von hier ihren Lieblingswein: für Kommissar Egger (in Marcel Kuonis *Schweizertor*) etwa ist es ein Pinot Noir aus dem Jeninser Weinberg **Pradafant**, für Kommissar Coray (in *Mord in der Surselva* von Regine Imholz) ist es ein Terra Noir aus **Fläsch**. Aber in den Krimis gibt es mehr als nur Weintipps. Der im Bodenseegebiet aufgewachsene Weinliebhaber Markus Matzner – Hobbywinzer und Chefredakteur einer Fachzeitschrift für Obst- und Weinbau, der 2003 unter dem Titel *Zapfen ab* auch schon einen Weinführer verfasste – legt mit *Bitterer Abgang in Maienfeld* schon 2008

einen eigentlichen Weinkrimi vor.[11] Tatsächlich hat sich die neue Sichtbarkeit der Region im Krimi seit den 1990er-Jahren zusammen mit dem Aufschwung regionaler Kulinarik entwickelt. Das Terroir, von dem Weinkenner:innen heute so gern sprechen, stellt ein Differenz- und Gütezeichen des Weins dar gerade so, wie die Region zu einem Kennzeichen und Findemittel für den Krimi geworden ist. So gesehen ist es kein Zufall, dass sich der Weinkrimi als eine Untergattung des regionalen Krimis entwickeln konnte und Weinbaugebiete heute europaweit kriminalistisch bespielt werden.[12]

Bitterer Abgang in Maienfeld nimmt seinen Ausgang vom traditionellen Herbstfest: «Maienfeld lag in einem Rausch. Der mittelalterliche Städtliplatz erstrahlte an diesem Herbstabend im Glanz von Girlanden und farbigen Lampions.» (6) Man ist guter Dinge, denn die Winzer erwarten einen «Jahrhundertjahrgang». Doch dann entwickelt nicht nur der Wein einen bitteren Nachgeschmack, es tritt auch eine Rebkrankheit auf und in einem anonymen Schreiben werden weitere Plagen angedroht. Als schliesslich auch noch der Winzerpräsident in seinem Weinkeller stirbt, beginnt auch Stadtpolizist Donatsch zu ahnen, dass es hier um mehr geht als bloss gesunde Rivalität zwischen Weinbauern.

… und in Jenins

Marcel Kuonis erster Krimi *Tannenrauschen* (2017) nimmt eine Leiche auf den **Maienfelder Alpen** zum Anlass, Gegend und Leute ganz genau unter die Lupe zu nehmen (zu Kuoni ▸ Prättigau). An die Weinbautradition der Gegend knüpft Jörg Rutz an mit *Tatort Madast. Dunkle Schatten über der Herrschaft* (2018). Schauplatz von Rutz' erstem Krimi ist **Jenins** – **Madast** ist der Name eines dort gelegenen Weinbergs. Der in **Landquart** lebende Autor ist im Weinbaudorf aufgewachsen. Er erweckt die dörflichen Knabenschaften und ihr Brauchtum zu neuem Leben, sodass sein Krimi anmutet wie ein kriminalistisch illuminier-

11 Auf Matzlers Debüt *Bitterer Abgang* folgten weitere Krimis, darunter mit *Rebenrausch* auch ein Weinkrimi, der im Kanton Zürich spielt.

12 Vgl. Michael Böckler, der sich auf «Wein-Krimis aus Südtirol» spezialisiert hat, oder Paul Grote, dessen Weinkrimis von Piemont bis nach Lissabon reichen.

tes Heimatmuseum. «In Zweierkolonne folgten die Theaterspieler dem Trommler, dahinter die Knaben in ihren schönsten Bauernkutten und mit den mit Rosmarin bestückten Hüten. [...] Jetzt wurde einem wieder schlagartig bewusst, welch hohe Bedeutung unser Brauchtum im Dorf hatte. Was für ein Glück das war, dabei zu sein, ein Teil zu sein.» (161)

Vor diesem Hintergrund entspinnt sich die Krimihandlung: In Jenins geht im Sommer des Jahres 1999 des Nachts eine Gestalt um, die Reben vergiftet. Die Jeninser sind aufgeschreckt, alle sind plötzlich verdächtig: die Maienfelder, die Fläscher und auch die Malanser. Als im **Madast** ein junger Mann auf der Traubenwache erschossen wird, fällt der Verdacht auf seinen besten Freund Thomas Johannis, der verhaftet wird. Zwar kommt Johannis bald wieder frei, doch nun wird er in der Knabenschaft, die ihre strengen Riten und Bräuche verfolgt, ausgegrenzt. Die Sabotage in den Weinbergen geht indes weiter, und die Atmosphäre im Dorf ist zunehmend vergiftet. Um den Fall zu lösen, muss Kommissar Cathomas aus **Chur** tief in der Vergangenheit graben: Ein längst verjährter Mord kommt ans Licht – und die Spur führt zurück bis zur Bourbaki-Armee.

Rutz durchsetzt seinen Krimi mit ungewöhnlich langen Dialektpassagen in direkter Rede. Ähnlich wie der Untervazer Krimi *Ich bin eiskalt* dokumentiert *Tatort Madast* eine Art Phantomschmerz: Man wähnt sich bei Rutz über weite Passagen in einer traditionsgesättigten Vergangenheit, während «AC/DC-Klänge [...] plötzlich aus den Musikboxen [hämmern]» (58). Mit seinem zweiten Kriminalroman, *Dunkle Zeiten – der Verrat* (2023), weitet der Autor sein Krimiterrain aus. Ausgangspunkt ist zwar auch hier ein Leichenfund in der Bündner Herrschaft (beim Parkplatz der Älplibahn in **Malans**), doch in der Folge spinnt Rutz Fäden sowohl zum Menschenschmuggel über den Rhein während des Zweiten Weltkriegs als auch zum Anschlag auf das Kraftwerk Sarelli (bei Bad Ragaz) in den ausgehenden 1970er-Jahren. Mit *Dunkle Zeiten – Dammbruch* erschien noch im selben Jahr eine Fortsetzung.

Abgang: Dürrenmatts böser Traum

Dürrenmatt irrte, als er seinen im Churer Rheintal angesiedelten Krimi *Das Versprechen* ein «Requiem auf den Kriminalroman» nannte: Tatsächlich erlebt die Region sechzig Jahre später einen beispiellosen Krimiboom. Mehrere Autor:innen bespielen das Rheintal seriell und rücken lokales Wissen, Tradition und den gesellschaftlichen Umbruch neu ins Licht, während sie ihre Fälle aufklären. Dürrenmatts Erzähler hingegen reist bei anhaltend düsterem Wetter aus Chur ab, obwohl er «eigentlich nichts von diesem alten Bischofssitz gesehen hatte». Auf der Reise rheinabwärts Richtung Kantonsgrenze ereignet sich ein Wetterphänomen, dessen sinnliche Präsenz der Autor mit grosser Eindringlichkeit beschreibt: «Dann fuhren wir gegen ein größeres Dorf, vielleicht Städtchen, vorsichtig, bis auf einmal alles in der Sonne lag, in einem so mächtigen und blendenden Licht, daß die Schneeflächen zu tauen anfingen. Ein weißer Bodennebel stieg auf, der sich merkwürdig über den Schneefeldern ausmachte und mir den Anblick des Tales aufs neue entzog.» Der Wunsch nach Licht und Transparenz mündet im Augenblick seiner Erfüllung in jenes Ungewisse zurück, das die Autor:innen zum Krimischreiben anstiftet und die Leser:innen am Anfang jedes Krimis wieder neu fasziniert – weil es uns das Unheimliche und Unerledigte ahnen lässt, das die Autor:innen fortwährend bannen, ohne damit je ganz fertig zu werden: «Es ging wie in einem bösen Traume zu, wie verhext, als sollte ich dieses Land, diese Berge, nie kennenlernen.»

Davos und Prättigau

Davos: Glanz und Gier im Landwassertal

Die Landschaft Davos mit der gleichnamigen Alpenstadt bildet neben dem Engadin die zweite weltbekannte Bündner Tourismusdestination. War zu Beginn des 20. Jahrhunderts der Sanatoriumsbetrieb der internationale Motor, so wurde er gegen die Mitte des Jahrhunderts vom Wintersport und schliesslich vom Weltwirtschaftsforum abgelöst. Alle diese Epochen finden in Davoser Krimi- und Spionagegeschichten ihren Niederschlag.

Legendäres Davos: Von alten Walsern ...
Um eine Krimigeschichte zu erzählen, wird nicht mehr benötigt als eine Idee und ein Schreibgerät – und natürlich Krimierfahrung als Leser:in. Ein kleiner Anlass genügt, ein Einfall, ein Fundstück. Beim Aargauer Werber Peter Beeli war es ein Besuch, den er in den Ferien dem Heimatmuseum in **Davos Platz** abstattete. Dabei stiess er auf die Spur eines Verbrechens, dem einer seiner Vorfahren zum Opfer gefallen war: «Klein Martin ist by Schanfigg und St. Geörgskirchen in dem tiefen Tobel ermordet und beraubet worden anno 1430». Beeli fügte noch die ebenfalls verbürgte Figur des damaligen Landammanns Ulrich Beeli hinzu und machte daraus den historischen Krimi *Wolfseisen. Davoser Totenreigen* (2022).

Landammann Klein Martin kehrt nicht zurück von **Arosa**, wo er den Zehnten einsammeln wollte. Sein Sohn Ulrich ist ebenso verdächtig wie Jöri Ambüel, der mit Viehhandel reich gewordene Rivale der Beelis. Der Roman spielt zu einer Zeit, als die Erinnerung an die Walserwanderungen bei den Davoser Sippen noch frisch ist. Das Schwergewicht legt der Autor auf die Darstellung des kargen und unerbittlichen Alltags der verstreuten Davoser Bauernfamilien, die im 15. Jahrhundert ganz auf sich gestellt auf dieser Höhe zu überleben suchten. Vor allem dem Freiherrn von Matsch verleiht Beeli aber zusätzlich kriminologische Fähigkeiten, die den historischen Roman dem modernen Krimigenre annähern – und mit Klein Martins Tochter Ursula, die aus politischen Gründen mit Jöri Ambüel verheiratet werden soll, entwickelt sich im Verborgenen inmitten all der Kargheit auch eine Liebesgeschichte.

Authentische Krimikulisse: die Schatzalp oberhalb von Davos.

... und Agentinnen

Eine Kriminal- oder Spionagegeschichte zu erzählen, kann aber auch ganz schön aufwendig, langwierig und teuer sein. Rechercheteams werden losgeschickt, Produktionspartner gesucht, Berater:innen angestellt, Finanzierungspläne und -abkommen entworfen. Auf der Suche nach einem Stoff mit internationaler Ausstrahlung beschloss man 2016 beim Schweizer Fernsehen, auf die Epoche des Davoser Zauberbergs zurückzugreifen. Im Dezember 2023 flimmerte die deutsch-schweizerische Koproduktion *Davos 1917* schliesslich über die Bildschirme.

Der Zuger Drehbuchautor Adrian Ilien mit seinem Team entfesselt in der Kulisse des Sanatoriums **Schatzalp** eine doppelbödige Welt der Intrigen und Bespitzelung. Die rasch vorangetriebene Action gibt im Agententhriller den Takt vor, auch für die Liebesgeschichte und für die in wenigen und stereotyp wiederkehrenden Bildern eingefangene landschaftliche Anmutung. In sechs Folgen wird die Geschichte der Krankenschwester Johanna Gabathuler erzählt, die im Versuch, ihr uneheliches Kind zurückzuholen, zwischen die Fronten der Spionagedienste gerät – aber auch selbst kräftig intrigiert.

Für ein Publikum, das es bei der Figurencharakterisierung und der geschichtlichen Verknüpfung lieber etwas ausführlicher mag, wurde beim Hamburger Autor und Dozent Sebastian Stuertz eine Romanversion in Auftrag gegeben. *Bevor die Welt sich weiterdreht* (2023) erschien unter dem Pseudonym Luca Brosch rechtzeitig zur Filmpremiere.

Diamanten auf Parsenn

Den ersten Davoser Kriminalroman veröffentlichte der in den 1920er- und 1930er-Jahren sehr produktive Satiriker, Radiopionier und Publizist Paul Altheer im Jahr 1942. Bereits in den Zwanzigerjahren lieferte derselbe Autor mit *Die dreizehn Katastrophen* (1926) sein parodistisches und verblüffend modernes Krimidebüt ab, das er teilweise in Arosa ansiedelte (► Schanfigg). *Diamanten auf Parsenn* ist ein Davoser Krimi, der zwischen Wanderführer, Skibrevier und Krimiparodie schwankt.

Im **Haupertälli** (zwischen **Weissfluhjoch** und **Strelapass**) findet ein Wanderer einen Diamanten, gross wie ein Taubenei. Kaum ist der Klunker zur Abklärung an die Zürcher Bahnhofstrasse zu einem Juwelier gebracht worden, wird er von einer internationalen Bande wieder geraubt. Die Polizei holt sich Hilfe beim Zürcher Detektiv Bob Scholl,[13] der sofort nach Davos in die Wanderferien fährt. Im einstigen Kurort, der sich zur Sportdestination umgerüstet hat, kommt es zu einem grotesken Zusammentreffen der verschiedensten Detektive aus ganz Europa. Alle suchen sie nach Diamanten von ungeheurem Wert, die offenbar einem indischen Maharadscha geraubt worden sind. Altheer verlagert die Handlung in der Folge kurz nach London, wo Scotland Yard übernimmt, aber rechtzeitig für die Wintersaison sind wir mit Bob Scholl wieder in Davos. Der Detektiv rüstet sich «auf der Ski-Heldenwiese» auf **Bolgen** für die kommenden Aufgaben, indem er Skifahren lernt: «Worte wie ‹stemmen – kanten – Talski belasten – in die Knie – tief in die Knie – locker – Bergski unbelastet – hoch – tief – Ski parallel – Bergski leicht vor […] schwirrten von allen Seiten an sein Ohr,

13 Bob Scholl, nicht Bob Stoll wie in *Dreizehn Katastrophen* – der Autor liebt kleine verwirrende Namensdifferenzen, zusätzlich wollte er den erfolgreichen Scholl wohl vom ewigen Verlierer Stoll aus seinem Krimidebüt abheben.

und er konnte nicht mehr immer genau unterscheiden, ob es ihn anging oder andere.» (159) Im Trubel der grossen Saison trifft man sich zum Ball im **Hotel Belvedere** und «[i]m Café Schneider gab es duftenden Kaffee, herrliche Kuchen – aber kaum einen freien Platz» (243). Eine Rolle bei der Auflösung des Falls spielt schliesslich auch der damals international berühmte Davoser Schwinger und Ringer John Lemm.

Allegra Cadisch ermittelt ...

Die bisher umfangreichste zeitgenössische Krimiserie im Landwassertal stammt aus der Feder der produktiven Innerschweizerin Silvia Götschi, die etliche Jahre in Davos gelebt hat. Als Hauptfigur ihrer Davoser Krimireihe ermittelt eine Jusstudentin, deren Name «ein rätoromanischer Gruss» ist (*Bärentritt*, 30). Damit weist sich Allegra Cadisch unmissverständlich als die Bündnerin aus unter den Ermittler:innen in Götschis vielfältigem Krimifiguren-Portfolio.

Jakobshorn, der erste Band der Allegra-Serie, erscheint 2014. Eine junge Frau steht vor der Aufgabe, in Davos den Tod ihres Vaters aufzuklären. Der rücksichtslose Spekulant und Frauenheld, der sich viele Feinde gemacht hat, ist unter rätselhaften Umständen beim Skifahren am **Jakobshorn** ums Leben gekommen. Bereits ein Jahr später, in *Mattawald*, ist Allegra Cadisch wieder im Einsatz: Sie wird von einer ehemaligen Davoser Mitschülerin kontaktiert, die nicht daran glauben mag, dass ihre Schwester, die unter der **Stafelalp** im **Mattawald** tot aufgefunden wurde, Selbstmord begangen hat.

Aus der Bündner Allegra-Reihe tanzt einzig *Davosblues* (2021) – eine Auftragsarbeit für das **Hotel Grischa** aus dem Jahr 2021, die das Hotelambiente in den Mittelpunkt rückt. Götschi beordert zum Zweck des Hoteljubiläums ihr serielles Detektivgespann Maximilian von Wirth und Federica Hardegger in die Bündner Berge.[14] Deren Detektei ist mobil, sie lösen ihre Kriminalfälle überall, vom Berner Oberland bis zur Zürcher Goldküste, vom Kanton Obwalden bis zu den Urner Alpen. In

14 Mit Valérie Lehmann verfügt Götschi noch über eine dritte Serienfigur, die bisher nicht in Graubünden zum Einsatz gekommen ist.

Davos Platz im Hotel an der **Talstrasse** möchten Max und Fede eigentlich endlich mal Ferien machen, aber wie gewohnt in solchen (Krimi-) Situationen kommt alles anders: Statt zu wandern und zu biken, lüften sie das Geheimnis um den alternden Jazzmusiker Jack Buchanan, der eigentlich Jakob Bucher heisst und in Davos mit seiner Vergangenheit konfrontiert wird.

Im Bann des Weltwirtschaftsforums

Seit 1971 findet in Davos alljährlich das World Economic Forum (WEF) statt. In den 1980er- und 1990er-Jahren entwickelt es sich zur aufsehenerregenden Drehscheibe prominenter Figuren aus Politik und Wirtschaft. Mit der Jahrtausendwende wird es zunehmend überschattet von tumultuösen Protesten gegen die Arroganz der Reichen und Mächtigen und von polizeilicher Repression. Es erstaunt vor diesem Hintergrund nicht, dass das WEF auch mehrere Krimihandlungen inspiriert hat.

Den Anfang macht im Jahr 2009 allerdings eine Kuriosität: *Mysteriöser Unfall eines Politikers am WEF* aus der Feder des romanischen Autors Theo Candinas zielt nicht etwa kritisch auf die globale Ungerechtigkeit. Candinas bedient sich des weltbekannten Anlasses vielmehr, um – ausnahmsweise auf Deutsch – seine persönlichen Abrechnungen mit politischen Gegnern aus Graubünden, vor allem im Umfeld der Rumantschia, in Szene zu setzen. Das international bekannte Weltwirtschaftsforum in Davos und die deutsche Sprache dienen dem Autor dabei als Mittel, zu den engen Verhältnissen auf Distanz zu gehen, um seinem politischen und persönlichen Angriff damit umso mehr Autorität und Wirkung zu verleihen. Demselben Anliegen dient auch die Wahl des Ermittlers Christian «Hitsch» Camastral, der als Prättigauer zwar Bündner ist, aber als Nichtromane gleichsam für Unvoreingenommenheit bürgt.

Den Krimimotor setzt Candinas mit dem rätselhaften Unfalltod des Bündner Regierungsrats Misani in Bewegung. Der Name ist eine Anspielung auf Altregierungsrat Aluis Maissen, wie denn überhaupt die zu Beginn des Romans platzierte Formel «jede Ähnlichkeit mit einer lebenden oder verstorbenen Person ist nur zufällig» sich nur ironisch verstehen lässt. Die Personen aus Candinas' Kriminalroman entstammen nicht nur grösstenteils der kantonalen Politszene der 1980er- und 1990er-Jahre, sondern sie tragen auch Namen, die hinter einer vordergründigen Verballhornung die Identität der damaligen Akteure und Akteurinnen eher parodistisch hervorheben, als dass sie sie verbergen.

Der Krimi als blanke Waffe

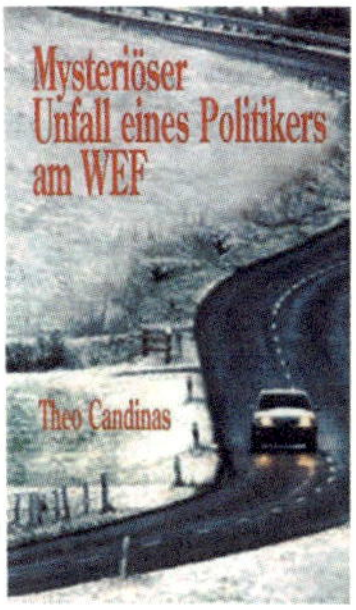

Die Handlung in Candinas' Krimi besteht aus einer Aneinanderreihung von Verhören (vom Verfasser bezeichnenderweise mitunter «Inquisition» genannt von romanisch ‹inquisiziun›). In ein schiefes Licht gerät dabei vor allem der Vorgänger des verunfallten Regierungsrats Misani, Dr. Danton Drucavi (unschwer zu entziffern als Altregierungsrat Donat Cadruvi). Die Verhöre zeichnen das Bild eines willkürlichen, tyrannischen und mutmasslich korrupten Politikers – «rachsüchtig wie ein Wiesel» (34) sei er obendrauf gewesen. Aus der Schmuddelecke stammt schliesslich das kolportierte Gerücht, wonach Drucavi «seit Jahren zu den ständigen Besuchern des WEF [gehörte], sei es aus beruflichen Gründen oder wegen der schönen Luxushuren» (59).

Der damit indirekt angegriffene Donat Cadruvi, Bündner Regierungsrat von 1979 bis 1988, war zum Zeitpunkt der Publikation seit über einem Jahrzehnt tot. Der machtbewusste und einflussreiche surselvische Politiker trat auch als Schriftsteller in Erscheinung. Candinas' späte Abrechnung zeigt, wie erbittert und verletzend der Konflikt zwischen den politischen Gegnern seinerzeit geführt worden war – insbesondere in der Surselva, die sich in den 1970er-Jahren erst mühsam und in unzimperlich geführten Auseinandersetzungen aus einem lange Zeit von Kirche, Politik und romanischer Presse besiegelten Konformismus löste.[15] Dabei wurde mit moralisch vernichtenden Argumenten direkt auf den Mann gespielt – und 1975 war Candinas mit seinem Kurzgeschichtenband *Gion Barlac* mitten in dieses Kreuzfeuer geraten. Man geht wohl nicht fehl, seinen Davoser Krimi als ein letztes und fernes Echo solcher erbittert geführter Auseinandersetzungen und langjähriger Feindschaften zu sehen.

15 Vgl. dazu den Exkurs zur «Schwarzen Lawine» in Collenberg 2023, 247–276.

Das WEF aus Davoser Sicht

Seither sind mehrere WEF-Krimis hinzugekommen. Silvia Götschi hat in der bereits erwähnten Allegra-Cadisch-Serie Davos während des WEF porträtiert. *Bärentritt* (2016) zeigt die Alpenstadt als «Hochsicherheitsburg für Politiker und Wirtschaftsbosse, die einander viel und doch nichts zu sagen hatten» (26).

Während des WEF geht in Davos eine Bombendrohung ein, und der Sohn eines einflussreichen arabischen Politikers verschwindet, nachdem Allegra Cadisch ihm am Abend zuvor bei einer von Alkohol- und Drogenexzessen begleiteten Party nahegekommen ist. Zunächst sieht alles nach einer Entführung aus, doch als der attraktive Mann im **Bärentritt** (zwischen dem **Silberberg** und **Wiesen** gelegen) tot aufgefunden wird, muss Allegra ermitteln, um den eigenen Kopf aus der Schlinge zu ziehen. Was diesen Krimi besonders auszeichnet, sind die kenntnisreichen Insider-Schilderungen von Davos im Ausnahmezustand des WEF – Hektik, gute Geschäfte, Polizeipräsenz, glamouröse Partystimmung sowie Einheimische, welche bei Freunden und Bekannten unterkommen, während sie ihre Häuser zu einem Vielfachen des üblichen Preises an Firmen und Organisationen vermieten. Götschi spielt auf der Klaviatur internationaler Prominenz und politischer Intrige, zieht es aber schliesslich vor, den Fall wiederum auf der für ihr Krimischaffen bevorzugten psychologischen Ebene zu lösen.

Entführung als Königsdisziplin des WEF-Krimis

Einen weiteren WEF-Krimi hat Paul Allgäuer, Hamburger Soziologe und Marktforscher, mit *Davos Marathon* (2019) verfasst. Die Helden in Allgäuers Krimidebüt sind zwei ältere Herren, deren einer seine computeraffine Enkelin aus der Ukraine beschwatzt, ihnen gefälschte Zugangspässe für das Weltwirtschaftsforum auszustellen. Tatsächlich sind die beiden Rentner in Davos weniger harmlos und beschaulich unterwegs, als es den Anschein macht. Die zwei ehemaligen Militärärzte haben es nämlich auf einen skrupellosen Pharmaunternehmer abgesehen, den sie für kriminelle Medikamentenstudien verantwortlich machen. Allerdings kommen sie an den prominenten Bösewicht nicht heran und kidnappen stattdessen seinen Sohn, was in einen Strudel von Ereignissen mündet, aus denen die beiden Entführer schliesslich erhobenen Hauptes hervorgehen.

Das titelgebende **Davos** bildet bloss den einen Schauplatz der Entführung, zweiter Schauplatz ist das **Schloss Tarasp** bei Scuol, wo die Entführer ihre Geisel festhalten. «Das Buch lebt von den genauen Beschreibungen der Gegend und Personen», urteilte eine Hamburger Zeitung. Diese Einschätzung wird man aus Bündner Sicht relativieren. Die Unterengadiner «Burg» und das Davoser WEF geben bloss den äusseren, wenig detailscharfen Rahmen ab für eine Geschichte, die von der Abrechnung mit der Arroganz der Konzernführer und reichen Eliten erzählt. Über den Bezug des Autors zur Region heisst es im besagten Zeitungsbericht: «Im Engadin fühlt er sich sehr wohl und war dort schon zum Skifahren. Die Burg habe ihn besonders fasziniert. So ist die Idee entstanden, die Geschichte hier spielen zu lassen.»[16]

Die Davoser WEF-Krimis machen verständlich, wieso der reale Sicherheitsaufwand am WEF über die Jahre so riesig geworden ist – das Treffen weckt bei vielen Menschen Gefühle von Frustration, Ohnmacht und Wut. Der Krimi bietet ein Ventil an, diese erzählerisch, als imaginäre Wunscherfüllung, zu kompensieren. Fiktive Entführungen erweisen sich dabei offenbar als besonders geeignetes Mittel, die Reichen und Mächtigen mit ihren Machenschaften zu konfrontieren.

Der Geist von Doktor Schwapp

Bitterböse und unter Aufbietung grotesker Splatterszenen verfährt die junge Autorin Maren Lassander mit dem Weltwirtschaftsforum – der Name der Autorin ist ein nicht aufgelöstes Pseudonym, das vielleicht nicht umsonst an die von Gewalt gezeichnete jugendliche Rächerin Lisbeth Salander von Stieg Larsson anklingt. Lassander schreibt einen verschwörerisch-düsteren Noir-Thriller um eine junge Walliser Grabräuberin, deren Hass auf den Katholizismus in der Erfahrung einer engstirnigen religiösen Erziehung wurzelt.

Die L. genannte Protagonistin und der invalide Bergführer Jorne reisen als Fräulein Friedhof und Herr Sonnenschein durchs Land und stehlen

16 *Eimsbütteler Nachrichten*, 24. 1. 2020, www.eimsbuetteler-nachrichten.de/eimsbuetteler-autor-paul-allgaeuer-ueber-den-davos-marathon, 31. 8. 2023.

Sakralgegenstände aus abgelegenen Kirchen. Von einem Hehler aus Davos erhalten sie den Auftrag, ein urchristliches Brustkreuz aus einem Walliser Kloster zu entwenden. Als Kunde wird in Anspielung auf das WEF eine satanistische Societé anonyme genannt, deren «Kassenwart» ein gewisser Doktor Schwapp ist mit seinen «Meineidgenossen in Davos» (59). Lassanders Krimi ist ein wilder Ritt durch religiöse Symbolik und Populärkultur, WEF-Verschwörungsfantasien und eine mit Gewalt und schwarzem Humor ausgekleidete Friedhofsstimmung. Das Brustkreuz ist, so stellt sich heraus, «Made in Hongkong» (336) und der Kassenwart und Verwalter des ‹Geists von Davos› verweigert die Zahlung schon aus Prinzip: «Bezahle nie, was du dir nehmen kannst, sagt man bei uns in Davos.» (343) Und so kommt es zu einem blutigen Showdown in Davos, aus dem Fräulein Friedhof und Herr Sonnenschein nicht ungeschoren hervorgehen, aber immerhin lebendig: «[W]ir Kompatrioten der Natur – wir wissen uns zu verteidigen.» (367)

Der Schweizer Modezar wird entführt

Ganz und gar nicht blutig zu und her geht es dagegen bei Dina Casparis, die ebenfalls eine verschwörerische Gruppe, in diesem Fall sind es Umweltaktivist:innen, sowie eine Entführung ins Zentrum ihres Krimis *High Heels – Heisse Mode* (2022) stellt. Casparis kommt darin ganz ohne Mord aus. Die Autorin mit Bündner Wurzeln war zunächst Ballett-Tänzerin, dann Anwältin in der Mode- und Finanzbranche, bevor sie für eine dritte Karriere in die Krimibranche wechselte. Ihr zweiter Krimi setzt die 2015 begonnene Reihe um die Anwältin Tara Bernhard fort.[17] Dabei dreht sich alles um die Entführung des «Schweizer Modekönigs» (13).

Karl Gerold Fuchs, alternder Konzernchef eines erfolgreichen Modeunternehmes, wird im **Davoser Kongresshaus** von den «Grünen Löwen», einer ökologischen Aktivistengruppe, entführt. Die Geiselnahme soll den Konzern dazu bringen, den ökologischen Lippen-

17 Der erste Band *High Heels – Heisse Deals* (2015) folgt der Protagonistin Tara Bernhard von der Zürcher Goldküste zum Filmfestival Cannes. Die Autorin strebt ein Genre an, «das es eigentlich nicht gibt: Spannung mit Humor, Krimi mit Lovestory und Gossip, leichte Unterhaltung mit ein wenig Tiefgang», in: *Brigitte Magazin Schweiz*, 12. 10. 2022, www.dinacasparis.com/images/Brigitte_Schweiz%20Artikel.pdf, 30. 9. 2023.

bekenntnissen endlich Taten folgen zu lassen. Die Protagonistin der Serie, die junge, ambitionierte Tara Bernhard, ist damit beauftragt, diese grüne Wende im Modeunternehmen durchzusetzen – ein ambivalenter Karriereschritt für die stilbewusste Anwältin. Im neuen Job erhält sie Einblick in Tricksereien, Finten und mediale Versteckspiele, die die Modewelt zu beherrschen scheinen. Als ehemalige Rechtsanwältin in einem internationalen Modeunternehmen weiss Casparis solche Machenschaften plausibel in Szene zu setzen. Die Autorin macht keinen Hehl aus ihrer eigenen Position und streut für «acht- und aufmerksame LeserInnen» (150) aufklärende Fussnoten ein, welche die Auswüchse der Modebranche von Fast Fashion über die Ausbeutung der Arbeiter:innen an den Billigstandorten bis zu «Green-washing» und Etikettenschwindel thematisieren. Wie der eingangs erwähnte Peter Beeli, der die eigene Familiengeschichte zum Anlass genommen hat, um seinen *Davoser Totenreigen* zu schreiben, so verwebt auch Casparis Teile ihrer Familiengeschichte in ihren Modekrimi (▸ Chur).

Prättigau: Im Bauern- und Gewerbemilieu

Im Prättigau bleibt der Krimi einem traditionell bäuerlichen und kleingewerblichen Milieu eng verbunden. Das hat auch damit zu tun, dass es hier vorwiegend Autor:innen aus dem Tal sind, welche das Verbrechen in Szene setzen. Eigenheiten werden gepflegt oder hinterfragt, ohne dass dem Touristischen dabei eine federführende Rolle zukommt.

Ein Tunnel schreibt Geschichten

Im oberen Prättigau um **Klosters** ist es vor allem der Vereinatunnel, der die Gegend ins Visier der Krimiautor:innen gerückt hat. Von Laviner Seite her wurde der Bau durch Niklaus Schubert zum Anlass für *Vereina Connection* (1999) (▸ Unterengadin). Auf Prättigauer Seite hat der Engadiner Daniel Badraun die durch den Tunnel sich verändernde Reisegeografie in *Hundsvieh* (2013) zum Thema gemacht. Die darin enthaltene Erzählung «Von Kühen» geht zurück auf das 2001 bei Radio Grischa gesendete Hörspiel *Kuhhandel*.

Claudio Mettler, der zur Erholung ins Prättigau fährt, muss dafür noch die alte Route nehmen: «Am besten erreicht man das Val Pers vom Oberengadin her über die Albulastrecke. Umsteigen in Filisur, dann geht die Fahrt weiter nach Davos. Ziemlich umständlich. Es wird Zeit, dass der Vereinatunnel endlich fertig wird. Am Bahnhof Klosters steigt man um. Alle zwei Stunden führt ein Bus vom mondänen Ferienort in das kaum bekannte Seitental.» (146) Die bevorstehende Eröffnung des Tunnels hat allerdings auch im (fiktiven) Val Pers das Interesse der Investoren geweckt. Ein Aquapark soll gebaut werden, bloss scheinen dabei nicht alle Beteiligten nur saubere Geschäfte im Sinn zu haben. Von einem rätselhaften Mord aufgeschreckt, beginnt Mettler zu ermitteln. Dabei kommt er einem gefährlichen Kuhhandel auf die Spur.

In ihrem zweiten gemeinsam verfassten Krimi *Mørk* (2022) um die Sarganser Meeresbiologin Selina Anrig führen Franziska Hidber und Christian Ruch einen norwegischen Polizisten für eine kurze Episode ins ▸ Oberengadin. Das bietet dem Eisenbahnfan Christian Ruch eine willkommene Gelegenheit, die Rückfahrt durch den 19 Kilometer langen Schmalspur-Eisenbahntunnel ausgiebig zu schildern – selbstredend ist auf dem Hinweg auch schon die Albulastrecke mit dem

Landwasserviadukt angemessen ins Bild gerückt worden. «Kaum waren wir in diesem Tunnel, kam es an der Lok zu einem lauten Knall, und von der Fahrleitung sprühten blaue Funken.» (276) Nach drei Kilometern geht auch noch das Licht aus und der Polizist wird von einem metaphysischen Gruseln à la Dürrenmatt erfasst:[18] «Der Zug rollte immer schneller, ich riss das Fenster wieder auf, und ein ohrenbetäubendes Brüllen hallte von den Tunnelwänden.» Als die Geisterfahrt, die dem Polizisten in einer Art Fieberanfall sein «ganzes beschissenes Leben» vor Augen führt, im Dämmerlicht von **Klosters** endlich zu Ende geht, ist zwar die Krimihandlung um kein Jota vorangebracht worden, dafür hat mit dem Vereinatunnel nun auch noch das jüngste Monument der Rhätischen Bahn Krimiweihen empfangen – neben dem Albulatunnel und dem Landwasserviadukt in Calonders *Endstation Engadin*, dem Solisviadukt in Duri Runggers *Chur im Blues* und der Berninastrecke in Gurts *Mord im Bernina-Express*.[19]

Bitterer Ernst – ein Blick zurück

Serneus war zur Mitte des 19. Jahrhunderts realer Schauplatz eines Kriminalfalls, der vom Prättigauer Pfarrer und Kirchenhistoriker Holger Finze-Michaelsen in *Die Tochter des Wasenmeisters* (2021) dokumentiert worden ist. Der Anfang liest sich tatsächlich wie ein Krimi: Als Anna Maria Polt am 28. September 1844 von der Alp in ihr Haus in Serneus zurückkehrt, findet sie es voller Blut. Ein erstes Licht fällt auf den mysteriösen Fund, als ihr ein halbes Jahr später träumt, im Keller liege ein Kind begraben – tatsächlich findet sie dort zu ihrem «grössten Entsetzen einen Kindesschädel, auch zugleich mehrere andere Knöchlein in Hudern eingewickelt» (27). Der Autor hat die historische Begebenheit aus alten Dokumenten und Gerichtsakten sorgfältig rekonstruiert: Ans Licht gekommen ist allerdings «keine genüsslich ausgebreitete, schauer-

18 In Friedrich Dürrenmatts bekannter Erzählung «Der Tunnel» von 1952 verschwindet ein Zug für immer in einem kurzen Eisenbahntunnel.

19 Am häufigsten in Krimis beschrieben wird der Landwasserviadukt, vgl. zum Beispiel Krohn, *Endstation Engadin*; Götschi, *Davosblues*, oder – gezeichnet – Lucas Harari, *Der Magnet* (► Vorderrhein).

liche Geschichte von einem Vater-Tochter-Inzest», sondern ein bestürzender Einblick in Randständigkeit und sprachloses Elend, und nicht zuletzt auch das Dokument eines «vergehenden Zeitalters» (178). Der schuldig gesprochene Vater, der Serneuser Abdecker Johann Reidt, wurde nämlich als einer der letzten Verbrecher vom Churer Scharfrichter hingerichtet. Aber auch der darauf arbeitslose Scharfrichter fand mit seiner Familie keinen Weg ins neue Zeitalter – er blieb heimatlos und wurde mit seiner Familie nie ins Bürgerrecht einer Gemeinde aufgenommen.

Derselbe Autor Finze-Michaelsen hat auch einen Band über die *Hexenjagd im Prättigau* (2022) verfasst. Die dokumentierten Fälle zeigen, warum es vor dem modernen Zeitalter keine Krimis geben kann: Als letzter Schulderweis galt das Geständnis, und dieses wurde im Verhör und unter Folter erzwungen.[20]

Cosy Crime in Schiers-Maria

Ein paar Häuser, einige Ställe: das ist der Weiler **Schiers-Maria**, am Südhang über dem Prättigauer Zentrumsort gelegen. Hier lässt Ladina Bordoli, die in der elterlichen Baufirma in **Jenaz** für Buchhaltung und Personal zuständig ist, ihren Cosy Crime oder Kuschelkrimi spielen. Die Autorin schreibt professionell für eine Agentur, in deren Auftrag sie für verschiedene Verlage diverse Genres bedient, «vorwiegend in den Bereichen Fantasy und Frauenunterhaltung».[21] Umso bemerkenswerter ist, dass in Bordolis Auftragsarbeiten die fantasiereichen Plots sich durchaus mit einem starken Bezug zu ihrer Prättigauer Herkunft verbinden können. Schon die Titel ihrer sich über mehrere Frauengenerationen in Italien und der Schweiz erstreckenden Familiensaga spiegeln auch ihr eigenes bodenständiges Wirken in der familieneigenen Baufirma. Die

20 Einen neueren Kriminalfall rollt der Autor in *Grauer Novembermorgen* (2015) auf. 1915 wurde Paul Klaas in Pragmartin (Gemeinde Jenaz) brutal mit einem eisernen Hammer ermordet – einem Werkzeug, das damals gebraucht wurde, um den Keil, an dem die Tiere angekettet wurden, in die hölzerne Futterkrippe zu schlagen. Warum der aus der schwer verständlichen, pathologischen Einzeltat hergeleitete Übername ‹Chöttihammertal› für das Prättigau «noch heute in Graubünden hartnäckig die Runde macht» (9), vermag die minutiöse Aufarbeitung des Falls allerdings nicht zu erklären.

21 So die wohl selbst (mit)verfasste Kurzbiografie in *Der Tod lässt kein Schwein kalt.*

Denkbar unspektakulär: der Krimischauplatz Schiers-Maria.

drei Bände heissen *Das Fundament der Hoffnung*, *Das Bauwerk der Sehnsucht* und *Das Haus des Schicksals*.

Auch ihr 2021 erschienener erster Krimi *Der Tod lässt kein Schwein kalt* transportiert überraschend viel Prättigauer Art und Eigenheit, obwohl Bordoli gemäss Auftrag nicht in erster Linie an ein touristisches oder einheimisches Publikum zu denken hatte. «Der Verlag hatte den Plausch an einem Schweizer Setting, das Buch soll sich aber natürlich auch an das Publikum in Deutschland wenden», so die Autorin.[22]

Ein Schwein als Tatzeuge

Die alternde Schauspielerin Odette Montebello wird von ihrem Agenten unsanft darüber aufgeklärt, dass ihr nun auch für Nebenrollen Jüngere vorgezogen werden. Weil sie genug hat von «der heutigen Wegwerfgesellschaft», sucht sie einen «kontrastreichen Neuanfang» (15) in den idyllischen Bergen und kauft sich in **Schiers-Maria** ein «Chalet aus schokoladebraunem Holz» (9). Doch am Morgen findet sie im Garten einen toten jungen Mann. «Das Nachtvolch und auch die Drusapoppä sind aus ihren Dämonengräbern auferstanden und wandeln wieder unter uns», deutet Grete aus dem Dorf die Geschehnisse. Die abergläubische Alte schreibt den Mord dem «Maranggä-Geist» zu (173). Es gibt allerdings einen Zeugen des Geschehens: das traumatisierte Wollschwein von Odettes kauzigem Nachbarn, dem Bauern Anton. Das sensible Tier sorgt dafür, dass sich die beiden grundverschiedenen Menschen Odette und Anton im Zuge der Aufklärung des Verbrechens näherkommen.

Bordoli arbeitet in ihrem ersten Krimi mit klaren Gegensätzen: Stadt und Land, Frau und Mann, wendige Schauspielerin und behäbiger Bauer. Die Schauplätze sind klar konturiert und grösstenteils lokalisierbar: Von **Schiers-Maria** führt ein Abstecher nach **Klosters**, die berühmte **Salginatobelbrücke**, von Robert Maillard 1929 entworfen, erhält im Buch einen kurzen Auftritt, und Odette ermittelt inkognito an der **Evangelischen Mittelschule Schiers**. Zum Schluss findet die

22 «Sie überzeugt die grossen Verlage», die Autorin im Interview mit Christian Ruch, *Südostschweiz*, 17. 2. 2021.

Schauspielerin nicht nur Gefallen an landwirtschaftlicher Betätigung, sondern vor allem auch ihre Traumrolle als selbstbewusste und bewunderte Berufsfrau, sodass sie den rätselhaften Todesfall aufklären kann: «Evelina Primavera war eine Koryphäe auf ihrem Gebiet. Eine journalistische Edelfeder, androgyn gekleidet mit übergroßer Hornbrille, selbstbewusst, inquisitiv, stets am Puls der Zeit. Ihre tiefe Stimme verlieh ihr in der männlich dominierten Welt der Polizei Glaubwürdigkeit, ihre offen getragenen, erdbeerblonden Locken und ihr dezentes Make-up unterstrichen dennoch kontrastreich ihre feminine Attraktivität. Aber nicht nur das … sie war auch Privatdetektivin. Weltgewandt, belesen, Kettenraucherin …» (291)

Grüscher Alptraum

In **Grüsch** spielt der zweite Krimi des Maienfelders Marcel Kuoni. Mit Jahrgang 1983 gehört Kuoni, der an der Volksschule und in der Erwachsenenbildung unterrichtet, zu den jüngeren Krimiautor:innen im Kanton. Nach *Tannenrauschen* (2017), das einen Mord auf den Maienfelder Alpen zum Gegenstand hat, spielen Alp und Alpwirtschaft auch in *Schweizertor* (2020) eine wichtige Rolle. Und wiederum kommt der Churer Ermittler Luis Egger von der Kantonspolizei Graubünden zum Einsatz, zusammen mit seiner Kollegin Lisa Crameri aus dem Puschlav.

Kuoni pflegt in seinen Krimis einen Stil, der durch seine Fülle alltäglicher Details, erkennbarer Orte und zeitgeschichtlicher Anhaltspunkte auffällt: Kleider, Gesten, Essen und Getränke, ausführliche Fahrtenprotokolle, Nachrichten am Radio, tägliche Routinen. «Jedes noch so kleine Ding kann eine grosse Geschichte erzählen» (*Schweizertor*, 526), sagt sich Luis Egger, als er auf der **Salginatobelbrücke** steht und den Lauf des Wassers in Gedanken bis ins Meer verfolgt – und er bringt damit auch den Schreibstil seines Autors auf den Punkt.

Der 13-jährige Simon Berry aus **Grüsch** wird nach dem Hockeytraining in der **Eishalle Grüsch** betäubt und entführt. Er findet sich in einem unterirdischen Verlies mit Campingtoilette, Vorräten und einem Kalender für drei Monate wieder. Das Fotosujet des Kalenders zeigt «eine felsige Einbuchtung zwischen den mehrgipfligen Kirchlispitzen im Westen und dem mächtigen Gipfel der Drusenfluh im Südosten», das sogenannte **Schweizertor** (56). In Rückblicken beschreibt der Autor den harten Alltag auf der Alp, wo ein Batzger (Bub, der bei allen Alparbeiten Hand mitanlegt) in den 1970er-Jahren schikaniert wird. Das gibt Anlass zu vielerlei Beschreibungen bäuerlichen Brauchtums und Handwerks. Als es zu weiteren Entführungen kommt, lässt Polizist Egger im vorderen Prättigau Berghütten und Maiensässe durchsuchen – und der Autor nennt wie funkelnde Preziosen jeweils die dazugehörigen Orts- und Flurnamen: **Furner Berg** und **Pilidarscha** auf dem **Stelserberg**, das Gebiet **Wurzaneina** und **Valclaus**, **Placaun** und **Hinter Cant** oberhalb von **Pusserein**.

Geschichten aus dem Tal

Einen «Prättigauer Thriller» nennt der Grüscher Musiker und Journalist Christian Imhof seinen schmalen Band *Schwellenmomente* (2023).

Erzählt werden die Geschichten des arbeitslosen Noah aus **Grüsch**, der endlich wieder Arbeit in einer Fleischfabrik im Tal bekommt, der Flüchtlingsfrau Bahira Sabia, die von Syrien ins Prättigau geflüchtet ist, und der Jugendlichen Lisa Wolf, die genug hat von den ewigen Vertröstungen der Erwachsenen. In **Schiers-Maria** schliesst Lisa sich einer Gruppe von Ökoaktivist:innen an. Es ist allerdings erst die Rache am arroganten und sexistischen Chef der Fleischfabrik, welche diese drei Geschichten zu einem Krimirätsel mit überraschendem Ausgang verknüpft.

Eigentliches Thema von Imhofs Buch sind die im Titel genannten Schwellenmomente, «die ein Leben komplett auf den Kopf stellen können» (91). Ein solcher erinnerter Einschnitt findet sich in Noahs Schulzeit. In einem Klima der Ablehnung gegen alles Fremde hält er an seiner Freundschaft zu einem türkischen Jungen fest, obwohl ihn das an der Schule in Grüsch zum «Türkenfreund» (23) stempelt.

Facetten des Prättigaus – das stark im Tal verortete Gefühl der Zugehörigkeit, eine reiche und bodenständige kulturelle Überlieferung und die bäuerlich und kleingewerblich geprägte Empfindlichkeit gegen alles, was aus den Hauptstädten Chur oder Bern kommt – werden in den genannten Krimierzählungen immer wieder aufgegriffen. Obwohl die Kriminalfälle dafür sprechen, dass das verbrecherische Böse durchaus auch auf dem eigenen Mist wachsen kann, möchte es der urchige Bauer Anton am liebsten beim engen Durchgang der **Chlus** aus dem Tal ausschliessen. So zumindest erklärt er der zugezogenen Städterin in *Der Tod lässt kein Schwein kalt* die Eigenart des Tals und seiner Bewohner:innen: «Siehst du die Schlucht dort hinten? Das ist der Einstieg zu unserem Tal. Nur durch einen Tunnel zugänglich. Alles, was außerhalb dieser Passage ist, empfinden wir als Ausland. So ist das. Früher stand da mal eine Burg, deren Bewohner als Wachen den Zutritt kontrollierten. Daher nennen wir das Land draußen auch ‹vor dem Schloss›. Ich bin heute noch der Meinung, dass man sich gut überlegen sollte, welches Gesindel man ins Tal lässt.» (112)

Engadin und Münstertal

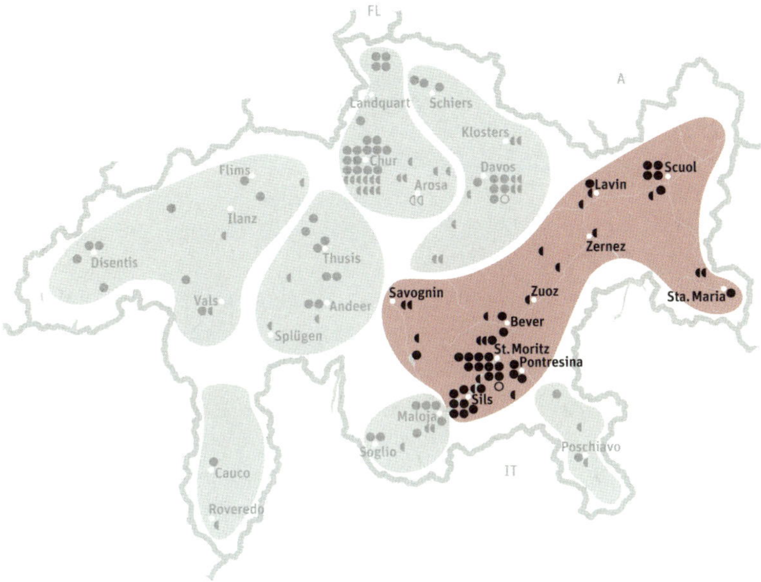

Oberengadin: Internationaler Hotspot des Krimis

In den 1920er-Jahren bringt ein niederländischer Detektivroman das Genre ins Oberengadin, und nach dem Zweiten Weltkrieg ist es ein romanischer Autor, der den ersten Krimi im Tal verfasst. Als internationale Tourismusdestination ist das Oberengadin heute ein Krimihotspot von europäischem Format. In den Seen und auf den Gletschern häufen sich die Krimi-Toten.

Willkommen am Schauplatz internationaler Thriller ...
Ein italienischer Industrieller wird am **Ofenpass** von einem Bären zerfleischt – wenn es denn ein Bär war. Denn in Mailand, wo man darüber Erkundungen einholt, wird eine Bekannte des Opfers mit einem Eispickel erschlagen. Etwas später: Ein Glaziologe der Universität Zürich erkundet den **Morteratschgletscher** mit einer Drohne und stösst auf eine Gletscherleiche – «Leichen im Eis sind sehr gefragt» (96), finden die Ermittler:innen im italienischen Thriller *Stiller als der Tod*,[23] und fahren unter der «sogenannte[n] Malojaschlange» ins Engadin. Die Atmosphäre ist weiterhin unheilschwanger: «Das dunkelgrüne Wasser der Seen ist aufgewühlt, kräuselt sich an der Oberfläche. Ein bleigrauer Himmel hängt schwer über den leuchtenden Gipfeln der Gletscher» (103). Und bald schon versinkt das nächste Opfer im **Silvaplaner See**. Serienmorde sind ein bewährtes Rezept im internationalen Thrillergeschäft. Allerdings haftet ihnen deshalb auch der Ruch geringer Originalität an, was zumeist durch eine umso groteskere Inszenierung der Leichen kaschiert wird. Das italienische Autorenduo, das unter dem Namen Dario Correnti die eben geschilderte Mordserie ersonnen hat, baut als gewissermassen historische Rechtfertigung zusätzlich gleich noch Episoden aus dem Leben der italienischen Giftmörderin Giovanna Bonanno im 18. Jahrhundert in den Krimi mit ein.

Der Münchner Thrillerautor Marc Ritter verzichtet zwar ebenfalls nicht auf Serienmorde – die Engadiner Schneefuchsjagd, das Old-

23 Deutsch 2021, italienische Originialausgabe 2019 unter dem Titel *Il destino dell'orso*.

timerrennen und der Olympia-Bob-Run fordern ihre prominenten Opfer –, aber bei ihm sind sie nur der Auftakt zu einem neuen Superlativ: Beim White Turf auf dem **St. Moritzersee** lässt eine terroristische Organisation es im ganz grossen Stil krachen.• Die Voraussetzungen dafür werden in Westafrika geschaffen, wo ein schwarzes Mädchen vergewaltigt wurde und überlebt, in Nordamerika, wo geheime Manöver durchgeführt werden, und in Zürich, wo der CEO der wichtigsten Schweizer Bank mit Sexfotos erpresst wird. Zum Epizentrum dieses internationalen Geschehens wird schliesslich das Oberengadin. Beim White Turf tummeln sich zehntausend Menschen auf dem gefrorenen See. Der deutsch-vietnamesische Sportfotograf Thien, der das Pferderennen fotografieren soll, wird Zeuge eines apokalyptischen Schauspiels: «Er konnte nicht fassen, was um ihn herum geschah. Diese vielen Explosionen, die das Eis des Sees in unendlich viele Schollen rissen. Die Geysire, die sich aus der Mitte des Sees und an den beiden Ecken am gegenüberliegenden Ufer aufgetürmt hatten. Die Wellen, die von dort auf ihn zuliefen und das Eis auch dort brachen, wo es die Explosionen überstanden hatte. Die Pferde, die mitsamt ihren Fahrern direkt vor ihm untergetaucht waren.» Hinter der Aktion *Bluteis* (2013) steckt eine «vollkommene und perfekte Partisanenarmee», die sich der sozialen und ökologischen Probleme der Welt und vor allem der Frage der Überbevölkerung auf ihre Weise annehmen will.

… und einheimischer Spürnasen

Der pensionierte Veterinär Attilio Bivetti veröffentlicht seit 2014 Kriminalgeschichten für ein kleines, romanisches Publikum. Der Autor, im **Bergell** geboren und in **Samedan** zur Schule gegangen, amtete lange Jahre als Gemeindepräsident von **Segl/Sils**. Seine Spürnase Nuot Nes und dessen ewighungrigen Gehilfen aus dem **Puschlav** lässt er im Oberengadiner Idiom Puter ermitteln.

Die Erzählung «Abitaziuns» (aus: *Nuot Nes*, 2014) thematisiert zum Beispiel die Tücken des Wohnens in einer Tourismusregion: Ein Engadiner Paar erhält von einem befreundeten Zürcher Bankier eine Million geboten, wenn es die Wohnung im ersten Stock des eigenen

Hauses als Zweitwohnung deklariert, damit das Ferienhaus der Zürcher unter dem Etikett einer Erstwohnung legal erstellt werden kann. Doch dann sterben die Ferienleute plötzlich unter verdächtigen Umständen. Die Geschichte, zwei Jahre nach Annahme der Zweitwohnungsinitiative von 2012 erschienen, stellt Nuot Nes nicht vor grosse kriminalistische Herausforderungen. Anders als der Zürcher Pfarrer Ulrich Knellwolf, der mit *Tod in Sils Maria* schon 1993 kurze und raffinierte Kriminalfälle voller Witz und Prägnanz präsentierte und damit **Segl/Sils** erstmals in den Fokus des (deutschsprachigen) Krimiinteresses rückte, lässt Bivetti den Krimimotor gemächlich drehen und widmet sich gern und ausführlich der Beschreibung von Land und Leuten (▸ Bergell).

Sprachförderung mit überraschendem Resultat

Der romanische Krimi reicht im Oberengadin weit zurück. Mit Reto Caratschs *Il commissari da la cravatta verda* erschien 1950 der erste Bündner Nachkriegskrimi überhaupt nicht etwa auf Deutsch, sondern auf Puter. Allerdings entpuppt sich die Krimihandlung dabei rasch als Vorwand, denn der Autor machte keinen Hehl daraus, dass es ihm nicht um den vordergründig abgehandelten Zuckerschmuggel ging, sondern um den drohenden Verlust von Sprache, Heimat und Identität. Als dann in den 1980er-Jahren immer mehr Leser:innen und auch Schweizer Autor:innen das Krimigenre für sich entdeckten, versuchten die romanischen Sprachorganisationen gezielt, eine einheimische Krimiproduktion mit Schreibaufträgen zu fördern. Daraus gingen – wohl weitab von den auf Popularität zielenden Erwartungen der Auftraggeber – ab 1988 die verspielt-witzigen Krimiarabesken um Linard Lum von Göri Klainguti hervor – hintergründige Erzählungen, denen es ebenfalls nicht in erster Linie um die Aufklärung des eingangs geschilderten Banküberfalls zu tun war.

Der Bauer und Schriftsteller Klainguti nutzt in *Linard Lum. 7 raquints criminels da Göri Klainguti e Linard Lum* die vielen ungeschriebenen Regeln und Klischees des Krimigenres, um sich, seine Hauptfigur und seine (teilweise gezielt angesprochenen) Leser:innen in ein Gespräch über die Literatur, sein Tal und die Welt zu verwickeln.

Auch der Kinder- und Jugendkrimi wird im Oberengadiner Idiom Puter eifrig gepflegt und verlegt – von Daniel Badrauns *Detectiva e detectiv* (2003) über den Jugendkrimi bei Ladina Parolini bis zu den Geschichten um die Detektivin Lina Luzi aus der Feder des Luzerners Gildo Brunies.[24] Der Autor, dessen Mutter Engadinerin ist, will in seine Krimis «typische kulturelle Aspekte von Romanischbünden» einfliessen lassen, «das können Handlungsorte sein, die regionale Küche oder typische Redensarten».[25]

Die ungleichen Brüder: Claudio Mettler und Gaudenz Huber

Die Gegend um die **Oberengadiner Seenplatte** gehört heute zu den meistbespielten Krimiregionen der Schweiz. Sie macht mit mehr als dreissig Krimis allein in den letzten zehn Jahren (seit 2013) und einer veritablen Krimikonkurrenz zwischen den Verlagen von sich reden und lesen. Die beiden Hauptorte dieses Oberengadiner Krimibooms sind **Segl/Sils** und **St. Moritz**. Der aus **Samedan** stammende Daniel Badraun begann in den 1990er-Jahren mit romanischen Radiokrimis und publizierte in der Folge einige seiner romanischen Krimigeschichten auch in Buchform (*In vista a Buddha* im Jahr 1996; *2022 u tè a mezzanot* im Jahr 2003).

Badraun lässt seinen sympathischen Chaoten Mettler immer wieder nach **St. Moritz** zurückkehren, um seine Angebetete, Mona, zu treffen oder von seinem zwielichtigen Geschäftsfreund Müller Aufträge entgegenzunehmen, die regelmässig in Teufels Küche führen: *Hundsvieh* (2013), *Muschelgaul* (2015), *Krähenyeti* (2017), *Randulin* (2019). **Segl/Sils**, das dabei auch immer wieder zum Schauplatz wird, bespielt er zudem mit der Figur des Dorfpolizisten Gaudenz Huber, der 2015 in *Schwarzeis* seinen ersten und bisher auch stärksten Auftritt bekam. Huber ist als Figur tiefer im Engadiner Alltag und im Familienleben verankert als der Weltenbummler Mettler und kommt damit den Erwartungen der Leser:innen an den Regionalkrimi – Lokalkolorit und ein Blick hinter die Kulissen – ein Stück weiter entgegen.

Sein erster Fall lockt den Engadiner Ordnungshüter auf den schwarzgefrorenen **Silsersee** hinaus und führt ihn aufs Glatteis der Engadiner

24 Parolini, *La melodia da la gïa* (2022); Brunies, *La minchületta d'utuon* (2021).

25 «[…] inserir tipics aspets culturels da la Rumantschia, sajan que ils lös d'acziun, la cuschina regiunela u eir ils möds da dir», *Quotidiana*, 15. 3. 2022.

Immobilienspekulation. Dabei fehlt weder das beglückend-ekstatische Gefühl des tänzerischen Dahingleitens noch der Schwindel beim Blick in die sich öffnenden menschlichen Abgründe. Sein zweiter Fall *Schwarzmost* (2016) führt Huber für eine Weiterbildung an den Bodensee, wo auch der Autor und Exilengadiner Badraun mit seiner Familie wohnt. Der dritte Fall *Tod im Engadin* (2021) ist erneut in **Segl/Sils** angesiedelt: Der Bündner Jagdinspektor wird im **Fextal** ermordet aufgefunden mit einer blau verfärbten Zunge. Der Verdacht fällt auf den Bauern, der sich geweigert hat, bei seiner Schafherde die kantonal vorgeschriebene Impfung gegen die Blauzungenkrankheit vornehmen zu lassen. Diese von einem konkreten Fall im Engadin inspirierte Handlung um den Impfzwang bei Tieren lässt auch die Debatte um die Corona-Impfung mitschwingen, welche in der Entstehungszeit dieses Krimis heftig geführt wurde. Hubers Ermittlungen nehmen jedoch eine ganz andere Richtung – plötzlich stehen Polizeifilz und Lynchjustiz zur Debatte. Allerdings mutet die tumultuöse Auflösung des Falls schliesslich an, als wäre an die Stelle des biederen Gaudenz Huber unversehens wieder Badrauns andere, viel exaltiertere Krimifigur Claudio Mettler getreten – der Dorfpolizist und die Klamauknudel scheinen wie ungleiche Brüder, die im Grunde aus demselben Holz geschnitzt sind.

Wo sich Krimiautor:innen treffen: Hotel Waldhaus Sils Maria

Gehört **Segl/Sils** zum Kernland des Oberengadiner Krimibooms, so ist das Silser **Hotel Waldhaus** dessen Hochburg. Hier hat Literatur Tradition, und so greifen auch die Krimiautor:innen in ihren Plots immer gern auf die bekannte Adresse zurück und quartieren nicht nur sich selbst, sondern auch gleich ihre Täter:innen, Opfer oder Detektive dort ein. Wenn im «Waldhaus» schon so viele illustre Persönlichkeiten verkehrt haben, weshalb dann Aussicht und Ambiente nicht gleich als Kulisse für einen Ferienkrimi nutzen, wie es Ulrich Knellwolf schon 1993 mit *Tod in Sils Maria* tat? Dort entlarvt der alte Vontobel am Fenster seines Hotelzimmers sitzend einen Wilderer am Berg – ganz so, wie auch James Stewart in Hitchcocks *Rear Window/Fenster zum*

Hof (1954) sitzend einem Verbrechen auf die Spur kommt. Zu spät bemerkt Vontobel allerdings, dass er mit seinem Ermittlungseifer den Geliebten seiner Tochter ans Messer liefert.

Auch Badrauns Dorfpolizist Huber wird im eben schon angeführten Krimi *Tod im Engadin* zum Dienst im Luxushotel abkommandiert. Dort plagen den Durchschnittsbürger Huber Berührungsängste vor der «Kulturschickeria», die im «Waldhaus» kluge Reden schwingt, und tatsächlich bekommt er dabei eins aufs Dach, doch immerhin fällt ihm damit auch die entscheidende Einsicht zu, um den Fall zu lösen.

Und natürlich findet auch das Journalistenpaar aus Mailand, das in *Stiller als der Tod* den eingangs geschilderten Oberengadiner Serienmorden auf der Spur ist, den Weg nach **Segl/Sils**. Dort stossen die beiden auf einen reich bestückten Giftgarten, und abends spazieren sie hoch zum **Hotel Waldhaus**, in dessen Kulturprogramm ein Vortrag über Hexen lockt. Sie bewundern wie alle Gäste des Hauses das alte Welte-Mignon, «ein automatisches Klavier mit Lochstreifen», und die beeindruckende historische Gästeliste. Doch zu beschaulich darf es in einem Thriller schliesslich auch nicht zugehen, und so lassen die Autoren, als ihre Protagonist:innen es sich «im grossen Saal mit Fensterfront zum Wald» zum Hexenvortrag bequem gemacht haben, unter «Donnergrollen die Scheiben erzittern» (196).

Duri Rungger hat für seinen Kommissar Roc Caminada in *Tod am Silsersee* (2017) rückwirkend auf den Juli 1962 «ein schönes Zimmer mit Sicht auf den Silsersee und zum Malojapass» (36) reserviert. Ein Hotelgast ist tot aufgefunden worden – pikanterweise handelt es sich dabei um einen Zürcher Krimiautor. Und die Aufgabe wird noch kniffliger, als Caminada die anderen Hotelgäste kennenlernt: den glücklosen Poeten Iseli, der hofft, im «Waldhaus» auf sein Vorbild Hermann Hesse zu treffen, und den eingebildeten Schriftsteller Krapf, der sich um den «Tod eines hergelaufenen Kriminalromanschreiberlings» keinen Deut schert. Ist der Hobbykriminalist einem Unfall zum Opfer gefallen oder einem eifersüchtigen Kollegen? Oder hat vielleicht doch die bezaubernde Pianistin Ladina ihre virtuose Hand im Spiel? Caminada führt die Ermittlungen im dezenten Retrolook. Er fährt VW-Käfer und wartet

an der Réception des Hotels geduldig, bis die gewünschten Telefonverbindungen hergestellt sind.

Kurzer Exkurs über die Wurst

Die Ermittlungen im Luxushotel setzen dem bescheidenen Oberländer Kommissar aus Chur zu: «Im Moment mochte er die ganze noble und doch so kleinliche Gesellschaft nicht mehr sehen – und vor allem hatte er Lust auf eine würzige Engadiner Wurst.» (60) Fündig wird Caminada in der Stüva des **Hotels Maria**, wo er sich zufrieden an einer «Gerstensuppe mit der geräucherten Engadinerwurst» gütlich tut. Geräuchert, nicht luftgetrocknet, könnte ein Engadiner James Bond also sagen, aber hier geht es um mehr als lokale Spezialitäten – es geht um Klasse, oder wenn man lieber will: um die feinen oder auch nicht so feinen gesellschaftlichen Unterschiede. Dafür gibt es weitere Beispiele: Autor Arno Camenisch führt 2015 in seiner Erzählung *Die Kur* ein bodenständig-kleinbürgerliches Paar, das den Aufenthalt in einer Tombola gewonnen hat, ebenfalls ins **Hotel Waldhaus**. Ungelenk und markig bewegt man sich durch diese fremde Welt der Reichen und Gebildeten und landet schliesslich in der Küche, um nach Cervelats zu fragen. Es ist die altbewährte Rache von Hinz und Kunz, die damit kundtun, dass ihnen das elegant-gesittete oder kulturbeflissene Getue der Mehrbesseren einfach «wurst» ist – eben wie dem sprichwörtlichen Hanswurst auf dem Jahrmarkt.

Diese Kunst, von unten auf die Oberen herabzublicken, hat beim ‹gesunden Mittelstand› seinen eigenen Geheimcode hervorgebracht. Studieren lässt er sich seit einigen Jahren auch in der Writer-in-Residence-Literatur, bei der ein Autor gegen eine Geschichte für einige Wochen im Luxushotel residiert: «Ich bin eine Ess-Banausin. Hoffentlich merkt das hier keiner, sonst wirft man mich noch hochkant aus diesem schönen Etablissement» (145), gesteht Blanca Imbodens schriftstellernde Protagonistin im Arosa Kulm Hotel, und dann wird auch sie von der plötzlichen Lust auf eine Wurst heimgesucht. Ihre bodenständige kulinarische

◂ Hochburg des Krimis: das Hotel Waldhaus in Sils Maria.

Präferenz und dieses eine praktische Wort – «hochkant» – wirken wie ein geheimer Code, der die Sympathien der Leser:innen unauffällig und wirkungsvoll sortiert.

Um Segl/Sils: Fextal und Furtschellas

Der in Sils lebende Pfändungsbeamte und Laienschauspieler Andrea Gutgsell lässt in seinem Debüt *Tod im Val Fex* (2022) einen in Zürich suspendierten Bündner «Vollblutkommissar» ins Oberengadin zurückkehren, wo er «Schafhirte ad interim» wird. Gubler, so der Name des kriminalistisch gebildeten Schafhirts, verbringt zwei Monate zuhinterst im **Val Fex** auf der **Alp Muot Selva** und stösst am letzten Tag auf eine Wolfsspur. Sie führt ihn zu einer Gletscherleiche auf dem **Vadret da Fex**. Beim Toten handelt es sich um einen 1962 als vermisst gemeldeten italienischen Schmuggler und Saisonarbeiter aus der **Val Malenco**.

Gutgsells Krimi wirft ein Licht auf den illegalen Grenzverkehr von Waren und Menschen, bei dem nicht alle gleich profitierten. Die Drahtzieher aus dem Engadin wussten dabei ihre gutbürgerliche Fassade offenbar zu wahren: «‹Pietro kassierte sein Geld also mit dem Schmuggel von Menschen?›

‹Nein!›, antwortete Domenico. ‹Verdient haben andere. Pietro war nur der Schlepper.›» (176)

Auch der Schieferabbau in der **Cheva Plattas Fex**, der in den 1960er-Jahren eingestellt wurde, wird im Krimi aufgegriffen. Und während Gubler Stück um Stück die tragischen Liebesverstrickungen von Pietro und Domenico rekonstruiert, sorgt in seiner Gegenwart eine Frau, «die so lebendig war, dass sie Funken sprühte, für ein hormonelles Feuerwerk in ihm». Gutgsells zweiter Krimi, *Tod im Eiskanal* (2024), führt Gubler – inzwischen Sonderermittler bei der Bündner Kantonspolizei – nach **St. Moritz**, wo es einen Toten direkt neben dem berühmten Olympia-Bob-Run St. Moritz–Celerina zu beklagen gibt.

Ebenso wenig hold ist das sportliche Glück Gian Maria Calonders Expolizist Capaul in *Engadiner Knochenbruch* (2022), der an der Talstation der **Furtschellas-Seilbahn** in **Segl/Sils** zu einem Skitag antritt. Er hat alle Hände voll zu tun mit seiner vor kindlichen Einfällen sprühenden Ziehtochter Lisa. Die beiden verirren sich hoffnungslos am Berg und suchen in einer Hütte Zuflucht. Dass dann auch die helfende Hand, nach der sie greifen, gleich noch vom Körper abgetrennt ist, führt mitten hinein in Capauls sechsten Engadiner Fall.

Ebenfalls von **Segl/Sils** her macht sich noch vor dem Ersten Weltkrieg eine illustre Gruppe von Kurgästen auf den Weg hinauf zur **Fuorcla Surlej**. Ein holländischer Detektiv namens Geoffrey Gill und ein Schweizer Strafrechtsprofessor sind ebenso mit von der (fiktiven) Partie wie die englische Aristokratin Lady Grimsburn und, auf einem Maulesel reitend, der kleine Lord, ein kränklicher Knabe von etwa zehn Jahren. Auf der Fuorcla erzählt der Schweizer Gelehrte eine Sage: Die Eiskönigin vom **Corvatschgletscher** lockt Menschen in ihren Eispalast, wo sie erfrieren müssen. Als man im Hotel du Lac in **St. Moritz** wieder zusammenkommt, fehlt der kleine Lord. Erst nach intensiver Suche wird er erfroren auf dem Gletscher gefunden. Geoffrey Gill nimmt Ermittlungen auf, die ihn zunächst nach England, später wieder ins Engadin führen. Der Detektivroman *De IJskoningin* (Die Eiskönigin) des Niederländers Jakob van Schevichaven, 1920 in Utrecht in holländischer Sprache erschienen, steht ganz am Anfang der Geschichte des Kriminalromans in Graubünden.[26]

Wasserleichen: Den Seen entlang …

«Der Mann hat die Arme weit ausgebreitet, so als wolle er schwimmen oder tauchen und dabei den Seegrund betrachten.» (117) So findet Gaudenz Huber (in Badrauns *Schwarzeis*) einen toten Immobilienhändler unter dem Eis des **Lej da Segl**. Etwas weiter unten, im **Lej da Silvaplauna**, findet der Architekt Roger Fuchs (in *Stiller als der Tod* von Dario Correnti) seine letzte Ruhe. Sein Wagen ist «durch die Absperrung gebrochen und direkt im See gelandet. […] Fuchs hat es noch geschafft, den Gurt zu lösen, aber er hat das Fenster nicht aufbekommen.» (205 f.) Nicht weit davon wartet bereits der nächste Tote. Die Leiche ist «steckengeblieben in der Verengung zwischen dem Silvapla-

26 Für eine genauere Analyse und Darstellung vgl. Teil 2.

ner See und dem kleinen Champfèrer See. Der Schnee hatte sie lange geschützt» (1996, 132), aber schliesslich taucht Eddys toter Körper auf und bringt die Verhältnisse in der Familie Arnitz ziemlich durcheinander in Rosetta Loys Roman *Schokolade bei Hanselmann*.

Die denkwürdigste Wasserleiche findet sich aber zweifellos im **Lej da Champfèr**: Es ist der kauzige «Avvoccato Wau-Wau», Gaudenz de Colana aus **St. Moritz**, dessen alte Fiat-Limousine sich für ihn und seine geliebte Spanielmeute in ein «grauses, monströses Aquarium» verwandelt (in Ulrich Bechers *Murmeljagd*; 1969). Der Landadvokat pflegt die Strecke von seiner **Silser** Lieblingskneipe nach **St. Moritz** betrunken und gewissermassen im Nachtflug zu nehmen. Protagonist Trebla wird unfreiwilliger Zeuge einer solchen Geisterfahrt, bevor er bei nächster Gelegenheit auf derselben Strecke ein gespenstisches «Licht im See» gewahrt – «Naturphänomen» oder Produkt seiner «überreizten Phantasie»? Keins von beiden: «Eine schief unter Wasser festgefahrene Limousine … eine Kante des Verdecks herausragend … geschlossene Scheiben, durch die ein leblos-verrenkt in den Volant verklemmtes Schattenwesen zu besichtigen war … unverkennbar der etwas birnenförmige Schädel … träg umschwommen von zahlreichen wolligen Riesenflundern … kaum kenntlich als ertrunkene Cockerspaniels …» (210) Trebla, österreichischer Sozialdemokrat und Kriegsflüchtling im Engadin anno 1938, hat Zweifel an der Unfallthese. Und tatsächlich hat das kauzige Bündner Urgestein de Colana, Bergeller Landadel und Altgrossrat, vor seinem Aufbruch auf dem Abtritt der **Silser** Chesetta Grischuna eine Inschrift hinterlassen, die wie eine Vorahnung klingt: «Der Tod ist uns gewiss. Warum sollen wir nicht heiter sein?» (*Murmeljagd*, ▸ Pontresina; zu Becher vgl. auch Teil 2)

◂ Nicht nur Boote: in den Oberengadiner Seen schwimmen zahlreiche Krimi-Tote.

… bis nach St. Moritz

Die pensionierte Ingenieurin und Engadiner Zweitheimische Marga Vollen publiziert 2014 mit 74 Jahren ihr Engadiner Krimidebüt *Veilchenperlmuttfalter. Gefährliche Geschäfte in St. Moritz.* Nach dem überbordenden literarischen Feuerwerk, das Ulrich Becher in *Murmeljagd* um den Doktor Wau-Wau entfacht, sind wir mit Vollen wieder zurück beim konventionell gebauten Kriminalroman.

Ein Aarauer Anwalt kommt auf einer Wanderung zu Tode. Der Engadiner Kommissar Florian Margadant – ein gutaussehender Mann im besten Alter, der den «Karrierezirkus» in der Stadt hinter sich gelassen hat, um ins «Land seiner Väter» zurückzukehren – findet schnell heraus, dass sich das Opfer auf mafiöse Geschäfte eingelassen hatte. Das beschert dem Ermittler bange Nächte: «In seinem unruhigen Schlaf träumte er von Geldwäschern, die er beobachtete, wie sie grosse Bündel von blutdurchtränkten Banknoten im St. Moritzer See wuschen, aber nie sauber bekamen.» (102) Ob das organisierte Verbrechen dahintersteckt oder doch eher Eifersucht? Diese Fragen stellen sich gleich noch einmal in Vollens zweitem Krimi *Skabiosenscheckenfalter. Das Geschenk des toten Bankers* (2015).

Die Tote im St. Moritzersee (2024) nennt Philipp Gurt seinen zweiten Fall für die bodenständige Alpenkriminalistin Corina Costa – und fällt damit gleich mit der Tür ins Haus beziehungsweise mit der Leiche in den See. Den kleineren **Stazersee** stellt dagegen Dominik Brülisauer ins Zentrum des Geschehens. Dort geht die junge Architektin Daria Berthold regelmässig schwimmen. Sie ist nach einer Trennung von Zürich nach St. Moritz gezogen. Unter mysteriösen Umständen entwirft sie eine Villa am **Suvrettahang**, der exklusivsten Lage im Nobelort, bis sie eines Tages in der Zeitung ihre eigene Todesanzeige findet: «Ertrunken 2019». Soll sie die Sache als dummen Scherz ignorieren oder muss sie sich vorsehen? *Tod nach Anzeige* (2020) ist der erste Kriminalroman des in Pontresina aufgewachsenen Brülisauer, der als Werbetexter und Publizist in Zürich lebt.

Hinter den Kulissen ist vor den Kulissen

Mit Marc Girardelli reiht sich auch ein Prominenter unter die Autor:innen, die **St. Moritz** kriminalistisch bespielen. Der ehemalige Skirennfahrer – Österreicher, der für Luxemburg startete – kann mit fünf Siegen im Gesamtweltcup und um die hundert Podestplätzen in den 1980er- und 1990er-Jahren auf eine erfolgreiche Karriere zurückblicken. Seinen bis heute klingenden Namen versuchte Girardelli 2017 und 2018 für den Absatz von drei Kriminalromanen nutzbar zu machen, für die er sich mit Koautorin Michaela Grünig zusammentat.[27] Der in St. Moritz spielende Band *Mordsschnee* (2017) belässt es natürlich nicht bei einer blossen Mordgeschichte, sondern lässt die Leser:innen als Zusatzattraktion hinter die Kulissen des Weltcup-Rennbetriebs blicken.

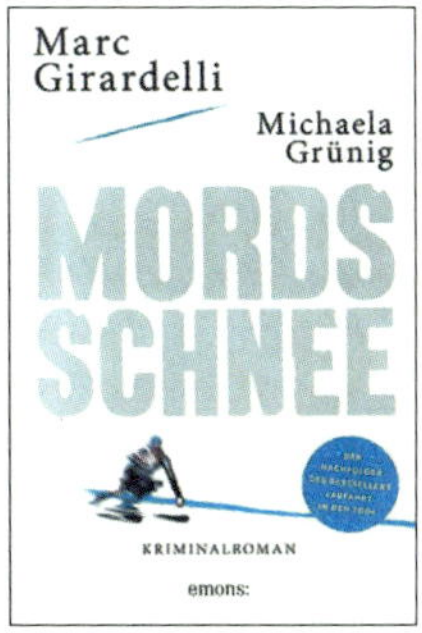

Protagonist Marc Gassmann, der augenfällige Gemeinsamkeiten mit seinem Autor aufweist, brettert mit Höllengeschwindigkeit über die Rennpisten von Innsbruck, St. Moritz und Adelboden. Als er nach einem missglückten Rennlauf auf der **Corviglia** die Sportjournalistin Lara Frey vom Schweizer Fernsehen beleidigt, tut ihm das nachträglich leid, und er möchte sich mit ihr aussöhnen. Aber er findet Lara tot in der Badewanne ihrer Turmsuite im St. Moritzer Luxushotel. Hilfe bekommt der unter Mordverdacht festgenommene Gassmann ausgerechnet von seiner von Eifersucht geplagten Freundin und von einem hochbegabten Sonderling, der sich für mehr Ökologie im Rennsport einsetzt.

Auch Girardellis Krimi setzt sich offen für mehr Umweltschutz beim Rennsport ein – was die Autor:innen im Nachwort speziell hervorheben. Allerdings stand der prominente Autor und Unternehmer, kaum waren seine ökologisch engagierten Krimis veröffentlicht, gleich selbst als Umweltsünder in der Kritik, nämlich mit den von ihm erworbenen Skigebieten in Bulgarien.[28] Der kritische Blick hinter die Kulissen gehört zum Krimigenre und damit zum literarischen Spiel, also auch zum Geschäft. Aber zugleich verleiht politisches, soziales oder ökologisches Engagement dem Krimi überhaupt erst jene gesellschaftliche Relevanz, die ihm angesichts von verstärkten Gefühlen der Verunsicherung heute im Unterhaltungsgeschäft zukommt. Da kann eine kritische Geste schon auf den Autor zurückfallen, wenn er mit seinen Geschäften in die Negativschlagzeilen gerät.

27 *Abfahrt in den Tod* (2017), *Mordsschnee* (2017) und *Eiskalte Spiele* (2018).

28 Vgl. www.derstandard.at/story/2000094260599/marc-girardelli-outet-sich-als-besitzer-eines-bulgarischen-skigebiets, 28. 12. 2023.

St. Moritzer Weihnachten

Kein Zweifel: Der Oberengadiner Nobelkurort **St. Moritz** ist im Krimi zuständig für die mondänen, die kommerziellen und damit nicht selten verbrecherischen Seiten des Tals. Hier liegt, mit herrlichem Blick auf den See, die Privatklinik des zwielichtigen Dr. Lutz, der in Hartmut Nikolays *Alpträume im* [sic] *Graubünden* (▸ Surses) «dem Prozess des Alterns eine neue Dimension» zu geben verspricht (56); und hier liegen das Bordell des Bernard Huber und die Nobelschule Liceo San Maurizio, deren Rektor in Susanna Salernos *La fonte del male* von seiner Vergangenheit eingeholt wird (▸ Bergell). Dass St. Moritz stattdessen auch für weihnachtliche Stimmung sorgen kann, wirkt vor diesem düsteren Hintergrund doch eher erstaunlich. Gian Maria Calonder (alias Tim Krohn) hat die Probe aufs Exempel gemacht, als er 2020 den Auftrag des Kampa-Verlags erhielt, einen Weihnachtskrimi zu verfassen.

Was Capaul über die Festtage bewachen soll, sind die **Via Serlas** und die **Via Maistra**, weil «in diesen beiden Straßen Bulgari zu Hause ist, Hauser & Wirth, Gucci, Louis Vuitton, Bogner, Dolce & Cabanna …» (*Engadiner Bescherung*, 9). Bei einem Weihnachtskrimi gibt es selbstredend auch eine weihnachtliche Leiche: ermordet wird die steinreiche Wohltäterin Kajsa Gruber. Doch für einmal beschliesst Capaul, die Sache nicht gesetzlich korrekt, sondern nach St. Moritzer Art mit Geld zu regeln. Letzteres allerdings fliesst nicht in die eigene Tasche, es soll vielmehr für einen guten Zweck eingesetzt werden. Ob der Zweck die Mittel heiligt?

Der Fall – Capauls vierter – gibt Einblick in das Erzählhandwerk von Calonder/Krohn. Indem er die Welt der glitzernden Waren, der gierigen Medienleute und der glamourösen Promis ausführlich schildert, möchte er Raum gewinnen, um ohne Kitschverdacht auch die Schönheit des Menschen aufleuchten zu lassen. Denn für diesen Autor gilt: «[D]ie Sperrigkeit, das Unangepasste, das Schräge, auch das Unvereinbare ist eigentlich das Schöne. Das ist für mich der einzige Grund, dass ich es vertreten kann, Krimis zu schreiben.»[29] In **St. Moritz** erscheint das Unangepasste und Schöne in Gestalt der fünfjährigen Lisa, deren totkranke Mutter sie zum guten Menschen Capaul geschickt hat. «Wir brauchen dieses Mädchen, um uns wieder daran zu erinnern, worum es bei Weihnachten geht.» (81)

---

29 Interview vom 28. 12. 2021.

Exzentrische Gäste im «Badrutt's Palace»

Beim **Badrutt's Palace Hotel**, der wohl bekanntesten St. Moritzer Adresse, ist man um die Verbreitung legendärer Mund-zu-Mund-Werbung noch nie verlegen gewesen – davon zeugt zum Beispiel die Legende von der Erfindung der Wintersaison durch eine Wette von Hotelier Johannes Badrutt.[30] Ob man allerdings um Zustimmung gefragt wurde, bevor in der Speisekammer des mit vollem Namen genannten Hotels eine Krimileiche deponiert wurde, ist unklar. Fest steht, dass man mit dem langjährigen Gast Alfred Hitchcock über eine gewisse Affinität zur Kriminalfiktion verfügt. Dem Altmeister der Spannung widmet Andrea Ripamonti aus Lecco am Comersee denn auch seinen auf Italienisch verfassten Hotelkrimi *Delitto a Sankt Moritz* (2019).

Wie sein britisches Vorbild verzichtet auch der junge italienische Autor nicht auf eine gewisse Exzentrik: Er ist nämlich Mitglied der HYPIA (International Association of Hyperpolyglots). Seine Leidenschaft gilt also den Sprachen, von denen er inzwischen offenbar ein gutes Dutzend beherrscht. Der Hotelroman kommt dieser Passion entgegen, denn das «Badrutt's Palace» bringt Menschen aus aller Welt zusammen. Bei Ripamonti sind das unter anderen ein amerikanischer Psychiater, ein südafrikanischer Maler, die extravagante Frau Nowak aus Polen, der belgische Botschafter mit seiner Frau und die rumänische Gräfin Corina Montescu. Letztere setzt, nachdem sie bereits auf der italienischen Mittelmeerinsel Pantelleria einen Fall mit Bravour gelöst hat, in St. Moritz zu ihrem zweiten Streich an.

Wir schreiben das Jahr 1969. Ermordet wurde in der Hotelspeisekammer inmitten von erlesenen Köstlichkeiten die Signora Nowak, deren seltsames Verhalten schon vorher einiges Befremden ausgelöst hat. Ripamonti schreibt einen Rätselkrimi alter Schule. Er legt zahlreiche Spuren und verwischt sie wieder, während er die rumänische Gräfin zusammen mit anderen Gästen **St. Moritz**, das **Val Roseg** und **San Gian** erkunden lässt. Dass die Mitglieder dieser illustren Gesellschaft dabei je einige Worte in ihrer Muttersprache zu Protokoll geben und der Hoteldirektor auch auf Romanisch plaudert, unterstreicht den polyglotten Charakter der Sache. Und wer kann es dem Autor verargen, dass er dabei die rumänische Contessa brillieren lässt, während der Bei-

30 Vgl. dazu Seger/Plattner-Gerber 2016, S. 14.

Von Hitchcock bis heute: St. Moritz mit dem Palace Hotel.

trag der einfältigen Schweizer Polizisten hauptsächlich auf den Klang ihrer Namen beschränkt bleibt? Die Herren heissen Sauerkraut, Schweinebein, Schneegans und Schnitzel.

Celerina/Schlarigna: Zwischenhalt für eine Schneeballschlacht

Krimis bieten mitunter auch Gelegenheit, Bekanntschaften zu pflegen, witzig ins Blaue zu fabulieren, Fantasien zu durchleben oder en passant Freunde zu grüssen. Das tun zum Beispiel Christian Ruch und Franziska Hidber in *Mørk* (2022).[31] Bei einem kurzen Krimiabstecher ins Engadin vernimmt ihr norwegischer Ermittler den Exfreund einer verschwundenen Politikerin. Der befragte Cla Clalüna, Trinker und verkrachte (fiktive) Schriftstellerexistenz, ist mit seinem pornografisch angehauchten Roman «Fex und fertig» bei den Kritikern durchgefallen und ereifert sich: «Die Einzige, die mich versteht, ist die Romana

31 Da die Autor:innen die beiden Hauptfiguren unter sich aufgeteilt haben, ist klar, dass Christian Ruch Autor der im Folgenden besprochenen Szenen ist.

Ganzoni, meine geschätzte Schriftstellerkollegin hier aus dem Engadin.» Clalüna will Ganzonis (tatsächlich sehr lesenswerten) Roman *Tod in Genua* auswendig lernen, der trotz seines Titels allerdings kein Krimi ist, und dann «in einer sternklaren kalten Winternacht nach Celerina fahren, um Mitternacht bei der Familie Ganzoni Sturm läuten und der Romana dann, wenn sie schlaftrunken im Nachthemd geöffnet habe, die ganze Nacht *Tod in Genua* rezitieren» – doch damit nicht genug: Unten am Inn «werden wir eine Schneeballschlacht veranstalten, sie im Nachthemd, ich in meiner in Norwegen gekauften Kälteschutzkleidung […] und dann, wenn Romana fast schon erfroren ist, werden wir zum Aufwärmen ins Haus zurückkehren, und Riet wird uns einen Kaffee Luz nach dem anderen machen, und wir werden lachen und uns betrinken, bis der Morgen graut.» (250 f.) Mit diesem kurzen Ausflug ins Engadin der fiktiven und realen Schriftsteller:innen ist sowohl dem Hochtal als der begehrtesten Bündner Krimikulisse wie auch dem Untertitel von *Mørk*, «Krimi zwischen Nordkap, Sarganserland und Engadin», Genüge getan.

Wo Verbrechen sich klären: San Gian

Der grosse Kirchturm von **San Gian** vor den Toren **Celerinas/Schlarignas** wurde 1682 durch einen Blitzschlag seines Daches beraubt und nicht mehr instand gestellt. Auf einem Hügel stehend, verkörpert er weithin sichtbar die Fragilität menschlichen Tuns. Natürlich ist dieses Wahrzeichen auch den Krimiautor:innen nicht verborgen geblieben. Andrea Ripamonti setzt vor Ort eine kompromittierende Besichtigungstour an und lässt die Gräfin und Ermittlerin zum Schluss bei der Totenfeier auf San Gian den Fall aufklären – zum Leidwesen der anwesenden Täterschaft.

Einen Schritt weiter geht Matthias Steinmann in *Nachtfahrt* (1993).[32] Eine Todesanzeige, worin ein rächender Gott beschworen wird, weckt beim erfolgreichen Berner PR-Spezialisten S. böse Erinnerungen an seine Schuljahre in **Samedan**: «Noch war nicht alles aus dem sumpfigen Weiher der Berginternatsvergangenheit ans Licht der Gegenwart gehoben, aber sie kamen nun, die Erinnerungen, wie grosse

32 Der Autor hat seinen Krimi mehr als ein Vierteljahrhundert nach dem ersten Erscheinen unter dem Titel *Die Todesanzeige* 2020 nochmals überarbeitet und neu aufgelegt.

blubbernde Luftblasen aus dem tiefen, graubraunen Bodensatz dieses verhängnisvollen Pfuhls.» (164) In rasender Nachtfahrt geht es zurück ins Engadin und in die Vergangenheit. Der Parkplatz bei der Kirche **San Gian** wird zum Mittelpunkt von S.' atemloser Recherche zwischen **Celerina**, **St. Moritz** und **Samedan**. In der Kälte der damaligen Internatswelt war S. zugleich Getriebener und Intrigant. Ans Licht kommt Stück um Stück seine schuldhafte Verstrickung beim Drangsalieren und Quälen eines Mitschülers, der zum Sündenbock für das Bedürfnis nach körperlicher Nähe der Jungen gemacht wurde. Doch wer ist der selbsternannte Rächer, der schon mehrere ehemalige Mitschüler des Internats umgebracht hat? Auf dem Hügel von **San Gian** muss sich S. schliesslich den Geistern seiner Vergangenheit stellen.

Capaul kommt nach Samedan

Der renommierte Schweizer Autor Tim Krohn, dessen Glarner Romane *Quatemberkinder* (1998) und *Vrenelis Gärtli* (2007) so etwas wie Klassiker einer neuen Schweizer Bergliteratur geworden sind, wird 2018 vom Kampa-Verlag für vorerst drei Engadin-Krimis angeworben. Krohn eröffnet die Reihe um den kauzig-liebenswerten Massimo Capaul in *Engadiner Abgründe* (2018) mit der Ankunft des Polizeineulings im alten und etwas heruntergekommenen Gasthof «Zum Wassermann» in **Samedan**.

«‹Guten Tag, geht es hier zu den Zimmern?›, fragte er», und bekommt es gleich schon zu Beginn mit dem Unwillen der Einheimischen zu tun, die einem Fremdling als Polizisten mit Misstrauen begegnen – und wohl auch einem Krimiautor, der von auswärts kommt. Krohn lebte lange in Zürich und wohnt heute mit seiner Familie im Münstertal.

«‹Allegra›, sagte einer in einem Tonfall, als wollte er ihn nicht grüssen, sondern zurechtweisen. Die anderen musterten ihn stumm.» (5)

Der erste Fall führt den Novizen nach **Zuoz**, wo er gleich ins Spannungsfeld gerät zwischen dem alten Sonderling Cucu, der stur an seinen alten Gewohnheiten festhält, und dessen Neffen, der das Tal um jeden Preis touristisch und sportlich entwickeln will. Ist Capaul bei diesem ersten Fall noch nicht im Dienst, so ist er beim zweiten – *Endstation Engadin* (2019) – bereits wieder suspendiert, weil er mit seinem Aussenseiterblick aneckt. Von **Samedan** aus fährt er ins **Val Bever** und erkundet diesmal die UNESCO-Welterbe-Strecke der RhB, die sich zu diesem Zweck in Krimimanier herausgeputzt hat mit Leichen auf den herausragenden Monumenten: ein Toter im **Albulatunnel** und einer auf dem **Landwasserviadukt**. Im dritten Fall, *Engadiner Hochjagd* (2020), bekommt Capaul es mit Vetternwirtschaft zu tun. Er ermittelt dabei aushilfsweise für die **Zernezer Polizei**, dieser Fall spielt also im

▸ Unterengadin. Aber wie gesehen, kehrt der verquere Ermittler als Hilfssheriff über Weihnachten nochmals nach **St. Moritz** zurück. Und dann passiert als fünfter Fall ausgerechnet ein Mord im «Wassermann» – so kehrt Capaul in *Engadiner Herzrasen* noch einmal nach **Samedan** zurück und ermittelt dort und in **Bever**, um seiner alten Wirtin beizustehen. Mit Inzest und Depression rührt der Autor auch hier wiederum an Themen, die ungewöhnlich sind für die weltbekannte Feriendestination Oberengadin.

Kein Mord in Puntraschigna/Pontresina

Ein Abstecher nach Puntraschigna/Pontresina bietet Gelegenheit zu einer weiteren Begegnung mit Ulrich Bechers *Murmeljagd* (1969). Der vor dem Faschismus geflüchtete Trebla und seine Frau Xiane mieten 1938 «im obersten Stock des Postgebäudes von Pontresina zwei relativ billige Zimmer mit Dusche […] bei Madame Fausch, der Posthalterin» (21). Das **Val Roseg**, der **Stazer Wald** und die Strasse über **San Gian** bilden die nähere Geografie dieses monumentalen Werks, mit dem Ulrich Becher Anleihen sowohl beim Kriminalroman macht wie beim Spionagethriller. Aber weder Krimi noch Agentenroman wären mit ihren Mustern imstande, einen reissenden Erzählstrom zu bändigen, den «ein Narr im Spätstadium posttraumatischer Störungen» entfesselt, «die sich, von brutalen Zeitgeschehnissen aufgepeitscht, zur Halluzination verdichtet haben» (209). Trebla erblickt überall im Engadin Nazihäscher und feindliche Spione – bloss gibt es in diesem Falle kein beruhigendes Aufwachen aus dem schrecklichen Alptraum, keine erlösende Aufklärung, welche diesen «Zwangsaufenthalt im Zerrspiegel-Kabinett einer kriminellen Epoche» (509) beenden könnte.

Und auch Calonder alias Tim Krohn erhält an dieser Stelle nochmals einen kurzen Auftritt: Als das **Grandhotel Kronenhof** im Frühjahr 2023 einen Krimi zum 175-Jahr-Jubiläum bestellt, lässt der Autor seinen Ermittler mit der kleinen Lisa für ein paar Tage nach Puntraschigna/Pontresina ins bekannte Luxushotel ziehen. Den Geschichten um Ermittler Capaul waren von Anfang an auch die Zweifel am Krimigenre eingeschrieben: Wie viel Mord braucht es, um ein Krimipublikum bei der Stange zu halten? Müssen die Ingredienzien des Regionalkrimis – Lokalkolorit, regionale Kulinarik, touristische Informationen und Geheimtipps – auf Teufel komm raus bedient werden? Der siebte Fall, *Engadiner Nächte* (2023), mit dem bezeichnenden Untertitel «Kein Mord für Massimo Capaul» macht diese Reflexion zum Hauptthema eines Krimis, der die Normen des Genres hinterfragt, indem er sie vordergründig erfüllt.

Es gibt einen Toten in Zimmer 605, sein Geld ist verschwunden. So die Ausgangslage. Aber dann gibt es auch zwei Schachspieler, von denen sich lernen lässt, dass die schwarz auf weiss geklärten Fälle sofort aus dem Gedächtnis verschwinden: «Die Partien, die ich nachts im Kopf immer wiederholen muss, sind alle Remis ausgegangen.» (118) Zudem gibt es im Hotel einen kahlköpfigen Schriftsteller, «der ein Buch über das Hotel plant». Ihm erzählt Ermittler Capaul, wie er als wohlmeinender Polizist in kurzer Zeit zum Teil des Engadiner Filzes geworden ist – wobei Capaul eben nicht beim Krimiautor Calonder, sondern beim kahlköpfigen Alter Ego von Schriftsteller Tim Krohn vom kommerziellen Sog berichtet, in den er geraten ist. Da kann es wohl auch kein Zufall sein, dass Capauls Fall in Puntraschigna/Pontresina von einer gespaltenen Persönlichkeit handelt, deren zwei gegeneinander arbeitende Teile nur zusammen über den Tod in Zimmer 605 Aufschluss geben können.

Internationale Ausstrahlung

Das Engadin ist landschaftlich attraktiv und international bekannt. Entsprechend intensiv wird es verlegerisch bearbeitet und vermarktet. Emons, Orte, Gmeiner oder Kampa – sämtliche einschlägigen Kriminverlage haben auch ein Engadiner Pferd im Stall. Hier darf man als Autor:in die Ambition hegen, irgendwann vielleicht verfilmt zu werden – wie Martin Suter, dessen Thriller *Der Teufel von Mailand* (2006) «in einem Seitental des Unterengadins» (38) spielt. Für den Film wurde das **Hotel Castell** in **Zuoz** zum Hauptschauplatz gemacht.

Die Motivation der Autor:innen, die das Engadin bespielen, ist allerdings sehr unterschiedlich: Daniel Badraun und Tim Krohn, die in den letzten zehn Jahren je mehr als fünf Engadiner Krimis veröffentlicht haben, sehen sich als Autoren, die «gerade nicht einfach Krimis nach Schema» machen wollen (Badraun) und die «da langsam raus [möchten]» (Krohn). Zugleich drängt mit dem Churer Philipp Gurt ein dritter Konkurrent machtvoll in den Markt, der seine Engadiner Ambition bereits in *Bündner Treibjagd* (2019) mit einer Seitenhandlung im **Nationalpark** angemeldet hat (► Unterengadin). Mit *Bündner Sturm* legt Gurt 2023 einen ganzen Engadiner Fall für seine Ermittlerin Giulia de Medici nach: Der **Vadret da Roseg** gibt eine Gletscherleiche frei im roten Sommerkleid. Und gleich danach wird in der **Chamanna Coaz** noch ein zweiter Toter gefunden. Ein ganz neues Kapitel schlägt Gurt schliesslich noch im selben Jahr 2023 mit *Mord im Bernina Express* auf, das eine neue Ermittlerin aus **Puntraschigna/Pontresina** präsentiert und auf eine internationale Kundschaft zugeschnitten ist.

Polizistin und Bergbäuerin

Corina Costa heisst Gurts – nach Giulia de Medici und Landjäger Caminada – dritte Ermittlerfigur, die ihm den Zugang zu einem internationalen Publikum eröffnen soll. Sie ist die Frau für schwierige Fälle bei der «Alpinpolizei Engadin» und zugleich «erdverbundene Bergbäuerin» (18). Costa wohnt «in ihrer geliebten Bergheimat […] einsam hoch über dem Dorf Pontresina inmitten einer stotzigen Alpweide» (19). Heidi und Wilhelm Tell bekommen beide gleich schon auf den ersten Seiten des Buchs einen kurzen Auftritt, und die Beschreibung der Ermittlerin atmet die Heiterkeit und Zuversicht eines Kinderbuchs: «Die Sonne stieg hinter Corina über dem Piz Languard auf, während die Berge vor ihr, der Piz Nair und der Piz Surlej, bereits eine Zipfelmütze aus Sonnenschein trugen.» (20) Die Engadiner Protagonistin ist ganz Tochter der Natur: «Sie hielt nichts von Modetrends» und «[n]och nie in ihrem Leben hatte Corina sich geschminkt». Zugleich hat sie das spirituelle Bewusstsein der 1968er-Generation geerbt und weiss, «dass sie ein Teil vom großen Ganzen waren und zu Mutter Erde Sorge tragen sollten» (24).

Diese Idylle bildet den Rahmen für ein brutales Verbrechen. Im Toilettenabteil des Bernina-Express wird eine Frau erdrosselt, während draussen die schöne Berglandschaft vorbeizieht. Der Fall, der sich auf der UNESCO-Welterbe-Strecke gleichsam als Teil des touristisch vermarkteten Bahnerlebnisses entfaltet – an der Buchvernissage in Chur hatte auch Bahndirektor Renato Fasciati einen Auftritt –, nimmt schliesslich internationale Dimensionen an, was der Berglerin zu schaffen macht. Ausserhalb ihrer geliebten Berge befällt Costa zunehmende Orientierungslosigkeit. Als dann auch noch eine international tätige Verschwörergruppe als mögliche Drahtzieherin auftaucht, macht man sich auf einen sehr langen und verwickelten Thriller gefasst. Dass dieser dann doch ein schnelles Ende findet, ist der Vorgabe des Verlags geschuldet: Für dieses internationale Debüt standen nicht mehr als 160 Seiten zur Verfügung.[33]

Wie gewonnen, so zerronnen

Nach **Samedan** werden die Krimischauplätze seltener. In **Bever** wohnt Massimo Capaul nur kurz in einem zu Tode renovierten Bauernhof – das Luxusgehöft wird ihm als Anerkennung vom windigen St. Moritzer Anwalt Widi, mit dem Capaul in *Engadiner Herzrasen* kooperiert hat, zur Verfügung gestellt. Als blutiger Anfänger hatte Capaul zuvor schon in **Zuoz** seinen ersten Fall um den Sonderling Cucu aufgeklärt. In der zu **S-chanf** gehörenden **Val Susauna** schliesslich befindet sich der Gedenkstein für den letzten Bärentöter des Engadins: Jachen A. Kueng (1808–1874), der als «Catscheder da 13 Uors» in die Geschichte eingegangen ist: «Also praktisch ein Serienmörder», wie der italienische Ermittler in *Stiller als der Tod* feststellt (388). Die italienische Ausgabe trägt den Titel *Il destino dell'orso* (Das Schicksal des Bären), deshalb ist ein Besuch an diesem Ort ein absolutes Muss für das Autorenkollektiv Dario Correnti und für die Krimihandlung unverzichtbar, zumal die Morde zuerst einem Bären zugeschrieben werden.

Chapella am Eingang zur **Val Susauna** ist bekannt als Austragungsort eines der ältesten Open-Air-Musikfestivals in Graubünden. Hier legt Daniel Badrauns Chaot Mettler, der seine geliebte Mona aus den

33 So die Ausführung des Autors bei der Buchvernissage in der Buchhandlung Lüthy, Chur, am 25. Mai 2023.

Fängen einer Sekte retten will, immerhin einen Zwischenstopp ein. Allerdings: In der kurzen romanischen Erzählung «Il nuf infernel» von 1996, die ihrerseits auf ein Radiohörstück zurückgeht, fehlte dem Autor für solche Exkurse noch der Platz oder (am Radio) die Zeit. Erst als Badraun über zwanzig Jahre später den Stoff rezykliert und die Geschichte als Kriminalroman noch einmal auf Deutsch erzählt, verschafft ihm die Romanlänge von *Krähenyeti* (2017) zusätzlichen Raum. So kommt es, dass Mettler am «Waldfest des Country Club Engiadina» (152) in Chapella das Tanzbein schwingt – bis die Verfolger auf ihn aufmerksam werden. Dann geht es Hals über Kopf weiter nach **Chinuos-chel**: «Die Hauptattraktion des Dorfes ist eine Eisenbahnbrücke, die hier die Innschlucht in einem weiten Bogen überspannt. Die Punt Ota, die hohe Brücke, bildet die Grenze zwischen dem Ober- und dem Unterengadin.» (162) Auf den Geleisen der Rhätischen Bahn schiesst der eifrige Sektenjäger Mettler per Draisine übers Oberengadin hinaus, um jenseits der Brücke in **Carolina** (einer unscheinbaren Bahnstation zwischen **Brail** und **Zernez**) endlich die ganze und bittere Wahrheit zu erfahren. Die gierigen Sektenführer waren nämlich gar nicht hinter seinem neuen Tourismuskonzept fürs Engadin her, sondern hatten schnöde Drogen in seinen Koffer gepackt. Dabei hatte im Oberengadin alles noch so vielversprechend ausgesehen, als Mettler im jungen Wirt des **Restaurants Lagrev** in **Isola** am **Silser See** das perfekte Aushängeschild für ein neues, spirituelles Tourismuszeitalter erkannt hatte: «[I]n weiten Baumwollhosen wird er […] im Wasser stehen, der aufgehenden Sonne entgegenschauen und mit den ersten Strahlen ein Schiffchen aus Lärchenrinde, gefüllt mit einem Stück Nusstorte, schwimmen lassen.» (85)

Surses: Geisterbeschwörung auf der Passroute

Das Surses oder Oberhalbstein liegt als Krimidestination zwischen dem Krimihotspot Oberengadin und der Hauptstadt Chur. Das Tal erzählt deshalb vor allem von Passagen und kriminellen Nebenhandlungen – aber nicht nur: In Marmorera öffnet sich ein Abgrund, der direkt in die verdrängte Vergangenheit der Schweiz hinabführt.

Die Morde passieren anderswo

Von der Julierpasshöhe herkommend, erreicht man mit **Bivio** ein fast unbeschriebenes Blatt der Krimiliteratur. Fast – denn Bivio, wo neben Romanisch und Deutsch auch Italienisch gesprochen wird, ist der Heimatort von Mafalda Giovanoli, der Spürnase der im Tessin lebenden Autorin Francesca Vivian Salatino. Ihren spektakulären Fall löst die Hobbypolizistin allerdings nicht im Tal: *Misteriosi delitti a Maloja* (2016) heisst Salatinos Krimi in Agatha-Christie-Manier – und das ist symptomatisch für das Surses. Die Morde passieren zumeist anderswo (▸ Bergell).

Auch Susanna Salerno lässt ihren Polizisten Sergente Ramosch die Julierroute befahren. Dabei verspürt er, wie bei **Marmorera** langsam und stockend eine düstere Energie von ihm Besitz ergreift: «An dunkeln und nebligen Tagen, wenn der Himmel schwarz war und das Wasser noch die letzten Reste dessen, was dort unten einmal gelebt hatte, zu erdrücken schien … wenn diese düstere Atmosphäre alles einhüllte und durchdrang, auch die Autos, welche die Strasse eng am Berg entlang fuhren …, dann schien es, als könnte man diese Energie anfassen, als spürte man plötzlich ihre eiskalte Liebkosung im Innern des Autos und auf dem Gesicht, wie Nebel in einer kalten und feuchten Winternacht.»[34]

Marmorera war ein Dorf, bis es den Bewohner:innen 1948 von den Zürcher Herren der Elektrizität abgeschwatzt und abgekauft wurde und

34 «Nei giorni scuri, nuvolosi, quando il cielo era nero e l'acqua pareva schiacciare ancora i resti di ciò che era vissuto sotto di lei … quando quell'atmosfera oscura penetrava e avvolgeva ogni cosa, anche le auto che percorrevano la strada ai lati della montagna … allora quell'energia pareva di poterla toccare, di sentire all'improvviso la sua carezza gelida nell'abitacolo dell'auto e sul viso, come la nebbia in una notte fredda e umida d'inverno.» (2022, 145 f.)

1954 in den Fluten hinter dem mächtigen Erdschüttdamm verschwand. Das Schicksal dieses versunkenen Orts regt die Fantasie der Autor:innen an, und es ist kein Zufall, dass Ramosch hier einen Anruf seines Kollegen erhält, der ihm zwei Tote ankündigt. Wiederum haben sich die Morde allerdings nicht im Surses ereignet, sondern in Celerina/Schlarigna, im touristisch weltbekannten Oberengadin. Der Fall, der in *Come in cielo così in terra* (2022) zwischen altertümlicher Alchemie und neuesten Forschungen in einem Gentechlabor seinen Lauf nimmt, streift das Tal der Julia bloss und führt von Marmorera ins Engadin, nach Zürich und ins Tessin.

Auf der Durchreise

Andere kriminalistische Passanten lässt die geisterhafte Atmosphäre von Marmorera kalt, selbst wenn das Wetter unwillkürlich auf unheimlich gestellt wird – wie im Falle des Gerichtsmediziners Dr. Matt, seinerseits unterwegs von Chur an einen Tatort in Maloja. «Kurz vor Savognin hatte ein entsetzlicher Regen begonnen. [...] Je höher sich das Fahrzeug durch die schwarznasse Dunkelheit der Passhöhe entgegenfrass[,] desto kälter wurde es. [...] Vor Jahren hatte er diese Strasse oft befahren. Ohne Details zu erkennen, wusste er, dass nun rechts vor ihm der Stausee, die Marmorea, lag.» (9) Dass Autor Hartmut Nikolay sich im Engadin besser auskennt und dort die authentischen Ortsnamen benützt, lässt zumindest vermuten, dass es sich bei «Marmorea» genauso gut um ein Versehen wie um eine kühne literarische Verfremdung handeln könnte. Etwas ratlos lässt Bündner Leser:innen auch der Titel des Krimis zurück: *Alpträume im Graubünden* (2009). Hätte der Autor seinen Krimi «im Wallis» angesiedelt statt in Graubünden, wäre gegen eine solche Titelei nichts einzuwenden. Nikolays Held ist hier im Surses bloss auf Durchreise, «ohne Details zu erkennen». Sein Ziel ist das Engadin, wo eine Privatklinik kostspielige Behandlungen gegen das Altern anbietet. Hier treffen Opfer und Täter aus dem Jugoslawienkrieg aufeinander und ringen um eine Vergangenheit, die nicht vergehen will (▸ Oberengadin).

Das Verdrängte will an die Oberfläche

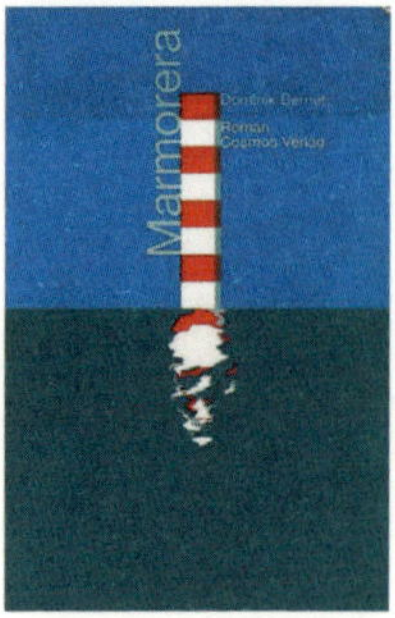

Dass der unheimliche Ort sein ganz eigenes krimiliterarisches Monument erhalten hat, dafür sorgte 2006 der in Zürich lebende Autor Dominik Bernet mit seinem Romandebüt *Marmorera*. Schon im folgenden Jahr wurde es verfilmt mit Eva Dewaele als schauerlich kalter Nixe und unter Mitwirkung des Synchronschwimmvereins Limmat-Nixen. Tiefes Wasser und Sumpf kennen Krimileser:innen als Raumsymbol, das nichts Gutes verheisst: Es steht oft für einen «Raum der Vergangenheit, aus dem in der Folge Spuren, Indizien und Überreste des Verborgenen ‹auftauchen›».[35] **Marmorera** ist einer dieser Abgründe, die in die Untiefen der Schweizer Geschichte und Identität ragen. Auf dieser Klaviatur spielen sowohl Bernets Roman als auch der Film *Marmorera*,[36] an dessen Drehbuch er beteiligt war.

Der frisch verheiratete Psychiater Simon Cavegn aus Zürich ist – darauf weist sein Bündner Name hin – in Marmorera «heimatberechtigt» (8). Unterwegs auf den Julierpass, wird das Auto des jungen Paars von einem fischhaften Wesen erfasst. Das wird zum Beginn einer Reihe mysteriöser Geschehnisse. Ein Fischer verschwindet auf dem **Marmorerasee** und taucht als Leiche wieder auf. Offenbar hat er jene leblose Frau aus dem Wasser gezogen – enge Verwandte der Nixen und Undinen, die seit der Romantik die Literatur bevölkern –, welche denn auch tatsächlich zum Leben erwacht. Julia, so nennt der junge und engagierte Psychiater seine sprachlose Patientin nach dem Sursetter Fluss **Gelgia**, steht in merkwürdiger Verbindung mit der Elektrizität. In Zürich bringt sie die Stromversorgung des Elektrizitätswerks der Stadt Zürich durcheinander, das auch den Marmorera-Stausee betreibt. Mit ihrer Elementargewalt durchbricht Julia sämtliche rationalen Erklärungsversuche ihres Arztes, der ihr immer stärker verfällt. So kommt es zum schauerlichen Finale auf dem Stausee, wo Cavegn von Julias Sog unwiderstehlich hinabgezogen wird.

---

35 Blödorn 2018, 21. Andreas Blödorn arbeitet ‹Sumpf› und ‹Fassade› als zwei häufige Raumsymbole des Krimis heraus.

36 Die weiteren Hauptrollen sind besetzt mit Anatole Taubman (Simon Cavegn) und Mavie Hörbiger (Paula Cavegn). Regie: Markus Fischer, Schweiz, 2007.

Stromhunger: Alt-Marmorera wurde im Stausee versenkt.

Bernet führt geschickt mehrere Fäden durch seine Handlung: Die Berge sind das nationale Symbol eines Landes, dessen Bevölkerung mehrheitlich im Mittelland und in den Städten lebt, und mit Marmorera steht eine Gegend im Mittelpunkt, welche hinter Heimat- und Naturverbundenheit noch eine andere Seite sichtbar macht, nämlich Ausbeutung, Zerstörung und Verdrängung. Zugleich funktioniert die Handlung auch auf einer psychologischen Ebene: Simon Cavegns junge Ehe mit der nüchternen Paula wird von verdrängten Wünschen auf die Probe gestellt.

Die Leiche im Lei Neir

Der nächste Oberhalbsteiner Krimiort wartet nur eine kurze Wegstrecke weiter: in **Sur**, genauer auf der dazugehörigen **Alp Flix**. Hier ermittelt Giulia de Medici, Serienheldin von Philipp Gurt, im Falle einer Wasserleiche im **Lei Neir**. «Die Vögel zwitscherten munter, während die Tote, nackt und mit abgespreizten Beinen, auf dem Rücken lag, ihre toten Augen gen Himmel gerichtet, als würde sie ihrer davonschwebenden Seele nachschauen.» (*Bündner Abendrot*, 150) Ermittlerin de Medici greift – wie auch zahlreiche Krimiautor:innen dies bei der Arbeit tun – zu Google Earth, um einen Überblick über die Landschaft zu erhalten: «Auf den fünf Kilometern gibt es sechs Häusergruppen oder Weiler, wie man's nimmt, mit insgesamt vierzig Gebäuden, dazu ein paar einzelne Häuser, die wie hingewürfelt abseits in der Gegend rumstehen. Hier oben leben einige Biobauern, von denen der eine oder andere auch Touristen beherbergt.» (152) Und dann mündet de Medicis polizeiliche Aufklärung in eine Beschwörung des Orts, die man eher auf der Website des **Berghauses Piz Platta** erwarten würde: «Hier oben geht's nur um die Natur, hochalpine Moorlandschaft eben. Die einzigartige Vielfalt der Pflanzen- und Tierwelt zieht immer wieder Biologen an. Aber auch Sternkundige kommen gerne hier hoch, denn es gibt nicht mehr viele Täler, in denen es nachts so wie hier kein Fremdlicht gibt.» Schliesslich bereits als Geheimtipp: «Der Sternenhimmel hier oben ist unvergleichlich schön.»[37]

Die beiden Polizistinnen bestellen im **Berghaus Piz Platta** Capuns und Kartoffelgratin mit Alpenkräutern (170 f.). Dass die beiden noch selten so gut gegessen haben, ist allerdings nicht nur als Kompliment ans Haus zu verstehen, sondern auch als Hinweis auf den Koch. Denn dieser Koch erweist sich als Schlüsselfigur, um die Frauenmorde in den malerischen Bündner Bergseen aufzuklären.

Segantini in Savognin

Weiter unten im Tal, im Hauptort **Savognin**, hat sich von 1886 bis 1894 der Maler Giovanni Segantini mit seiner Familie aufgehalten. Einige der bekanntesten Bilder des Künstlers entstanden hier, zum Beispiel *Die bösen Mütter*, dessen Ausführung beim **Lai Tigiel** (oberhalb der **Alp Tussagn**) Christine Neumeyer gleich zu Beginn ihres Segantini-Krimis *Schatten im Silsersee* (2022) beschreibt. Die österreichische Autorin hat dieses und andere Bilder in Wien kennengelernt, wo sie

37 Die Beschreibung auf der Website des Berghauses Piz Platta lautet: «Man hat nachts kein Fremdlicht, dafür atemberaubende Sternenhimmel. Man hat eine fantastische, uneingeschränkte Sicht auf den Piz Platta und andere Berge, ohne Strom- oder Liftmasten. Man wird nicht von Verkehrslärm gestört, man ist einfach mit sich selbst und eins mit der Natur!» www.flix.ch, 23. 10. 2023.

für das Schloss Belvedere arbeitete. Darauf entschloss sie sich, ihrer Faszination für den Künstler in einem Roman nachzugehen.

Neumeyer nimmt es mit der Verortung ihrer durch Krimielemente angereicherten Geschichte nicht so genau, auch wenn sie mit lokalen Details scheinbar nicht geizt. Die Savogniner Nachbarin der Segantinis, eine «alte Bäuerin aus dem Volk der Jenischen», spricht zwar Dialekt, aber offenbar mit österreichischem Einschlag: «Grüezi, Nachbarin! Was machst du für a schwere Arbeit? Lass das Holz dei Magd schleppen.» (10) Auch die Schilderung der «herrlichen Alpenkulisse» (14) erweckt eher den Eindruck von Austauschbarkeit, anstatt ihn zu verhindern. Der Weg von Savognin nach Maloja etwa wird folgendermassen beschrieben: «Prächtige Lärchen reihten sich auf ihrer Reise entlang sanft geschwungener Strassen. Weisse Ziegen und gefleckte Kühe grasten in friedlicher Eintracht.» (26)

Ortskundigen muss es zudem seltsam vorkommen, wenn Neumeyer Bice, Segantinis Lebenspartnerin, noch während der Savogniner Zeit folgende Charakterisierung des Kindermädchens in den Mund legt: «Baba verkörpert das Engadin. Kraftvoll und ursprünglich. Ihre Erscheinung ist wie geschaffen für die Darstellung dieser ländlichen Gegend.» (17) Tatsächlich war Barbara «Baba» Uffer in **Savognin** geboren und trat dort in den Dienst der Segantinis. Surses oder Engadin – die Autorin misst solchen Differenzierungen für die Lokalisierung ihrer Geschichte wenig Bedeutung bei.

Pittoreske Nebenhandlungen

In **Savognin** siedelt auch Duri Rungger eine Nebenhandlung seines Retrokrimis *Chur im Blues* (2013) an. Eines der Mordopfer – eine junge Blondine, die nackt unter dem **Solisviadukt** in der Albula gefunden wird und dem Opfer in einem früheren Fall aufs Haar gleicht – hat im Sursetter Hauptort gewohnt. Der Krimi, der ansonsten kenntnisreich die Musikszene im Chur der 1950er-Jahre beleuchtet, benützt den Szenenwechsel, um in **Savognin** eine Reihe von kauzigen Dörfler:innen zu beschreiben.

Da ist zunächst Frau Poltera, eine elegante Erscheinung mit «grossem Mund und venezianisch-blonden Haaren» (98), die es von den «Schönen und Reichen» in St. Moritz durch ihre Ehe mit einem Advokaten nach Savognin verschlagen hat. Sie revanchiert sich für ihren Abstieg in «dieses doch eher verschlafene Dorf» (99) mit Überheblichkeit. Ebenso unausstehlich ist die «Dorfhexe», eine keifende Alte, der die Knaben am Brunnen «la strega» nachrufen (sonderbar, dass sich der Autor um romanisches Lokalkolorit bemüht, ohne dafür auch gleich das in Savognin gebräuchliche Idiom zu benützen). Drittens tritt ein provinziell beschränkter Dorfpolizist auf, der auf der Stelle einen «fahrenden Messerschleifer und Schirmflicker» als mutmasslichen Mörder verhaftet: Als der «Jenische» befreit wird, gibt er – allerdings völlig unmotiviert – gleich einige pittoreske Brocken «Jenisch» zum Besten: «Nun, seine Tschuldigung kann mir gestohlen bleiben. Wenn i tschaana, denn tschaan i – aber das nächste Mal [...] repariere ich alle ihre Schirme gratis, Herr Caminada!» Der Versuch, als Kontrastprogramm zum jazzig und urban sich gebärdenden Chur in Savognin möglichst viel dörfliches Lokalkolorit einzufangen, führt hier zu einer karikierenden Nebenhandlung mit folkloristischen Stereotypen.

Unterengadin und Münstertal: Schatten der Wirklichkeit

Das Unterengadin unterscheidet sich nicht nur geografisch, sondern auch im Spiegel seiner Krimis deutlich vom Krimihotspot Oberengadin. Fielen dort Betriebsamkeit und Weltläufigkeit ins Auge, so haben wir es hier mit einer Welt für sich zu tun, die durch den Bau des Vereinatunnels neu erschlossen wurde. Einen etwas anderen Ton – der die Abgründe des Menschseins auslotet – schlagen die Krimis im Nationalpark und in der Val Müstair an.

Mystisches Vorspiel: Eine Reise nach Müstair

«Ausgesetzt auf den Bergen des Herzens»: die Krimilandschaft **Nationalpark**, **Ofenpass** und **Val Müstair** lässt sich am treffendsten mit dieser Wendung aus Rilkes Lyrik charakterisieren. Das gilt zunächst und in besonderem Masse für die *Vier Tage im März* (2007), wie sie die aus dem Bodenseegebiet stammende Autorin Constance Hotz beschreibt: «Sie nahm die Strassenkarte aus der Türablage, breitete sie auf dem Lenkrad aus und merkte, wie sie beim Anblick der vielen Strassenlinien ruhiger wurde. Sie liess die Augen über die Karte wandern, suchte nach einer Strecke, die sie noch nicht kannte, folgte den Passstrassen, als wären es Versprechungen.» (14) Sie, das ist Eva Fendt, Werbefotografin, Geliebte, Tochter – immer auf der Flucht und im tiefsten Innern ein verletztes Kind. Dass sie schliesslich nach **Müstair** gelangt, hat mit dem Namen zu tun, von dem sie magisch angezogen wird. Auch nachdem sie die romanische Aussprache kennengelernt hat, beschliesst Eva, «Müstair weiterhin wie ‹Mystère› auszusprechen» (26).

Soll man Constance Hotz' Roman *Vier Tage im März* (2007) einen Krimi nennen? Es ist auf jeden Fall *auch* einer, denn die Handlung setzt ein mit einem potenziellen Mord: In der **Klosterkirche** von **Müstair**, deren Fresken einen rätselhaften Sog auf Eva ausüben, wird ein Toter gefunden. Gegenüber dem grossspurigen Churer Kommissar verschweigt Eva, was sie in der Kirche beobachtet hat, obschon sie Gewissensbisse plagen. Deckt sie vielleicht eine Mörderin? Und während der unscheinbare Dorfpolizist den Fall Schritt für Schritt entwirrt, kommt Eva in der **Val Müstair** ihrem eigenen Geheimnis

auf die Spur. Die Dinge klären sich in diesem bildstarken und sprachlich sorgfältig gearbeiteten Roman schliesslich auf der **Passhöhe**: Während der gedemütigte Kommissar aus der Hauptstadt achtlos über die magische Grenze hinausschiesst, spürt Eva diesmal den Drang, nicht vor sich selbst davonzufahren. «Doch der hohe Schnee am Strassenrand machte das Anhalten unmöglich. Erst kurz vor der Passhöhe gab es einen geräumten Parkplatz. Wenige Meter vor dem Ofenpass, dieser magischen Grenze, dieser letzten Schwelle.» (189)

In einer Höhle am **Munt la Schera**, nicht weit von **Il Fuorn**, wohnt ein weiteres dieser verletzten Kinder, die auf den Bergen des Herzens ausgesetzt wurden: Hannes Camenisch aus Philipp Gurts *Bündner Treibjagd* (2019). Nach dem Verlust seiner Eltern wäre er am liebsten «eines der Tiere im Wald gewesen: ein Hirsch, ein Murmeltier, ein Fuchs, Wolf, Steinbock oder Dachs» (29). Und so hat er sich im **Nationalpark** in einer Erdhöhle eingerichtet und fühlt «durch diese Lebensweise ein wenig sein Tier in sich wachsen» (102). Es mag mit traumatischen Erlebnissen in der Kindheit des Autors zu tun haben, dass Gurt solche fragilen und ausgesetzten Figuren immer wieder berührend zu gestalten weiss. Ermittlerin Giulia de Medici ebnet Hannes schliesslich den Weg zurück in die Gesellschaft.

Und noch ein letztes in dieser Reihe verletzter Kinder: In Susanna Salernos *La fonte del male* (2020) bleibt die kleine Ladina nach ihrer Entführung ebenfalls am Pass in einer abgelegenen Hütte mutterseelenallein zurück, einem einsamen und kalten Sterben preisgegeben.

Der Hotelbrand von Vulpera

In seinem letzten abgeschlossenen Roman, *Durcheinandertal*, beschreibt Friedrich Dürrenmatt einen apokalyptischen Hotelbrand. Kaum hat er die letzten Korrekturarbeiten am Manuskript abgeschlossen, wird das Motiv von der Wirklichkeit eingeholt. Am 27. Mai 1989 brennt das **Grand- und Kurhotel Waldhaus** in **Vulpera** bei **Scuol** vollständig nieder. Die polizeilichen Ermittlungen ergeben, dass das Hotel – vom St. Moritzer Architekten Niklaus Hartmann 1896/97 im Stil der Neo-renaissance erbaut – an zwei Orten angezündet worden und also einer Brandstiftung zum Opfer gefallen ist.

Der Ort ist Dürrenmatt bestens bekannt, er hat das «Waldhaus» seit seinem ersten Besuch im Jahr 1957 immer wieder aufgesucht. 1959 hat er hier die ersten Ideen zu einer Hotelnovelle notiert, die schon deutliche Anklänge an *Durcheinandertal* aufweist, und zehn Jahre später beginnt er in der «Hotelhalle im Unterengadin» damit, seine schriftstellerischen Stoffe neu zu ordnen. Mit seiner Frau Charlotte Kerr fährt der Autor kurz nach dem Brandinferno ins Unterengadin und besichtigt die ausgebrannte Ruine.[38]

Dürrenmatt hält seinen Leser:innen in *Durcheinandertal* den Spiegel einer ökonomisch entfesselten und moralisch desorientierten Gesellschaft vor, in der sich üble Gangster und wertvolle Stützen der Gesellschaft nicht mehr auseinanderhalten lassen. Selbst für diejenigen, die eine politische Führungsrolle bekleiden, sind die Verhältnisse ganz und gar undurchsichtig geworden: «Niemand weiß, wem was gehört und wer mit wem spielt, wer die Karten im Spiel und wer sie gemischt hat. Wir tun so, als ob wir ein freies Land wären, dabei sind wir nicht einmal sicher, ob wir uns überhaupt noch gehören.» (89) Das Hotel wird sommers von reuigen Millionären bewohnt, die sich darin der Armut und Askese hingeben, während winters Gangster von internationalem Format darin logieren, um vorübergehend unterzutauchen. Eine erzürnte und fanatisierte Dorfbevölkerung brennt es schliesslich vollständig nieder: «[...] eine Explosion erschütterte die Nacht, immer weitere Explosionen, eine Stichflamme schoß in den Himmel, die Sterne verschwanden, das ganze Kurhaus stand mit einem Mal in Flammen, umringt von der Motorspritze, von Traktoren, von Bauern, bewaffnet mit Heugabeln und Äxten, wie sie gebraucht werden, Bäume zu fällen, [...] aus dem Portal stürzten Männer, die Feuerwehr richtete ihre Wendrohre, spritzte die wieder hinein, die sich retten wollten, im Innern immer wieder Explosionen der Waffenlager, die Weiber bedien-

38 Ich folge in Details und Daten Ulrich Weber (2007), der den Bezug des Autors zum «Waldhaus» im Detail ausleuchtet.

ten wie verrückt die Motorpumpe, [...] die Feuerwehrmänner spritzten und spritzten, ihre Wasserlanzen trieben Gestalten vor sich her, sie überschlugen sich, wurden durch die Kraft des Wasserstrahls wie Pakete ins Feuer zurückgeworfen, der Wald, der Himmel nahmen die Farbe der Hölle an» (168).

Nachspiel

Dass Literatur und insbesondere der wendige Kriminalroman auf Ereignisse rasch reagieren, ist nicht ungewöhnlich. Aber hier liegen die Dinge bekanntlich anders herum: Dürrenmatts Gangstergroteske wurde nicht nach, sondern vor dem Brand geschrieben. Als Erinnerung an seine Verbindung zum «Waldhaus» hat der Autor von *Durcheinandertal* in **Vulpera** inzwischen eine Bank (nein, keine mit Einlagen, bloss eine zum Sitzen) bekommen. Ans Geschehen erinnern allerdings auch immer wieder wilde Spekulationen. So kommentiert im Jahr 2017 nachts um 3.37 Uhr ein Herr R. F., der sich selbst als «Historiker und Mitglied beim Schweizer Heimatschutz» beschreibt, den Hotelbrand in einem Online-Kommentar. Bis 1989 «ein absoluter Dürrenmatt-Fan», habe er seither angefangen, den Autor «zu hassen», denn: «Ich und Experten sind fest davon überzeugt: Hätte Dürrenmatt in seiner Handlung das Hotel Waldhaus NICHT NIEDERBRENNEN LASSEN, wäre auch in zivil das wunderschöne Grandhotel, die Perle des Historismus und Nikolaus Hartmann seniors Meisterstück, VERSCHONT GEBLIEBEN!»[39]

Es gehört zur Grösse von Dürrenmatts Kunst, dass sich solche Stimmen anhören, als wären sie seinem Roman entsprungen.

Scuol – Hauptort des Unterengadiner Krimis

Die aus der Region Zürich stammende Ethnologin und Sprachlehrerin Erika Sommer kreiert 1997 fürs damalige Radio DRS die Figur des Scuoler Dorfpolizisten Chasper Caprez (gesprochen von Andrea Zogg). Und sie lässt Caprez gleich mit einer ziemlich frechen Geschichte debütieren: In *Mord in Scuol* gibt ein toter und zu allem Überfluss auch noch splitternackter Pfarrer im Dampfbad des (damals erst wenige Jahre alten) **Bogn Engiadina Scuol** Rätsel auf. Dass der spektakuläre Leichenfund auch beste Gratiswerbung für das Erlebnisbad bedeuten könnte, wird

39 www.saiten.ch/duerrenmatts-hotelbrand, 1. 1. 2024.

zu einem makabren Faktor bei der Lösung dieses Falls.[40] Vier Jahre später kommt Caprez noch einmal zum Einsatz. In *Mord im Piz Triazza* (SRF 2001) stirbt der **Zuozer** Kurdirektor unter verdächtigen Umständen bei einem Tourismuskongress in einem Hotel in **Scuol**. Caprez ist überzeugt, dass ein projektierter Golfplatz dabei eine Schlüsselrolle spielt, bis seinen Ermittlungen von oben ein Riegel vorgeschoben wird. Im Hintergrund lässt jemand offenbar seine guten Beziehungen spielen. Im Krimi stellt sich die von Caprez verfolgte Spur schliesslich als falsch heraus – in Wirklichkeit wird der **Golfplatz Zuoz** 2003 eröffnet.

Ebenfalls in **Scuol** und Umgebung ermittelt 2012 Robert Vielis pensionierter Kommissar Jonas Fürbass. Der Churer Autor gönnt seiner Spürnase in *Hinter der Mauer* Winterferien im Hauptort des Unterengadins. Das Tal ist eingeschneit, an Wintersport ist nicht zu denken, und als in der Nähe ein Mord passiert, kann sich der altgediente Polizist nicht zurückhalten. In einem stillgelegten Eisenbahntunnel stösst Fürbass auf eine Spur, die bis in die Zeit der Religionskriege zurückführt – zudem bekommt er es mit einer cleveren Baronin zu tun, welche im Hintergrund die Fäden zieht.

Mineralwasser für die Welt

Einen Sonderfall unter den Krimiautor:innen stellt die in Zürich lebende Sabina Altermatt dar. Sie schreibt Krimis, die zwar meist einen Bezug zu Graubünden aufweisen – die Autorin ist in Chur aufgewachsen –, aber anstatt auf eine serielle Ermittlerfigur zu setzen, stattet sie jeden Krimi mit einer neuen Hauptfigur aus. In *Jagdgeflüster* (2015) bildet unverkennbar das Unterengadin den Schauplatz des Geschehens, und obwohl die Handlung durch eine Verfremdung der Namen ins Modellhafte gewendet wird, bleiben die Bezüge zu **Scuol** deutlich.

Rea Rüegg, die nach einer schwierigen Trennung von Chur nach Zuort gezogen ist, muss sich als Försterin in einem Männerberuf bewähren. Nach der brutalen Ermordung des Gemeindepräsidenten gerät ihr

40 www.srf.ch/audio/krimi/mord-in-scuol-mundartkrimi-von-erika-sommer?id=11761615, 1. 1. 2024. Autorin Erika Sommer hat später mit *Alpentroll* (2022) auch einen Kriminalroman verfasst ▸ Obere Surselva.

▸ Licht und Schatten im Unterengadin: das Dorf Lavin.

Mitarbeiter unter Tatverdacht. Und nicht nur das: In der Gemeinde treibt der nachfolgende Präsident die ambitionierten Pläne einer Abfüllanlage für Mineralwasser voran, das weltweit vermarktet werden soll. Rea erkennt, dass das Projekt zu einer ökologischen Katastrophe führen wird – doch ihre Gegenspieler erweisen sich als mächtig. Die Figur des üblen Spekulanten, der nicht nur die Natur dem Profit unterordnet, sondern sich auch als Frauenheld skrupellos verhält, ist eine mehrfach verwendete Figur im Bündner Krimi. Sie nimmt in den 1970er-Jahren bei Katharina Hess zum ersten Mal Gestalt an und kommt im jüngeren Regionalkrimi auch bei Regine Imholz (*Mord in der Surselva*, 2021) und Silvia Götschi (*Jakobshorn*, 2014/18) vor.

Wenn im Unterengadiner Krimi die Tendenz, Enge, Filz und Spekulation zu thematisieren, besonders ins Auge fällt, hat das nicht zuletzt mit dem Bau des Vereinatunnels zu tun. Die Kapazität im Bausektor wurde erhöht und der erleichterte Zugang ins Tal hat für mehr touristisches Potenzial, aber auch für erhöhten Spekulationsdruck gesorgt. Die kritische Intention hält Autor Tim Krohn beim Bücherschreiben für «das Salz in der Suppe»: Glaubhaft und lebendig wird ein Buch für ihn dann, wenn der Autor «die neuralgischen Punkte einer Region erfasst und damit spielt […]. Wenn man ein Buch in einer Region spielen lässt, die man so schlecht kennt, dass man sie nur schön und nett findet, dann funktioniert das Buch nicht.»[41] So gilt für Krimiautor:innen, dass sie einerseits mit der beschriebenen Region nah vertraut sein müssen, dass andererseits aber auch die Fähigkeit gefragt ist, zu ihr auf kritische Distanz zu gehen.

Die Jagdgesellschaft als Filz

2012 flog ein Kartell in der Bündner Bauwirtschaft auf: Über Jahre war die Vergabe von Aufträgen durch Preisabsprachen beeinflusst worden. Die Wettbewerbskommission ermittelte und hat seither für die beteiligten Unternehmen Bussen in Millionenhöhe ausgesprochen. Dem Kanton wurde in diesem Zusammenhang keine aktive Mitschuld nach-

41 Interview des Verfassers mit Tim Krohn, geführt am 28. 12. 2021.

gewiesen, aber man habe, so stellte ein Bericht der parlamentarischen Untersuchungskommission 2021 fest, Hinweise auf Preisabsprachen zu wenig ernst genommen.

Die Problematik von Filz und Vetternwirtschaft ist in den letzten Jahren in Bündner Krimis gleich mehrfach aufgegriffen worden. So wird in Regine Imholz' *Mord in der Surselva* (2021) die Rolle des Bösewichts mit einem skrupellosen Baulöwen besetzt. Der blosse Verweis auf den Bündner Baukartellskandal genügt allerdings nicht, um dem Bild Tiefenschärfe zu verleihen. Auf meine Frage nach der kritischen Intention ihres Krimidebüts antwortet die Autorin: «Nein, so weit bin ich noch nicht [...]; im Moment beschäftige ich mich nicht mit Missständen – ausser natürlich, dass es im Krimi um Mord geht.»[42]

Dagegen zeigt Gian Maria Calonder (d. i. Tim Krohn) in seinem im Unterengadin angesiedelten dritten Fall *Engadiner Hochjagd* von 2020 anhand des Krimipersonals konkret auf, wie Seilschaften in relativ abgeschlossenen Regionen funktionieren. Zunächst hat Polizist Capaul nur den Auftrag, in der Sache eines Vermissten nach einem Bergsturz in der **Val Lavinuoz** zu ermitteln. Aber dann passieren weitere seltsame Dinge im Tal: Am **Piz Linard** wird der Grossrat, Gemeindeschreiber und Jäger Duri Lechthaler erschossen. Als nächstes verunfallt ein weiteres Mitglied derselben Jägergruppe in seinem Ferrari auf dem Weg ins **Livigno** – Bauingenieur Caviezel aus **Susch** «saß in diversen Baugremien, dazu war er Vorstandsmitglied des Bündner Kantonalen Patentjäger-Verbands» (92). Capauls Ermittlungen bringen langsam und gegen den Willen seiner Vorgesetzten Licht in einen Fall von Filz und Vetternwirtschaft. Den innersten Kern bildet die Jagdgruppe, deren Mitglieder sich gegenseitig Vorteile verschaffen und vor unbequemen Fragen abschirmen.

Die Vereina Connection

Auch Krohns Nachspiel zum Baukartell hat ein dürrenmattsches Vorspiel: 1999 publizierte der vormalige Pfarrer von S-chanf, Niklaus Schubert, seinen einzigen Krimi *Vereina Connection. Wenn Gewisse Gewisses auf dem Gewissen haben.* Dazu animiert hatte ihn die Lektüre eines Artikels von Hans Caprez im *Schweizerischen Beobachter* (Nr. 19,

42 Interview des Verfassers mit Regine Imholz, geführt am 19. 12. 2021.

Verdächtiger Tunnel: die Vereinastrecke bei Sagliains.

17. 9. 1993) zur Verknüpfung von «Polit-Lobby» und «Baufilz» beim Bau des Vereinatunnels. Der Autor verwebt diese «Fakten» und sein «Leben im Engadin» (so das Vorwort) zu einer fiktiven Krimihandlung um Vetternwirtschaft und verdeckte Finanzgeschäfte.

Im Zentrum von Schuberts Krimi steht ebenfalls eine Jagdgemeinschaft, zu der sich einige illustre Persönlichkeiten des Tals zusammengefunden haben: Da ist der Arzt Dr. Meng aus **Lavin**, der sich im trüben Wasser eines antiquierten Frauenbilds erfolgreich gegen Vergewaltigungsvorwürfe zu wehren weiss, der **Zernezer** Anwalt Serard Cadosch, der mit schmutzigem Geld Kantonsanleihen finanziert, und der Bauunternehmer Gian-Marchet Prevost aus **Susch**, der sich vom Vereina-Kuchen nur ein kleines Stück abschneiden kann, weil der Baulöwe und Nationalrat Curdin Janott sich die grossen Aufträge selbst zuschanzt. Auch das Erlebnisbad hätte Prevost gern in Susch gebaut, anstatt es an **Scuol** abzugeben. Aber das hat der vierte im Bund erfolgreich zu verhindern gewusst, Lehrer Luzi Clavuot, das schwarze Schaf, «ein Linker

und Alternativer», zudem ein «Frauenheld», der auch die Patientin unterstützt hatte, die gegen Dr. Meng vorgehen wollte. Ausgerechnet dieser notorische Querulant wird auf der Jagd erschossen. Die Ermittlungen übernimmt ein kauziger Churer Polizist namens Moritz Cavegn, ein einsamer und etwas verstiegener Moralist, der sich gegen den Lauf der Zeit stellt und sich dabei manchmal auch aufs hohe Ross setzt. Doch dann werden seine Ermittlungen von weiter oben blockiert, weil sie den Politikern, die mit den Bauunternehmen verbandelt sind, zu weit gehen.

Krimiautor Schubert hat aus Fakten, Fantasie und persönlicher Erfahrung einen Krimiplot gebaut, in dem es tüchtig rumort. Er hat den fiktiven Finger dort auf die Realität gehalten, wo es juckt und schmerzt. Das macht *Vereina Connection. Wenn Gewisse Gewisses auf dem Gewissen haben* auch noch aus heutiger Sicht bemerkenswert. Gute Krimis haben oftmals diesen Sinn für das, was (noch) im Verborgenen liegt oder verdrängt wird. Im Idealfall hätten sie darüber hinaus vom Verlag auch noch ein Lektorat erhalten, um Längen zu eliminieren und allzu grelle Handlungselemente zu identifizieren. Das Buch von Niklaus Schubert ist vor dem Engadiner Krimifrühling erschienen, in einem kleinen, auf religiöse Texte spezialisierten Verlag. Ein spannendes Zeitdokument bleibt es allemal.

Italienischsprachige Südtäler

Puschlav: Erziehung für Schmuggler

Der Berninapass wartet mit einem Heimatroman, einem Hotelroman und einem Klamaukkrimi auf. Im Tal kümmern sich insbesondere einheimische Autoren um das Verbrechen. Ihre auf Italienisch verfassten Romane wenden sich jenseits des touristischen Blicks Delikten zu, die das Tal bewegen.

Erste Annäherung: Die Berninaroute

Gian Marchet Colani (1722–1837) war ein Tausendsassa: Land- und Gastwirt, Büchsenmacher und vor allem berühmter Gämsjäger aus dem Oberengadin, um den sich zahlreiche Legenden ranken. Dass er Jäger erschossen hat, die in sein Jagdgebiet eindrangen, ist unwahrscheinlich, dass er den Ostgipfel des **Piz Palü** bestiegen hat, dagegen gut vorstellbar.[43] Sein Leben und seine Legenden haben ihn zum Vorbild für Jakob Christoph Heers erfolgreichen Heimatroman *König der Bernina* (1900) werden lassen. Darin kommen Verbrechen und unglückliche Liebe ebenso zu ihrem Recht wie das aufstrebende Gewerbe und der Tourismus – tatsächlich musste bereits Heer sich gegen den Vorwurf wehren, sein Werk sei «ein von der engadinischen Hotellerie bestelltes Reklamewerk».[44]

Als Paltram (so heisst die Colani nachempfundene Figur bei Heer) mit Cilgia Premont über den **Berninapass** wandert, blicken die beiden von **Sassal Masone** (oberhalb **Alp Grüm**) ins Tal, wo Cilgia aufgewachsen ist: «[S]ieh meine Heimat, mein Puschlav, dort liegt es tief wie eine Ewigkeit unter uns, in einem Kessel lacht es wie ein in die Hölle versunkenes Paradies, mein Dorf am blauen See.» (140) Aber das Puschlav kann nicht Paltrams zweite Heimat werden, denn nachdem eine andere Frau von ihm ein Kind erwartet, muss er diese heiraten. Dass er auf dem Gletscher Cilgias eifersüchtigen Ehemann tötet, macht die unheilvolle Verstrickung vollends unlösbar. Bloss ist ein Heimatroman noch kein Krimi, denn ein Krimi erzählt nicht die Geschichte eines (potenziellen)

43 Dolf Kaiser: «Gian Marchet Colani», Version vom 24. 2. 2005, in: HLS, https://hls-dhs-dss.ch/de/articles/042403/2005-02-24.

44 «Aus der Schweiz gelangte die verleumderische Aeusserung in der Kritik nach Deutschland: mein Roman sei als ein von der engadinischen Hotellerie bestelltes Reklamewerk entlarvt.» Zitiert nach Brown 1987, 301.

Verbrechens, sondern «die Geschichte der Aufklärung eines Verbrechens».[45]

Ein richtiger Krimi ist demzufolge Marie Brunntalers Roman *Piz Palü* (2022). Im eleganten Grandhotel verschwinden zuerst die Kinder des Hotelierpaares, und dann wird auch noch der Hotelier selbst in seinem Büro ermordet – und das gleich doppelt und dreifach.

Hotel am Abgrund

Autorin Marie Brunntaler hat ihre ersten beiden Romane in ihrer näheren Heimat, dem Schwarzwald, angesiedelt. Nach dem Umzug der Landschaftstopografin in die Schweiz spielt ihr drittes Buch *Piz Palü* in einem fiktiven Hotel am Berninapass. Die Ermittlungen wegen Mords im «Grand Arnold» – einst Luxusstätte, nun «ein einsamer Außenposten inmitten feindlicher Berge» (45) – leitet Kommissar Tschudy, der mit seinem Magenleiden an Dürrenmatts Bärlach erinnert, umso mehr, als Brunntalers Roman im Jahr 1957 spielt. Dass Tschudy als «typischer Schweizer mit [...] frisch gebügeltem Oberhemd und unmoderner Krawatte» (125) charakterisiert wird, macht deutlich, dass die Autorin nicht einen Regionalkrimi im Sinne hatte, sondern einen Roman im Retrolook für ein deutschsprachiges Publikum, das nicht zwingend über eigene Kenntnis des Handlungsorts verfügt. Dafür spricht auch, dass die Namen der Bediensteten eher ins Wallis weisen und dass ‹die Bernina› grammatisch weiblich benannt wird. Spricht man in Graubünden gemeinhin von ‹dem Bernina› (gemeint wohl der Berg/Piz oder der Pass), so liess Heer sich von seinem Verleger davon überzeugen, für ein deutsches Publikum anstelle von «König des Bernina» mit «König der Bernina» zu titeln. Was seien schon – so die Auskunft seines Verlegers – «die tausend Einwohner im Engadin, die den Roman mit einem für sie falschen Titel lesen würden, gegen die Million Leser im gesamten deutschsprachigen Raum?»[46] Indem Brunntaler Heers Redeweise übernimmt, zeigt sie, dass sie in erster Linie einen literarischen Ort gestalten möchte, anstatt einen authentischen zu kreieren, wie er für das Subgenre

45 So die noch immer nützliche Unterscheidung von Richard Alewyn, *Anatomie des Detektivromans* (1968), zitiert nach Düwell et al. 2018, 3.

46 Zitiert nach Anker 1999, 163.

des Regionalkrimis typisch wäre. So ist denn auch die Lage des «Grand Arnold» nur ungefähr zu bestimmen: Zwar fährt man von der **Station Bernina Diavolezza** (auf rund 2000 m ü. M.) noch zwanzig Minuten bergan, doch liegt das Hotel dann «auf 1834 Metern Seehöhe und bot beste Einstiegsmöglichkeiten für Touren zu den Gipfeln des Piz Bernina und Piz Palü» (13).

Höhepunkt von Brunntalers Roman ist die Schilderung einer Besteigung des winterlichen **Piz Palü** durch eine Gästegruppe um den österreichischen Nachkriegsfilmstar O. W. Fischer. In einer dramatischen Szene wird eine geheimnisvolle junge Frau aus Deutschland von einer Lawine erfasst und kann erst im letzten Moment geborgen werden. Anklänge an den berühmten Bergfilm *Die weisse Hölle vom Piz Palü* (Arnold Fanck und Georg W. Pabst 1929) mit Leni Riefenstahl sind unverkennbar. Im Verlauf der Aufklärung der Verbrechen im «Grand Arnold» findet eine Stabsübergabe statt: der todkranke Kommissar Tschudy übergibt die Ermittlung an seine italienischsprachige Assistentin mit den Worten: «‹Risolvi l'enigma, Margrit.» (239) Was die «junge Wachtmeisterin» dann auch prompt ausführt: Sie löst das Rätsel und bringt eine lange verdrängte Familiengeschichte ans Licht.

Vom Ospizio Bernina nach Le Prese

Nun ist es aber höchste Zeit, die spektakuläre Fahrt vom Pass ins Tal hinunter zu wagen. Hier ist Radspezialist Claudio Mettler aus dem Krimi *Randulin* (2019) zur Stelle – Daniel Badrauns Antiheld hat sich in ähnlicher Weise auch schon am Malojapass (▸ Bergell) versucht. Unterwegs von St. Moritz nach **Le Prese**, wo er an einer Versteigerung teilnehmen soll, um wieder einmal die heissen Kastanien für seinen windigen Freund Reto Müller aus dem Feuer zu holen, steht Mettler schon voller Tatendrang im Zug bereit: «Ich drehe das Mountainbike und warte, bis sich die Türe bei der Station Ospizio Bernina öffnet. Der Weg beginnt gleich neben dem Stationsgebäude.» Los geht's. «Die ersten Kilometer führen am See entlang. Die morgendliche Frühsommersonne taucht die Passlandschaft in milchiges Licht. Die kühle Luft kitzelt meine Lungen, ich fühle mich wie an einem norwegischen Fjord.» (27 f.) Auf

◂ Als Heimatroman und als Krimi bespielt: der Berninapass.

Alp Grüm – der Ort «hat nichts mit Viehwirtschaft zu tun, wenn man davon absieht, dass die Touristen in den Restaurants ordentlich gemolken und später in die Züge getrieben werden» (29) – genehmigt sich Mettler ein paar Gläser Wein und schliesst mit einem Zugpassagier eine Wette ab, wer zuerst in **Poschiavo** auf der **Piazza** steht. Dann geht's den halsbrecherischen Pfad nach **Cavaglia** hinunter, «Bäume rasen auf mich zu, Steine und Wurzeln stauchen die Federgabel und meine Wirbelsäule zusammen» (32). Ganz der Touristenführer, der Badrauns Protagonist auch stets ist, pedaliert er in Cavaglia «über die Ebene, die vor vielen tausend Jahren vom Palügletscher gebildet wurde». Nach der Steigung beim **Gletschergarten** taucht «tief unten im Talboden Poschiavo mit seinen Türmen und Granitdächern auf, weiter südlich blitzt immer mal wieder tiefblau der See auf» (33). Bloss dass es gefährlich ist, sich bei diesem Tempo an die Aussicht zu verlieren, und so passiert es: Mettler knallt «gegen die Seite eines Pick-ups, der aus dem Nichts um die Kurve kommt». Das **Regionalspital Poschiavo** erreicht er so zwar als Erster, aber nicht mehr auf seinem Rad. Am nächsten Tag geht's dann ziemlich angeschlagen weiter nach **Le Prese** – Sightseeing immer inbegriffen –, wo anstelle der Auktion eine abenteuerliche Schifffahrt auf dem **Lago di Poschiavo** ansteht und eine wilde Verfolgungsjagd bis nach **Viano** hinauf und wieder nach **Brusio** hinunter.

Bei Badraun ist der Krimi nur bedingt «die Geschichte der Aufklärung eines Verbrechens». Der Autor verwendet als Motor seines Krimis anstelle eines Mordes, der aufzuklären wäre, lieber das, was Alfred Hitchcock einen «MacGuffin» genannt hat: ein Objekt der Begierde, hinter dem zwar alle her sind, das aber im Grunde eine Leerformel darstellt.[47] Es handelt sich um eine Art leere Mitte – das können Regierungsgeheimnisse sein, ein geheimer Bauplan, berühmt geworden ist auch die Figur eines Vogels (in *Der Malteser Falke* von Dashiell Hammett, verfilmt von John Huston); bei Badraun ist der MacGuffin ein Oberengadiner Tourismuskonzept (in *Krähenyeti*, ▸ Oberengadin) oder der Vertrag für ein Grundstück (in *Randulin*). Um den MacGuffin herum lassen sich in rascher Folge Action-Elemente einbauen, wie sie für den Thriller typisch sind. Badraun liebt es, diese Action ins Klamaukige zu

47 Hitchcock nennt es «das wichtigste, was ich im Lauf der Jahre gelernt habe, [...] dass der MacGuffin überhaupt nichts ist». Truffaut 1997, 127.

ziehen. Und er lässt sich mit seinen Mettler-Krimis nicht nur auf seine angestammte Region festlegen – in der Regel das Oberengadin, dazu Bergell und Puschlav –, sondern macht seinen Fremdenführer auch gern zum Touristen in aller Welt. Auf das Puschlav folgt in *Randulin* ein langer Trip durch Australien, um nach einem Auswanderer zu suchen, der das St. Moritzer Grundstück mitbesitzt.

Der Export zwei

Das Puschlav ist Grenzregion, und so verwundert es wenig, dass eines der immer wiederkehrenden Themen des lokalen Erzählens der Schmuggel ist. Der Autor Massimo Lardi widmet sich dem Thema ausgiebig in seinem Roman *Dal Bernina al Naviglio* (2002).

Der mittellose Carlo steigt nach dem Tod seines Vaters in den Kaffee- und Zigarettenschmuggel ein, um die Mutter und seine neun Geschwister durchzubringen. Dabei wird er von einem sich zunehmend professionalisierenden kriminellen Umfeld und den Verlockungen des schnellen Geldes immer tiefer in die Illegalität gelockt: Er kauft ein Auto mit doppeltem Boden und schmuggelt nicht mehr bloss ins **Veltlin**, sondern gleich nach **Milano**. Auf die Frage der Mutter, ob es sich beim Schmuggeln um eine Sünde handelt, zeichnet der Priester Don Agosto, ein treffendes Bild der Realität der 1950er- und 1960er-Jahre: «[I]m Fall von Reis, Salz, Tabak und Kaffee [sei es] zwar illegal, aber nicht unmoralisch [und] keine Sünde.»[48] Ungesetzlich war diese Art des Schmuggels damals bloss auf italienischer Seite, während die Schweizer Behörden am «Export zwei» mitverdienten und die Waren gleich en gros abfertigten.

Lardis Roman dokumentiert und rekonstruiert die Rolle, die das Schmuggeln für die Bewohner:innen seines Heimattals während Jahren und Jahrzehnten gespielt hat. Bezeichnenderweise wählt der Autor dafür aber gerade nicht die Form des Kriminalromans – obwohl die Geschichte, die von Verbrechen und der anschliessenden Verhaftung des Protagonisten erzählt, dies durchaus hätte nahele-

48 Zitiert nach der deutschen Übersetzung *Export zwei. Eine Schmuggler-Geschichte aus dem Puschlav* (2008, 112). Mehr dazu unten.

Erziehungsroman statt Krimi: im Puschlav gehörte der Schmuggel zum Alltag.

gen können. Lardi, der in Chur lange Jahre als Seminarlehrer tätig war, bevor er wieder in sein Tal zurückkehrte, formt aus dem Material stattdessen «einen klassischen Erziehungsroman».[49]

Erziehung für Schmuggler

Der Autor lässt seinen Protagonisten im italienischen Gefängnis einen Läuterungsprozess durchmachen, der ihn auf der Heimreise zur Erkenntnis führt, die ihm der Priester Don Augusto bereits früh auf den Weg mitgegeben hatte: «Meglio imporsi dei limiti, altrimenti ce li impongono gli altri … [Es ist besser, sich selber Grenzen zu setzen, sonst tun es die anderen …]» (2002, 183). Was für den Puschlaver Autor eine Art Quintessenz seines Erziehungsromans darstellen dürfte, wird in der

49 «L'esperienza del contrabbando […] si rivela così un'esperienza severa di educazione umana. Quello di Lardi è un classico romanzo di formazione.» Franco Monteforte: «I turbamenti del giovane Carlo», in: *La Provincia di Sondrio*, 26. 10. 2002, http://massimolardi.com/files/laprovincia261002.html, 24. 4. 2023.

deutschen Übersetzung bezeichnenderweise zur Nebensache. In *Export zwei. Eine Schmuggler-Geschichte aus dem Puschlav* (2008), erschienen im Zürcher Theodor-Schmid-Verlag, fehlt das gesamte Schlusskapitel «I Santi non fanno contrabbando [Die Heiligen betreiben keinen Schmuggel]». Während es für ein einheimisches Publikum gewiss von grösstem Interesse ist, wie der Protagonist nach einer biografischen Episode illegaler Aktivitäten sich wiederum in seine Talgemeinschaft einordnet und ein normales Leben führt, liegen die Dinge für ein distanzierteres und stärker auf Unterhaltung ausgerichtetes Publikum anders: Hier fasziniert am Phänomen des Schmuggelns eher das romantisch-nostalgische Abenteuer einer Gesetzesübertretung, wie es der Tourismus in Grenzregionen längst als Zugpferd entdeckt hat. Die deutsche Fassung begnügt sich mit einem knappen Nachwort des Protagonisten Carlo, der festhält, dass aus ihm zum Schluss doch noch «ein braver Staatsbürger» geworden sei (2008, 189).

Jenseits des touristischen Blicks

In Lardis Entscheid, einen Erziehungsroman und nicht einen Krimi zu schreiben, äussert sich etwas vom Selbstverständnis einer älteren Generation von Schriftsteller:innen – Autoren wie Theo Candinas (in der Surselva), Clà Biert (im Unterengadin) und eben Massimo Lardi im Puschlav stellen ihr literarisches Können in den Dienst ihrer Talgemeinschaft und bedienen weder in erster Linie den touristischen Blick noch richten sie sich primär an den Erwartungen einer an ästhetischer Innovation orientierten Literaturkritik aus. Sie sind in ihrem Schreiben immer zugleich auch Pädagogen, organische Intellektuelle ihrer Talschaft. Clà Biert, der seinen Roman *La müdada* (1962) auf dem Rücken durchs Heimattal trägt, um ihn den potenziellen Leser:innen an der Haustür feilzubieten, ist dafür ein sprechendes Bild.

Das Beispiel Biert zeigt auch gleich, dass die Hinwendung zum eigenen Publikum im Tal keineswegs gleichzusetzen ist mit provinzieller Literatur. Im Gegenteil geht es den besagten Autoren gerade um eine Entprovinzialisierung oder vielleicht besser: um eine reflektierte Modernisierung ihrer Talschaften mit den Mitteln eines innovativen Erzählens, das an traditionelle Formen anknüpft.

True Crime zwischen Italien und der Schweiz

Der 1974 geborene Andrea Paganini hat mit *Le indagini imperfette* (2022) einen Puschlaver Roman publiziert, der auf über 600 Seiten einen Kriminalfall auf der Grenze zwischen **Veltlin** und **Puschlav** haarklein rekonstruiert. Aufgewachsen im Tal, wohnt Paganini inzwischen mit seiner Familie in der Kantonshauptstadt, wo auch einige Szenen seines dokumentarischen Krimis spielen. Viele Jahre hat er in die Recherche für diesen historischen Fall gesteckt, der im Puschlav bis heute die Gemüter bewegt. Im April 1945 kommt in der Grenzregion der Ingenieur Pietro Rezzani unter ungeklärten Umständen ums Leben. Die Tat geschieht während der letzten Kriegswochen und wird deshalb zunächst den dort operierenden Partisanen zugeschrieben. Aber dann kommen Zweifel auf und ein italienisch-schweizerisches Paar wird verdächtigt, den Auftrag zu dem Mord gegeben zu haben.

Schuldig oder nicht? Paganini hat sich durch Stapel von Dokumenten gelesen, hat Zeitzeugen befragt und die einschlägigen Orte aufgesucht – und er hat neue Fakten gefunden. Das Pikante an der Sache: Die schweizerischen und die italienischen Behörden kamen damals bei ihren Untersuchungen zu gegensätzlichen Schlüssen. Was gilt denn nun?

An einer Stelle seiner Ermittlung beruft sich Paganini auf den Briefwechsel zwischen Don Felice Menghini (1909–1947), Pfarrer und Dichter aus Poschiavo, und Giorgio Scerbanenco (1911–1969). Der Krimialtmeister Scerbanenco wurde in den 1960er-Jahren mit seinen Mailand-Krimis zum Pionier des modernen italienischen ‹giallo›. An Menghini schreibt er kurz nach Kriegsende einen Satz, der auch auf Paganinis Wahrheitssuche in Form eines True-Crime-Krimis zutrifft: «Wer mich liest, soll um all die wohlfeilen Phrasen und billigen Ausflüchte gebracht werden, auf dass er sich aufs Neue – und womöglich besser – auf die Suche nach seinen Wahrheiten mache.»[50]

50 «Bisogna che chi mi legge senta distrutte in sé tutte le frasi fatte e i facili accomodamenti, e ricominci da capo, – e meglio! – a ricostruire le sue verità.» Zitiert nach Paganini 2022, 293.

Bergell: Malerische Morde, vergessene Geschichten

Malojas urtümliche Landschaft zog schon den Maler Segantini an und den belgischen Grafen de Renesse, der den Ort mit touristischen Prachtbauten überzog und dabei Konkurs ging. Heute versetzen auch Krimiautor:innen ihre Fälle mit Vorliebe in diese Gegend. Hinter Maloja geht es wie im freien Fall hinab ins enge Tal. Dort ist es vor allem Soglio, das die Aufmerksamkeit der Ermittler:innen auf sich zieht.

Zwei Leichen im Gletschertopf

Von den drei südlichen Bündner Talschaften, in denen italienisch gesprochen wird, ist das Bergell die ergiebigste Krimiregion – bespielt wird sie vorwiegend, aber nicht ausschliesslich auf Deutsch. Das hängt mit der Nähe zum Krimihotspot Engadin zusammen und damit, dass die Ortschaft **Maloja** (lokal Malögia) geografisch zum **Oberengadin**, politisch aber zum **Bergell** gehört. Hier finden sich die meisten Krimispuren – und noch dazu eine Kuriosität: In den **Gletschertöpfen** oberhalb von **Maloja** wurde gleich zweimal eine Leiche abgelegt, und zwar von verschiedenen Autor:innen, die wohl nichts voneinander wussten. Natürlich werden Krimitote nicht zufällig in der Landschaft verstreut, es gibt für fiktive Leichen bevorzugte Plätze, die von den Leichenverstecken realer Verbrechen deutlich abweichen dürften: Krimitote mögen es landschaftlich spektakulär und kulturgeschichtlich bedeutungsschwanger.

Kommissar Caminada von Autor Duri Rungger findet in *Tod am Silsersee* (2017) die sterblichen Überreste eines Landschaftsfotografen namens Bergmann im Gletschertopf, aber er hat auch Augen für die einmalige Landschaft: «Trotz des unerfreulichen Anlasses genoss Caminada den Aufstieg durch den lichten Arvenwald zum Hochmoor.» Dort wird er erwartet: «Die Helfer hatten bereits eine Strickleiter angebracht, auf welcher der Arzt und Caminada mühelos auf den Felsen zwischen den mit Wasser gefüllten Mühlen hinuntersteigen konnten. Bergmanns Leiche lag auf dem trockenen Stein. Der Kopf war unnatürlich nach hinten verdreht.» (87) Zum Fall gehört noch eine weitere Leiche, die auf der **Halbinsel Chastè** auf der anderen Seite des **Silser Sees** gefunden

◂ Auf Segantinis Spuren:
der Belvedere-Turm bei Maloja weist den Weg zum Quell allen Übels.

wurde. Die Sache ist nicht ohne Augenzwinkern konzipiert: Caminada muss im **Hotel Waldhaus** in **Segl/Sils** nämlich unter Krimiautoren ermitteln (▸ Oberengadin).

Drei Jahre später lässt die in St. Moritz lebende Autorin Susanna Salerno in ihrem auf Italienisch verfassten Thriller *La fonte del male* eine Spaziergängerin mit ihrem Hund auf demselben Pfad plötzlich ungläubig innehalten, weil sie in einem Gletschertopf menschliche Beine erkennt. Dieser Tote «war kopfvoran in die Gletschermühle gerammt worden, und um seinen Hals war ein grosser Stein geschlungen mit einem festen Seil, wie es die Bergsteiger benutzen»[51]. Der beschriebene Ort befindet sich in unmittelbarer Nähe des **Torre Belvedere** und soll dem Maler Segantini als Inspiration für sein Bild *La fonte del male* (Die Quelle des Bösen) gedient haben.

Landschaft als Kunstgeschichte

Salerno, die in Rom geboren ist und dort Literatur studiert hat, leiht sich den Titel von Segantinis Bild auch gleich für ihren Krimi aus: *La fonte del male.* Es geht darin um Schuld und Strafe nach sexuellen Übergriffen an minderjährigen Mädchen, die in St. Moritz eine Privatschule besuchen. Die spektakulär inszenierten Mordfälle sind stets mit Landschaft, Geschichte und insbesondere der Kunstgeschichte des Bergells verknüpft. Nach dem Toten in der Gletschermühle bei **Maloja** findet sich die zweite Leiche auf dem Turm **La Torraccia** bei **Casaccia**, während der dritte Tote in **Soglio** auftaucht. Auch die Figuren erscheinen teilweise geradezu als Abbilder ihrer Region, sodass es von einer der Schülerinnen heisst: «Dieses Mädchen schien eine menschliche Verkörperung seines Tales zu sein, wild wie die Natur, in der es aufgewachsen war, rätselhaft, rastlos.»[52] Kunstdenkmäler wie der **Palazzo**

51 «Jürg Wolff era conficcato a testa in giù nel mulino glaciale, con una grossa pietra legata intorno al collo da una corda molto resistente, di quelle usate dagli alpinisti.» (113)

52 «Quella ragazzina sembrava l'incarnazione umana della sua valle, selvaggia come la natura in cui era cresciuta, enigmatica, irrequieta.» (21)

Vertemate in der **Valchiavenna** und die Auseinandersetzung mit Künstlern und Philosophen, die in der Region gewirkt haben, führen die Ermittlerin, die St. Moritzer Psychologielehrerin Helena Blumenthal, schliesslich auf die richtige Spur. Neben Landschaft und Kunstgeschichte ist Psychologie die dritte Leidenschaft der Autorin: Auf dem **Friedhof** von **Soglio** findet ihre Ermittlerin zum Schluss den Schlüssel zu einem streng gehüteten Familiengeheimnis.

Segantini und die Zigeunerin

Giovanni Segantini, der in Salernos Thriller eine prominente Rolle spielt, wohnte zunächst in Savognin, bevor er 1894 mit seiner Familie das **Chalet Kuoni** in **Maloja** bezog, wo er bis zu seinem frühen Tod 1899 blieb. Winters arbeitete er weiter talwärts in **Soglio**. Christine Neumeyer hat dem Künstler und seinen Modellen mit *Schatten im Silsersee* (2022) sogar einen ganzen historischen Kriminalroman gewidmet (▸ auch Surses). Darin erfindet sie eine Zigeunerin und einen Mord in **Maloja**, um das Krimimuster besser bedienen zu können. Allerdings bleibt die Krimihandlung blass, und das Lokalkolorit ist oftmals so klischiert, dass es für ein ortsansässiges Krimipublikum verwirrend wirkt: Etwa wenn «die schwarze Kutsche der eidgenössischen Kantonspolizei» (167) bei den Segantinis vorfährt – da wäre es für Schweizer Leser:innen nicht verwunderlich, wenn sie auch gleich von schwarzen Schimmeln gezogen würde.

Satte Farben trägt die Autorin vor allem dort auf, wo es um künstlerische Schilderungen geht: «Die farbenfrohe Landschaft war wie geschaffen, um gemalt zu werden» (113), heisst es, als Segantini zum Meisterwerk ansetzt. Die geheimnisvolle Zigeunerin hat sich dafür ganz unverhofft aller Kleider entledigt: «Arme und Beine zeigten wie Gesicht und Hals eine zarte Bräunung, der Rumpf hingegen war hell wie Milch.» Der Maler besinnt sich währenddessen ganz auf seine Kunst: «Giovanni setzte winzige Striche dicht aneinander auf die Leinwand. Hauchzarte Linien in abgetönten Farben, um die Sonne und den Schatten an diesem Sommertag darzustellen. ‹Die Eitelkeit› werde ich es nennen, überlegte er, während er malte, oder ‹Die Quelle des Bösen›.» (114 f.)

In Georg Webers Krimi *Hotel Belvédère* übernimmt der Churer Kommissar Bonacossa einen Fall in **Maloja.** Auf einer «kleinen Terrasse etwas ausserhalb des Dorfes» (7) ist in einem Ferienhaus ein Toter gefunden worden. Im Lauf der Ermittlungen flammt eine alte Geschichte wieder auf: der Brand des Hotels Belvédère auf dem Felsriegel über dem Dorf. Tatsächlich war die Anlage um den **Torre Belvedere** – vom belgischen Grafen Camille de Renesse zunächst als Schlossresidenz geplant – eine Zeitlang als Hotel genutzt worden und brannte später aus. Bonacossas Hoffnung auf schönes Wetter im Oberengadin und in Maloja – auch ein Kommissar ist nur ein Tourist – wird zwar enttäuscht, entschädigt wird er dafür durch eine Reise nach Portugal, wo er ehemaliges Hotelpersonal befragt. Auch wenn er den Brandstifter von Maloja nicht mehr zur Rechenschaft ziehen kann, führt die Spur doch immerhin zu dessen mächtigen Drahtziehern im Hintergrund.

Die aus dem Veneto stammende Francesca Vivian Salatino hat ihren klassischen Rätselkrimi *Misteriosi delitti a Maloja* (2016) ebenfalls im Passdorf angesiedelt. Die im Tessin wohnhafte Autorin platziert einen fiktiven Literaturkongress im prächtigen Hotel am See. Dabei darf der obligate Ausflug der Gäste zum **Torre Belvedere** und zu den **Gletschermühlen** nicht fehlen. Im Zentrum der sich bald häufenden mysteriösen Geschehnisse steht mit Mafalda Giovanoli eine extravagante bündner-italienische Schriftstellerin aus Bivio (► Surses). Was für eine Ironie: Während Mafalda streng über den korrekten Gebrauch der italienischen Sprache wacht und insbesondere die ihr verhassten Anglizismen vermeidet, verleiht ihr die Autorin unverkennbar Züge von Agatha Christies Miss Marple. Als Autorin emotionsgeladener Liebesromane kann Salatinos Ermittlerin sich auf ihr Einfühlungsvermögen und ihre Neugierde verlassen, aber natürlich verfügt sie auch über den branchenüblichen scharfen Verstand. Und da es sich um einen Schriftsteller:innenkongress handelt, erstaunt es nicht weiter, dass sich die entscheidende Spur zur Aufklärung der Verbrechen im Romanentwurf eines der Opfer findet.

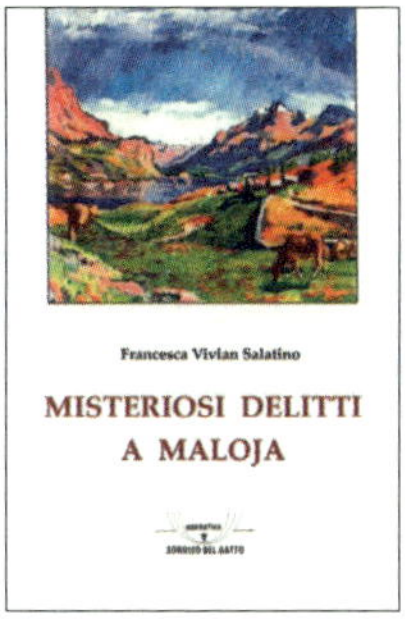

Apokalypse am Bergsee

Das imposante **Palace-Hotel** von **Maloja** hat Hans Peter Gansner bereits im Jahr 2002 zu einer Folge seiner Bündner Dialektkrimis inspiriert, die er über Jahre für die Mundartsendung Schnabelweid verfasste. In *Tod à la carte*[53] nimmt der in Chur aufgewachsene Autor die bewegte Gründungsgeschichte des Hotels durch den belgischen Grafen de Renesse zum Anlass, über Alternativen in der Entwicklung des Tourismus zu fabulieren. Zielte der historische Graf mit seinen Bauten auf die allerhöchste Aristokratie, verwandelt Gansner das Unternehmen in eine soziale «Alpenutopie»: Die Eröffnung des Grandhotels wird bei ihm – die Ausgabe günstiger Kleinaktien macht es möglich – von einer bunt zusammengesetzten und sozial durchmischten Gästeschar gefeiert. Gräfin und Bäuerin sitzen einträchtig beieinander und speisen Gamspfeffer an einer dicken Pilzsauce, vom Küchenchef François Brütsch exquisit gekocht – ausser, na ja: ausser, dass unter die Steinpilze eben auch giftige Knollenblätterpilze gemischt wurden. So beginnt Schlag Mitternacht das grosse Kotzen und Sterben, das Gansner wortgewaltig schildert. Es ist zugleich das schaurig-schreckliche Ende des Grandhotels als Volksprojekt. Der Bau wird verlassen und fällt dem Vergessen anheim: «Dia Kolossalsüüla in dr marmorna Igangshalla sind stumpf worda, im Salon-des-dames glöcklan jetz d'Geissa umma, in da Billardtisch nischten d'Bergdohla.» Mit dieser Schilderung hält Gansners Erzählung einen Moment lang die Mitte zwischen Apokalypse und Naturvision. Der Graf (der bei Gansner ein Lord ist) wird wahnsinnig und schreibt im Irrenhaus einen Roman über Jesus. Nur einem geht es prächtig: dem schäbigen Touristenabzocker Georg Jäggi. Der Wirt der Alpenrose hatte von Anfang an auf das Geld derjenigen gesetzt, die sich die Berge und den See leisten können.

Ausgerechnet hier!

Noch weiter zurück geht ein anderer Krimi, der in **Maloja und Umgebung** spielt. Geschrieben hat ihn der Wiesbadener Rolf Biebricher (1931–1997), ein Krimiautor alter Schule. In den 1950er- und 1960er-Jahren war er mit einer langen Reihe von Kriminalhörspielen

53 Gansners Dialektkrimis sind nur als Radiofassungen zugänglich: www.srf.ch/audio/dini-mundart-schnabelweid/tod-a-la-carte-alpakrimi-von-hans-peter-gansner-nr-2?id=12015441, 24. 2. 2023.

und Krimistücken für die Bühne hervorgetreten. 1963 erschien mit *Mord! Schauplatz Zürich* sein Romandebüt. Ebenfalls wieder in der Schweiz siedelt er 1988 auch seinen letzten Kriminalroman *Ein Schloss in Graubünden* an. Das besagte Schloss liegt «im italienischsprachigen Teil von Graubünden» (59), im Passgebiet um Maloja im fiktiven Ciapigna. Die Gegend war dem Autor wahrscheinlich als Feriendomizil bekannt. Während die Thematik des zurückgezogen lebenden, zunehmend schrullig erscheinenden Autors eine biografische Deutung zumindest nahelegt – im Roman ist die Rede vom «Deutschen, den die Leute von Ciapigna den Scrittore nannten» (32) –, ist die Handlung ganz im Stil der britischen Unterhaltungskrimis der 1960er-Jahre gehalten. Der englische Major Norman Philips erschiesst im Nordirland-Einsatz aus einem Reflex heraus einen irischen Jungen, der keine Waffe trägt. Indem Philips die Sache öffentlich macht, gerät er zwischen Stuhl und Bank: Nimmt man ihm in England seine selbstkritische Haltung übel, welche die Armee in ein schiefes Licht rückt, so sinnt der Bruder des Getöteten, Mitglied der irischen Untergrundarmee IRA, auf Rache. Bis Gras über die Sache gewachsen ist, sucht der Major nun also Zuflucht im Bergell. Der Autor, der wohl selbst gemerkt hat, dass die Verortung etwas zufällig wirkt, lässt es eine seiner Figuren selbstironisch aussprechen: «Da kommt ein Ire aus Ulster, um einen britischen Major umzubringen – ausgerechnet hier! Ciapigna! Das ist doch grotesk! Das ist – als hätte unser Scrittore eine Geschichte geschrieben.» (127)

Allerdings fügt Biebricher mit der naiven und höchst attraktiven Dorfschönheit Irma Pampalucci auch eine Nebenfigur ein, die ihm Gelegenheit gibt, die Region und ihre Bewohner:innen teils realistisch zu beschreiben, teils als provinziell zu karikieren. «Um in der Papeterie Zwicky in St. Moritz Geschenke zu verpacken, reichte ihr Intelligenzquotient» (30), heisst es von der jungen Frau. Sie lässt sich von den «Gebirgsfüsiliere[n], die in der Umgebung von Maloja und Ciapigna ihren Widerholungskurs absolvierten» (32), dazu verführen, sich in der Dorfkneipe auszuziehen. Als Irma ermordet wird, fällt der Verdacht zuerst auf ihren Vater, einen in seiner Ehre verletzten alten Bergeller Bauern – allerdings zu Unrecht. Dass Biebricher sein Publikum nicht im

Bergell oder unter den Oberengadiner:innen suchte, zeigen Szenen wie die folgende, in der er sich über das Deutsch der Einheimischen lustig macht (in der zitierten Szene ist es eine Serviertochter in einem Restaurant in St. Moritz): «Das Mädchen trat an den Tisch, schaute auf die kaum berührten Teller und stellte die übliche Frage: ‹Sind Sie serviert?› ‹Ja, danke.› Eigentlich wollte er hinzufügen: Ich bin sogar bedient, aber soviel feinsinniger Humor wäre sicher am falschen Objekt verschwendet gewesen.» (90)

Halsbrecherische Passfahrten

Hinter **Maloja** führt die Passstrasse im Zickzack nach **Casaccia** und ins Tal der Maira hinab. Ernst Bloch hat die Dramatik des Falls 1934 eindrücklich festgehalten: «Diese Abfahrt nach Italien dürfte die jäheste, dabei die fühlbarste und lebendigste sein.»[54] Die halsbrecherischen Kurven von Maloja ins Südtal hinunter haben natürlich auch Krimiautor:innen fasziniert. Hartmut Nikolay, deutscher Arzt, der sich nach einem humanitären Einsatz in Sarajewo in der Schweiz niederliess, hat seine Erfahrungen im Jugoslawienkrieg in einem Engadinkrimi verarbeitet (▸ auch Surses). Ein «mysteriöser Unfall» am **Malojapass** bringt in *Alpträume im Graubünden* (2009) die Ermittlungen ins Rollen. Dr. Matt «hatte Maloja hinter sich gelassen, als ein erstes Warndreieck und kurz darauf ein zweites ihn zum Abbremsen zwangen. Zivilisten fuchtelten aufgeregt mit Taschenlampen herum.» (10) Das Bild, das sich ihm bietet, ist verwirrend: Ein Wagen, dessen Bremsen offenbar manipuliert waren, hatte kurz vor der Kurve plötzlich und ohne ersichtlichen Grund abgedreht und die Strassenbefestigung durchbrochen – dabei hätte der Fahrer sein Leben retten können, wenn er geradeaus gefahren wäre, da «im Scheitelpunkt dieser Kurve ein Weg einmündet, der hoch zum Leij da Cavloc führt» (13; im Bergeller Dialekt **Lägh da Cavloc**). Der Versuch, das Rätsel zu lösen, führt Dr. Matt von Maloja in eine St. Moritzer Schönheitsklinik. Dort erwarten ihn alte Bekannte und unangenehme Erinnerungen aus seiner Zeit im Jugoslawienkrieg.

Daniel Badraun setzt seinen chaotischen Ermittler Claudio Mettler beim Parkplatz in Maloja aufs Rad und lässt ihn die Passstrasse hinunterrasen. Dass das nicht gut gehen kann, hat schon die analoge

---

54 Bloch 1977, 98.

Kriminell schnell: mit dem Fahrrad von Maloja nach Casaccia.

Situation am Berninapass (▸ Puschlav) gezeigt. Aber der Reihe nach: In *Hundsvieh* (2013) nimmt Mettler eine Aufsichtsstelle beim Churer Kunstmuseum an (▸ Chur), und schon am nächsten Tag wird Alberto Giacomettis Skulptur *Le chien* gestohlen. Um seine Unschuld zu beweisen, macht sich Mettler selber auf die Suche nach dem «Köter von Alberto». Die Spur führt von Chur in Giacomettis Heimattal, das Bergell. Unglücklicherweise stranden Mettler und der Kunsthausdirektor ohne Fahrzeug in **Maloja** – bis Mettler auf dem Parkplatz ein Mountainbike entdeckt.

Aus Sicht des tollkühnen Fahrers stellt sich die Schussfahrt so dar: «Der Fahrtwind zerrt an meinen Haaren, mir wird erst jetzt bewusst, dass ich keinen Helm trage. Die erste Kurve schaffe ich knapp. […] Nun wird die Fahrt immer schneller, ich schätze, dass ich schon mit über fünfzig Stundenkilometern unterwegs bin. Vorne kommt die zweite Kurve in Sicht, es ist eine Haarnadelkurve.» An dieser Stelle realisiert Mettler, dass seinem Rad die Bremsen fehlen. Der Unglücksrabe hebt ab und seine Fahrt endet krachend in einer vorübergehenden Umnachtung. Immerhin wacht Mettler noch rechtzeitig auf, um beim letzten Stelldichein der Kunstdiebe in **Soglio** mit dabei zu sein.

La Motta Mägra

Der ehemalige Silser Gemeindepräsident und pensionierte Veterinär Attilio Bivetti hat seine Kindheit im Bergeller Dorf **Vicosoprano** verbracht. Die Primarschule besuchte er in Samedan, sodass Puter, das romanische Idiom des Oberengadins, zur Sprache des Krimischriftstellers Bivetti geworden ist (▸ Oberengadin). Es verwundert vor diesem Hintergrund nicht, dass der Autor immer wieder auch das Bergell zum Schauplatz seiner Krimigeschichten um die Spürnase Nuot Nes macht. In der Erzählung «A l'americauna» (in *Nuot Nes*, 2014) beschreibt Bivetti zunächst Bregaglia Hills, den kalifornischen Fun-Park eines Bergeller Auswanderers, der seine alte Heimat am liebsten ebenfalls in ein Disneyland verwandeln möchte. In klarem Kontrast dazu wohnt das alteingesessene Geschwisterpaar der Spärgnatüts noch immer auf seinem angestammten Anwesen im Tal. «Die Motta Mägra befindet sich auf einer Anhöhe und ist heute von einem dichten Laubwald umgeben. Vor fünfzig Jahren gab es hier bewirtschaftete Wiesen, und im Wald finden sich noch immer die Reste der Trockenmauern. Dank ihnen und dank der Arbeit von Schaufel und Pickel wurden mit der Anstrengung von Generationen die Terrassen geschaffen, welche die Wiesen weniger steil machten. Heute wird nur noch gemäht, was mit der Maschine bewirtschaftet werden kann.»[55]

Bivettis Blick liest hier die Landschaft weder touristisch noch mit dem literarischen Anspruch, die Dinge neu und unverbraucht zu sehen. Vielmehr übt er sich im praktischen Blick eines traditionsverbundenen Einheimischen, der die Spuren vergangener Arbeit in der Landschaft

55 «La Motta Mägra es situeda sün ün muot, hoz circundo dad ün god spess da bos-cha da föglia. Avaunt tschinquaunta ans eiran cò pros cultivos, e ad ir tres il god as vezza auncha ils rests dals mürs sechs. Grazcha a quels e grazcha a la lavur cun pela e zappun as vaiva construieu culs sforzs da generaziuns las terrazzas chi rendaivan ils pros main stips. Hoz vain sgio be pü que chi po gnir cultivo cun maschinas. Il scrivaunt vess vis gugent la Bregaglia dal 1870, cur cha gnivan auncha cultivos tuot ils *munts*.» (107 f.)

ebenso würdigt, wie er sich in der modernen Bearbeitung des Landes auskennt. Wenn zunächst ein Anflug von Nostalgie mitzuschwingen scheint, ruft sich der Autor sogleich zur Räson: «[D]as ist der Lauf der Zeit.»[56] Allerdings steht diese Gelassenheit im Widerspruch zur Kriminalgeschichte, die Bivetti erzählt, denn die beiden Geschwister werden eines Tages auf Motta Mägra brutal ermordet. Haben die neue Zeit und die Amerika-Connection etwas damit zu tun? Das herauszufinden braucht es die beiden Superdetektive Nuot Nes und seinen immer hungrigen Begleiter Marco Mangiù aus dem Puschlav.

Die Mutter in Soglio

«Der Kriminalroman hat seine Normen; sie überbieten zu wollen heisst zugleich, hinter ihnen zurückzubleiben» (1998, 209), warnte der bulgarisch-französische Literaturtheoretiker Tzvetan Todorov. Schon Dürrenmatt hat gezeigt, dass ein Verstoss gegen die eingespielten Regeln auch heissen kann, die Regeln zu modifizieren und das Genre aufnahmefähig für neue Spielarten zu machen. Er trat mit *Das Versprechen* zu einem Krimi an, bloss um ihn dann demonstrativ aus dem Ruder laufen zu lassen, indem er dem Zufall Eingang ins Regelwerk verschaffte. Im Jahr 2000 setzt der Aargauer Autor und Lehrer Markus Moor mit seinem Bergeller Roman *Notizen über einen beiläufigen Mord* ebenfalls zu einer Überbietung des Kriminalromans an. Sein Buch spielt in **Soglio**, wo der Autor ausführlich recherchiert hat, und ist ein widerborstiges, ein faszinierendes, ein hinterhältiges Stück Literatur.

Der Mörder ist ein Mann, der an seiner Beziehungsunfähigkeit scheitert. Nach dieser Vorwegnahme im eröffnenden Tagebuch des Täters beginnt der Krimiplot scheinbar konventionell. Eine Frau wurde erstochen. Der Zürcher Kommissar Hans Marugg inspiziert den Tatort. Doch dann kommt der Krimimotor bereits ins Stottern, denn das Opfer erinnert den Fahnder an jene erste Liebe in seinem Leben, die ihn aus dem heimatlichen Bergell vertrieben hat. Die junge Anna kam wegen der

56 «A guarder objectivmaing nun es que üna catastrofa, na, que es l'ir dal temp.» (108)

Krankheit von Maruggs Mutter in den ärmlichen Bäckerhaushalt und leitete das erotische Erwachen des Burschen ein. Sie wurde die zweite Ehefrau seines ihm zeitlebens fremd gebliebenen Vaters. In immer zwingender auftretenden Episoden des Erinnerns von Verdrängtem rückt die Aufklärung des Falls völlig in den Hintergrund, bis dem Kommissar klar wird: «Er selber ist der Fall.» (130)

Es gibt tatsächlich einen guten Grund dafür, dass Moors Geschichte weder nach dem gängigen Muster des Kriminalromans noch nach dem Vorbild des Heimatromans erzählt werden kann und sich stattdessen literarisch verselbständigt: das Vergessen, aus dem sich der Protagonist langsam herausarbeitet, ist zugleich die Sprachlosigkeit einer ganzen sozialen Gruppe. Hans/Gian Marugg beginnt zu verstehen: «vom Leben einfacher Leute [wird] nicht erzählt, weil das, was sie erschaffen, das Nötige war und somit vergänglich» (107). So stiessen schon die Fragen nach Herkunft und Familie bei Maruggs Mutter auf Unverständnis: «Seine Fragen müssen in ihren Ohren exotisch geklungen haben, etwa so, als wolle er eine knifflige Sache über ein fremdes Land wissen» (103). Demgegenüber ist die Geschichte derer von Salis-Soglio vielfach überliefert und ihre Erinnerung auf dem **Friedhof von Soglio** «in Säulen und Steinmetzarbeiten» (105) festgehalten. Ein Leben wie das von Marugg verweigert sich hingegen den gängigen Erzählmustern, weil seine Geschichte überall auf Schweigen und Tabus stösst.

Misox und Calancatal: Im Windschatten des Tessins

Der Regionalkrimi als Geschäftsmodell führt dazu, dass Autor:innen vermehrt auch Ferienregionen bespielen. Gibt es dazu in der Val Calanca erste Ansätze, so ist die Entwicklung im Tessin bereits viel weiter gediehen. Der benachbarte Ticino hat aber auch eine äusserst lebendige und vielseitige italienischsprachige Krimiszene.

Ein Debüt im Calancatal

Auf den ersten Blick sind Krimis im **Misox** und im **Calancatal** Mangelware. Gerry Mottis' *Terra bruciata. Le streghe, il boia e il diavolo. Romanzo storico* (2017, deutsch *Hexensabbat im Misox*, 2020) ändert daran zunächst wenig. Der Roman des aus **Lostallo** gebürtigen Autors verfolgt die Karriere eines Misoxer Scharfrichters. Die eingeschobenen Passagen der damaligen Justizpraxis – das Misox erlebte im 17. Jahrhundert mehrere Hexenprozesse – machen hinreichend deutlich, dass es hier um Geständniszwang geht und nicht um moderne Verbrechensermittlung.

Einen klassischen Regionalkrimi – allerdings auf Deutsch – gibt es hingegen fürs **Calancatal**. Geschrieben hat ihn die Zürcher Primar- und Sprachlehrerin Tina Schmid. Ausgangspunkt von *Val Calanca* (2021) ist ein bunter Gegenstand mit dem Aufdruck «I love Mama», der in der **Calancasca** treibt: «Was hatte ein Schnuller in einem Bergfluss zu suchen?», fragt sich Feriengast Lea Odermatt alarmiert, die sich gerade mit dem Kinderwunsch ihres Freundes auseinandersetzt. Wenig später wird Flurin Albertini, Ermittler der Kantonspolizei aus Chur und seit wenigen Wochen selbst Vater, ins Calancatal beordert; denn nun ist dort tatsächlich ein toter Säugling gefunden worden. Das Geheimnis des toten Kinds bringt eine Vielzahl von Geschichten ans Licht – etwa die Tragödie von Leas Nachbarin im Tal, deren Schwangerschaft Ende der 1950er-Jahre geheim gehalten wurde, um das Neugeborene zur Adoption freizugeben; oder die Geschäftspraktiken des Weinhändlers und Zuhälters Patrizio Bianchi; und nicht zuletzt die Odyssee der Teenagerin Lara Sulzbach aus Aarau, die schwanger wird und von zu Hause ausreisst. Die Spuren führen in ein Ferienhaus in **Cauco**, zu einer Waldhütte bei **Landarenca** und nach **Roveredo**.

Von der Region Moesano ins Krimiland Ticino

Auch wenn das Misox und die Val Calanca bisher noch kaum Krimis inspiriert haben, sollte man daraus keine voreiligen Schlüsse ziehen. Die kleine italienischsprachige Bündner Region ist geografisch, wirtschaftlich und kulturell eng mit dem Nachbarkanton Tessin verknüpft. Zieht man das in Betracht, ändert sich das Bild. Im Ticino hat sich nach 2000 mit Autor:innen wie Andrea Bertagni, Andrea Fazioli, Elda Pianezzi, Mirko Stoppa oder Manuela Mazzi eine dichte und äusserst lebendige italienischsprachige Krimiszene entwickelt. Viele dieser Autor:innen verbinden das Verfassen von Kriminalromanen mit journalistischen Berufen.

Dass mit Tina Schmid eine Zürcher Autorin das Calancatal auf Deutsch bespielt, hat nicht zuletzt mit dem verlegerischen Geschäftsmodell der Krimiverlage zu tun, die für möglichst viele Regionen Krimis anbieten wollen. Dazu kommt: Die grösseren Städte sind ein hartes Pflaster für Neueinsteiger:innen – einfach deshalb, weil es dort schon sehr viele Krimiautor:innen gibt. Da kann es sich lohnen, auf den langjährigen Ferienort auszuweichen und dort eine Region als Erste oder als Erster zu bespielen. Solche Überlegungen fallen noch viel stärker ins Gewicht, wenn es sich um beliebte Ferienregionen wie das Tessin handelt. Die grossen Krimiverlage haben dort allesamt etwas auf Deutsch anzubieten: Während für den Gmeiner Verlag Annemarie Regez kürzlich *Die Lago Maggiore Morde* (2023) verfasste, konnte Emons für 2024 *Mord am Lago Maggiore* von Alexandra Holenstein ankündigen. Während Michael Moritz seinen Tessinkrimi bei Emons *Tessiner Abgrund* (2015) nannte, startete Sandra Hughes bei Kampa ihre Tessiner Serie mit dem Titel *Tessiner Verwicklungen* (2020).

Am Hinterrhein

Rheinwald und Rofflaschlucht: Gegen den Strom

Zwar gibt es in Splügen eine erste kriminalistische Spur, aber das Rheinwald hat bisher keine Krimiautor:innen angezogen. Von der Rofflaschlucht nimmt ein erster mysteriöser Fall seinen Ausgang, der Anlass zu Diskussionen um den Realitätsgehalt des Regionalkrimis geboten hat.

Auftakt in Splügen oder Weit weg von Chur

Die erste Krimispur am Hinterrhein findet sich in **Splügen**: «Am Nachmittag standen Hostetter und Rauch auf dem Safierberg in fast zweieinhalbtausend Metern Höhe. Vor ihnen fiel das Gelände steil ins Hinterrheintal ab.» (134) Es ist das Jahr 1821 und die beiden Landjäger aus Chur sehen den mutmasslichen Mörder als kleinen Punkt vor sich. In halsbrecherischem Galopp jagen sie den steilen Bergweg hinunter und können den Mann gerade noch verhaften, bevor er das Dorf erreicht. «Sie schnürten ihm die Hände zusammen und banden den Strick an Rauchs Sattel fest. [...] So ritten sie das letzte Stück ins Dorf Splügen hinein. Leute schauten aus den Häusern, kamen heraus, kamen hinter den Häusern und Ställen hervor, verwundert, neugierig, und versammelten sich auf dem Dorfplatz.» (139)

Splügen ist der äusserste Punkt, weit weg von Chur, den die Verfolger in Silvio Huonders historischem Roman *Die Dunkelheit in den Bergen* (2012) bei der Verfolgung des mutmasslichen Bonaduzer Mörders erreichen (▸ Chur, ▸ Vorderrhein). Damit liegt er in einer Distanz, wo der Einfluss des Zentrums bedenklich zu schwinden beginnt. Landammann Weisstanner lässt denn auch keinen Zweifel daran aufkommen, dass die Splügner «in ihrer Gerichtsgemeinde selber für Ordnung sorgen können» (141). So bleibt den Churer Polizisten nichts anderes übrig, als sich kleinlaut und klammheimlich aus dem Rheinwald davonzuschleichen.

Der politische und behördliche Einfluss von Chur auf die Regionen bleibt auch für die Gegenwart ein oft angesprochenes, weil von Empfindlichkeiten besetztes Thema im Bündner Krimi. Zweihundert Jahre nach Hostetter und Rauch bekommt der Engadiner Dorfpolizist Huber die Spannungen zwischen Zentrum und Region noch immer schmerzhaft zu spüren, etwa wenn er die Impfdirektiven aus der Hauptstadt durchsetzen muss. Autor Daniel Badraun hält am Ende von *Tod im Engadin* (2021) fest: «Für die Themen in diesem Buch danke ich all jenen, die mit ihrem Mut, ihrer Liebe zu den Tieren und ihrer Geradlinigkeit den Beamten in der fernen Hauptstadt die Stirne boten.» (▸ Oberengadin)

Ein ‹locked-room mystery› in der Rofflaschlucht

Zwischen **Splügen** und **Andeer** führt der Weitwanderweg Via Spluga durch die eindrückliche **Rofflaschlucht**. Das gleichnamige Gasthaus liegt nicht nur landschaftlich exponiert, sondern es hat auch seine eigene und eigenartige Geschichte zu erzählen: Der ehemalige Wirt Christian Pitschen-Melchior wanderte mit seiner Familie nach Amerika aus, weil die Gotthardbahn den Transitverkehr aus der Gegend abzog und damit einen rentablen Betrieb des Gasthofs verunmöglichte. In Amerika lernte Pitschen eine andere Form des Reisens kennen: nämlich das Sightseeing der Touristen, welche die Niagarafälle besuchten. Da habe sich der Bündner an die Rofflaschucht zu Hause erinnert gefühlt und sei zurückgekehrt, erzählt man im Gasthaus.[57]

So wurde in den Jahren vor dem Ersten Weltkrieg eine neue Bündner Touristenattraktion in den Fels gesprengt: eine Fussgängergalerie zum Hinterrhein-Wasserfall direkt beim Gasthaus. An diesem besonderen Ort wartet Philip Gurt in *Bündner Alptraum* (2020) gleich mit zwei Leichen auf. Die erste Tote findet sich erhängt im Hotelzimmer. Es handelt sich um Bettina Stenlizer aus Berlin, die sich vermeintlich in Sicherheit gebracht hatte, nachdem sie auf der **Alp Nurdagn** (am **Schamserberg**) nur knapp dem Tod entronnen war. Als zweite Leiche wird der Alpmeister von Nurdagn vom Hinterrhein angeschwemmt. Giulia de Medici leistet einiges an Aufklärungsarbeit, um für die grotesk und archaisch anmutenden Verbrechen eine rationale Erklärung zu finden. Dafür muss sie sich ins Sektenmilieu begeben, Geschlechts-

---

57 www.rofflaschlucht.ch/geschichte.html, 11. 1. 2024. «Die Geschichte vom Wasserfall» erzählt auch das gleichnamige Bilderbuch von Margret Rettich.

umwandlungen in Betracht ziehen und die Wirklichkeit als Teil eines Dorftheaters erkennen.

Eine besondere Herausforderung für eine rationale Argumentation stellt – zumindest auf den ersten Blick – der Mord an Bettina Stenlizer dar. Das Fenster im Gasthaus geht auf die Schlucht hinaus, und es ist von aussen nicht zugänglich. Die Tür ist von innen verschlossen und doch hat sich Bettina nicht selbst umgebracht. Dies sind alle nötigen Zutaten für ein sogenanntes ‹locked-room mystery› – ein Motiv, das die Krimiliteratur seit ihren Anfängen begleitet und das eine Art Ritterschlag für den Autor darstellt, weil er damit die Fähigkeit unter Beweis stellt, seine Leser:innen durch scharfsinnig konzipierte Fälle zu düpieren. Beim amerikanischen Krimipionier Edgar Allan Poe erwies sich ein Orang Utan als Lösung des Rätsels ums verschlossene Zimmer. Er hatte sich durch das nach menschlichem Dafürhalten unzugängliche Fenster hereingeschwungen. Gurt benötigt für die Auflösung bloss ein exaktes Timing zwischen der Tat und ihrer Entdeckung. Aber während die Auflösung des Mordes im verschlossenen Raum für den Autor keine Schwierigkeit darstellt, ist es pikanterweise der zweite, scheinbar problemlose Todesfall, der zur Knacknuss wird.

Gegen den Strom

Beim Tod des Alpmeisters Duschletta handelt es sich um Suizid. Allerdings spielt die ausgesprochene Vorliebe für landschaftlich und geschichtlich prominente Orte Autor Gurt in diesem Fall einen Streich – zumindest, wenn man von jener geografischen Nachprüfbarkeit ausgeht, welche die Leser:innen von Regionalkrimis oftmals einfordern. Duschletta hat sich offenbar von der (ihrerseits unbedingt sehenswerten) **Kirche Casti** hoch über dem Hinterrhein in den Tod gestürzt – und der Fluss[58] hat ihn bis zum **Wasserfall** in der Rofflaschlucht getragen, wo seine Leiche bei den Touristen auch ganz schön was hermacht: «Das Licht war stark gedämpft, der Lärm des tosenden Wassers verschluckte alles. Hier stand eine Handvoll gestikulierender Touristen und versperrte den schmalen Steg.» (241 f.) Kein Wunder, denn «[n]ur wenige Meter unter ihnen, an einer dunklen Stelle, die die Sonne wahrscheinlich niemals beschien, lag eine männliche Wasserleiche […] zwischen

58 Der Fundogn-Bach mündet unterhalb von Casti in den Hinterrhein.

Schauerlich genug: die Rofflaschlucht wird zum Krimischauplatz.

zwei Felsen eingeklemmt. Ihr Gesicht […] liess Giulia erschaudern: Es war das von Duschletta […].» Dabei bleibt allerdings ein Rätsel ungelöst: Die Leiche des Selbstmörders muss zwischen den beiden pittoresken Orten am Hinterrhein eine Strecke von zugegeben nur wenigen Kilometern zurückgelegt haben – allerdings gegen den Strom.

Gurts *Bündner Alptraum* ist ein Beispiel dafür, wie der authentische Realismus[59] des Krimis ortskundige Leser:innen herausfordert, die geschilderten Details auf ihre Triftigkeit zu überprüfen. In der lokalen Presse wurde dem Autor ein falscher Gebrauch der Ortsnamen ebenso vorgeworfen (romanisch-deutsch gemischt «Val Schams» statt «Val Schons») wie der Gebrauch eines falschen Romanisch (Bauer Duschletta grüsst mit Engadiner-romanischem «Allegra») oder auch der Umstand, dass der alte Bauer vom Schamserberg bei Gurt als privater Besitzer der Alp Nurdagn auftritt, während die Alp in Wirklichkeit – so ein besonders akribischer Kommentator – der Alpkorporation Schamserberg gehöre.[60]

---

59 Vgl. dazu die Ausführungen in Teil 3.

60 *Bündner Tagblatt* und *Südostschweiz* vom 11. 4. 2020 und vom 21. 4. 2020.

Region Viamala:
Archaische Stätten, alltägliche Orte

Es ist kein Zufall, wenn das Spiel mit archaischen Elementen im Krimi der Region Viamala präsent ist. Mit Carschenna und der Kulthöhle Zillis finden sich hier archäologische Stätten, welche die Fantasie anregen. In Andeer und Thusis erhält auch der fein beobachtete Alltag in der Region seine Krimibühne.

Andeerer Wunschtraum

Um den Zentrumsort **Andeer** kommt kein Schamser Kriminalroman herum. Dabei lockt besonders das 1982 neu erbaute Heilbad. «Bei dem Wetter wäre das bestimmt auch was für Sie. Wir haben warmes Mineralwasser, eine Sauna und was das Herz sonst alles begehrt» (149), wird Philipp Gurts Polizistin de Medici bezirzt. Dagegen setzt der Ermittler in Robert Vielis *Wer war Nicolin Camara?* (2015) seine Erwartungen nicht sonderlich hoch an: «Dass die Quelle von Andeer nur mit achtzehn Grad dem Boden entsprudelte und künstlich aufgeheizt werden musste, war ihm egal.» (12)

Pflegt der neuere Regionalkrimi, wie er seit den 2010er-Jahren in Graubünden boomt, durch seine pittoreske Wahl der Schauplätze und seine Attraktivität für Feriengäste zumeist ein symbiotisches Verhältnis mit dem Tourismus, ist das bei Robert Vieli anders: Der pensionierte Arzt aus Chur machte in den 1990er-Jahren als erster Bündner Autor durch eine kontinuierliche Krimiproduktion auf sich aufmerksam. Den Kriminalroman versteht er dabei stets auch als ein Stück streitbare Gegenöffentlichkeit, und in Graubünden heisst der Elefant im Raum,

über den kein Politiker gern kritisch spricht: Tourismusfinanzierung. Von Vielis tief sitzender Skepsis gegenüber der Bündner Tourismuslobby zeugt am deutlichsten sein letzter Krimi, *Der Schreibtischtäter* (2017), aber auch *Wer war Nicolin Camara?*, der Andeerer Fall für Kommissar Fürbass, ist ein makabrer Tanz um fehlgeleitete Investitionen und touristische Wunschträume: Aus Mallorca treffen Rechtshilfegesuche einer Bank in **Andeer** ein, welche auf Sachwerte des hoch verschuldeten Nicolin Camara zugreifen möchte, zuletzt wohnhaft in Andeer. Nur zögerlich wird Kommissar Jonas Fürbass aktiv, aber nach und nach fördern die Nachforschungen ein schillerndes Bild des Toten zutage: Der Rückkehrer Nicolin Camara versprach, aus dem beschaulichen Dorf einen Weltkurort zu machen. Und während sein Geld dahinschmolz, brachte ein touristisch attraktives Grundstück auf Mallorca Mord und Intrige nach Andeer.

Ein Dorf ermittelt …

2021 hat auch Rita Juon dem Dorf mit seinen knapp 1000 Einwohner:innen einen ganzen Krimi gewidmet: *Tod in Andeer* (2021). Idylle und Verbrechen liegen eng beieinander, wenn es von der Schlüsselfigur Marlene heisst: «Sie hatte im Schams ihr Paradies gefunden, sie fühlte sich im von hohen Bergen umgebenen Talkessel geborgen wie ein kleiner Schwan unter dem Flügel seiner Mutter. Ihr Glück wäre vollkommen, dachte Marlene frustriert, wenn Roos von einem Traktor überfahren, in der Rofflaschlucht den Wasserfall hinunterstürzen, im nahen Steinbruch von einem Granitbrocken erschlagen, auf welche Art auch immer vom Teufel geholt würde.» (16) Als Marlenes böser Wunsch in Erfüllung geht, wird die Sache allerdings zum Problem.

Zwei Jungen entdecken beim Spielen im Hinterrhein eine Tasche voller Geld. Schon allein dies verursacht einigen Wirbel im beschaulichen Andeer, aber einige Tage später findet Annetta Baselgia unter der **Hängebrücke** beim **Steinbruch** die dazugehörige Leiche. Die Tote hiess Roos van Rensburg und stammte aus Südafrika. Neben der Polizei sind es Annetta Baselgia, ihr Enkel Beni und zahlreiche andere Dorfbewohner:innen, die nach und nach Beobachtungen, Gerüchte und Informationen zusammentragen. Umschlagplatz dieser Spuren ist allerdings weniger der Polizeiposten als vielmehr der Stammtisch im **Restaurant Weisses Kreuz**. Gleichzeitig gelangt in Südafrika Stück um Stück eine Erpressungsaffäre an den Tag: Touristen wurden unter Druck gesetzt mit ihren kleinen schmutzigen Geheimnissen, welche in den Ferien hätten zurückbleiben sollen. Was jedoch Marlenes Geschichte damit zu tun hat, das muss in einer langwierigen Puzzlearbeit Stück um Stück zusammengetragen werden.

Archaisches aus der Region Viamala

Ähnlich wie Philipp Gurt hat auch Uli Paulus, Kreativberater, Spieleerfinder und Krimiautor aus Nürnberg, eine Schwäche für landschaftlich oder geschichtlich prominente Orte. Die Polizistin Sabine Lindemann in Paulus' 2012 erschienenem Krimidebüt *Schattengott* wirkt denn auch in vielem wie eine Vorwegnahme von Gurts Giulia de Medici: Lindemann liebt die Berge, ist äusserst attraktiv und fährt schnell Auto. Am Schamserberg, im Dorf **Donat**, hat ihr eine Tante ein Haus vererbt. Die Polizistin mit deutschen Wurzeln nimmt das als Wink des Schicksals und zieht in die Berge. Doch statt Ruhe und Zurückgezogenheit erwartet sie dort ein besonders kniffliger Krimialfall. Immer wieder verschwinden nämlich Frauen aus der Region, und die Spur führt zu den alten Kultplätzen, die in dieser Region besonders häufig sind: nach **Carschenna**, **Hohen Rätien** und zur **Zilliser Kulthöhle**. Zu spät erkennt die Ermittlerin, dass sie selbst ins Opferschema einer Täterschaft passt, die offenbar archaische Opferrituale nachstellt. Für das Finale geben die **Viamalaschlucht** und die alten Silberminen auf der **Alp Taspegn** (unterhalb des Piz Curvér) die geeignete Drohkulisse ab.

Archaik hatte in etwas anderer Konstellation auch schon John Knittel (1891–1970) in der **Viamalaschlucht** beschworen. Der Mann von Welt, der sich ab 1938 in Maienfeld niederliess, beschreibt in seinem zuerst auf Englisch verfassten Roman *Via Mala* von 1934 einen Sägereibesitzer, der seine Familie mit elementarer Brutalität so lange malträtiert, bis er umgebracht wird. Allerdings hat der Autor damit keinen Kriminalroman im Sinn. Was ihn nach dem vertuschten Vatermord vor allem interessiert, ist vielmehr, wie der Fluch der bösen Tat die Familie weiterhin auf einen schiefen und schlechten Weg zwingt.

Thusner Lokaltermine

Am Eingang der **Viamalaschlucht** liegt mit **Thusis** ein weiterer mehrfach bespielter Krimiort. Hier hat die Zürcher Autorin Petra Ivanov bereits 2007 im Auftrag des lokalen Kulturfördervereins den Kurzkrimi *Angst, Haas und Glockenschlag* verfasst. Ivanov, deren Krimidebüt *Fremde Hände* (2005) zum Thema Frauenhandel und Prostitution

▸ Das Alltägliche, aber unheimlich: Postauto auf der Thusner Hauptstrasse.

damals noch nicht weit zurücklag, gehört heute zu den renommiertesten Schweizer Krimiautor:innen. Ihre Bücher zeichnen sich durch sorgfältige und aufwendige Recherchearbeit aus. Mit *Angst, Haas und Glockenschlag* gelang der Autorin ein nüchterner und doch inspirierender Blick auf einen Ort, der «kein idyllisches Bündner Dorf» ist, sondern ein alltägliches «Kaff», dessen Durchgangsstrasse «fast so stark befahren [war] wie in einem Zürcher Vorort» (14).

Die Zürcher Polizistin Vera Haas von der Kapo Zürich wäre lieber ans Meer gefahren als zu ihren Schwiegereltern in Thusis. Aber da es nun mal sein muss, vertreibt sie sich ihre Zeit damit, eine zurückliegende Vermisstmeldung wieder aufzugreifen: Im Sommer 2002 ist die 17-jährige Kantonsschülerin Tanja Seeholzer auf dem **Campingplatz Viamala** zum letzten Mal gesehen worden. Was ist damals passiert?

Der Kurzkrimi führt in zwölf Abschnitten an wiedererkennbare Orte in und um Thusis – zum **Hinterrhein**, ins **Café Egli** (zu Veras Erstaunen gibt es kein Café am Ort, in dem nicht geraucht wird), auf den **Campingplatz**, in die **Bankfiliale** und so fort. An jedem der bespielten Orte lag der Fortsetzungskrimi «jeweils während zweier Wochen [zur Lektüre] auf» (7). Veras Beharrlichkeit führt sie zwar schliesslich an den richtigen Ort, allerdings schnappt damit auch die Falle des Mörders zu.

Die Autorin entwickelt den Fall aus alltäglichen Orten und Gesprächen heraus und rückt damit das Potenzial des regionalen Krimis für einheimische Leser:innen ins Licht. Dass auswärtige Autor:innen Regionalkrimis für Einheimische schreiben, ist in einem Tourismuskanton wie Graubünden ziemlich aussergewöhnlich. Und Ivanov lässt ihre Polizistin dabei auch gleich noch in umstrittenen Themen herumstochern – etwa der Thusner Verkehrspolitik oder der Diskussion um mögliche neue Perspektiven für den regionalen Zentrumsort.

Das Alltägliche im Visier

Natürlich bekommt auch die Thusner Buchhandlung in Petra Ivanovs Krimi einen Auftritt. Der Buchhändler empfiehlt der Polizistin ein Buch des in Berlin lebenden Bündners Silvio Huonder – auch er mit *Die Dunkelheit in den Bergen* (2012) Autor eines Bündner Romans

mit Krimielementen. Und so kommt schliesslich einiges zusammen an kriminalistischer Kreativität, denn der Ort gehört auch zum Heimterrain von Rita Juon, die unweit von Thusis in **Masein** zu Hause ist und 2018 im **Buchladen Kunfermann** ihren ersten Krimi, *Tod am Piz Beverin*, vorgestellt hat. Das Krimidebüt zeigt die Autorin als gelehrige Leserin. Schauplatz ist das **Gasthaus Beverin** auf dem **Glaspass**, das den für Rätselkrimis typischen (relativ) abgeschlossenen Rahmen abgibt: Nachdem ein deutscher Tourist – ein unangenehmer Zeitgenosse, darin sind sich alle einig – am **Piz Beverin** abgestürzt ist, werden die Gäste des Berghauses und die Einheimischen in **Ausserglas** plötzlich zu Tatverdächtigen.

Schon in diesem ersten Roman fällt auf, dass Juon – Softwareentwicklerin, Mutter zweier Kinder und auch einige Jahre in der Gemeindepolitik tätig – in dieser Region verwurzelt ist und ihre Bewohner:innen, Besucher:innen und Landschaften mit ebenso scharfsinnigem wie liebevoll-geduldigem Blick schildert. Ihr Rätselkrimi nimmt eine starke regionale Färbung an, die weder das Spektakuläre noch das Pittoreske sucht, sondern das Alltägliche und Gewöhnliche schildert.

Der Krimi als Puzzlespiel

Juons zweiter Kriminalroman, *Tod in der Viamala* (2019), handelt im Umfeld der italienischen Einwanderer-Community. Der Tod des alten Mazzotta im Altersheim **Thusis** hätte niemanden überrascht, wenn der zunehmend demente Herr nur seinen Stoffhasen so gehalten hätte wie immer … Mazzotta gehörte zu den italienischen Gastarbeitern, die in den 1970er-Jahren ins Land gerufen wurden, um den Boom des Baus von Strassen und Häusern zu bewältigen. Aber wieso war er dann plötzlich zum Immobilienchef einer erfolgreichen einheimischen Firma aufgestiegen?

Um die unbequeme Wahrheit an den Tag zu bringen, setzt die Autorin auf Puzzleteile, die von zahlreichen Ermittler:innen beigesteuert werden: da ist die geistig fitte Rösli Sjögren-Tscharner, die sich den Altersheimalltag verkürzt, indem sie sich als «Miss Marple» betätigt, und ihr Urenkel Simon, den sie für die Computerrecherchen beizieht; oder die aufmerksame Pflegerin Julia, die sich weigert, in Mazzottas Fall an einen natürlichen Tod zu glauben. Polizist Marco Buess hingegen ist für drei Monate krankgeschrieben. Das passt ins Bild, denn bei Juon tritt die Polizei zurück hinter eine Vielzahl vorwiegend regionaler Akteur:innen. Deren Ermittlungen zeigen, dass unter dem Beton und Zement der Boomjahre einige schmerzliche Geschichten begraben liegen.

Am Vorderrhein

Obere Surselva: Es beginnt mit einem Pater

Ein scharfsinniger Pater aus dem Kloster Disentis wird zu einer der ersten seriellen Ermittlerfiguren des Schweizer Regionalkrimis. Das Krimigenre wird in der Surselva vor allem auf Deutsch gepflegt. Einheimischen Autor:innen dient der Kriminal- und Spionageroman ausnahmsweise dazu, den Rahmen des Gewohnten zu verlassen.

Ein erster Fall für Pater Ambrosius

«Hei, wie ist's trotz allem jedesmal ein Genuss, ins warme Wasser zu steigen und zu baden, zu baden, dazu Zeitung zu lesen und eine Zigarette zu rauchen, dachte Gabi und blickte voller Vorfreude, bereits gänzlich nackt, die frische Unterwäsche geordnet drüben auf der uralten Kommode, zur vorsintflutlichen weissen Wanne.» (5) Das Ungetüm steht krummbeinig in Gabi Andermatts Haus in **Mompé Tujetsch**, einem kleinen Dorf etwas oberhalb von **Disentis/Mustér**, «das nicht mal für die Schalterbeamten im Luzerner Hautbahnhof ein Begriff war» (28). Doch der Badegenuss der Besitzerin in ihrem temporär von Künstlern bewohnten Bauernhaus endet fatal – mit einem Stromschlag.

Dass der Koautor[61] von *Mord in Mompé* (1987) nicht, wie auf dem Buchcover suggeriert, ein junger einheimischer Bauer namens Jon Durschei sein kann, ergibt sich schon daraus, dass die Region vor allem durch die Augen der auswärtigen Künstler wahrgenommen wird, die sich in **Mompé Tujetsch** zu einem Wohnexperiment zusammengefunden haben. Hinter dem romanischen Pseudonym verbirgt sich Orte-Verleger Werner Bucher aus Zürich, der für die Aufklärung des Falls in Anlehnung an Chestertons Father Brown auf einen Geistlichen aus dem **Kloster Disentis** zurückgreift. So schlägt 1987 die Geburtsstunde des scharfsinnigen Pater Ambrosius, der in der Folge noch in zahlreichen Regionen der Schweiz zum Einsatz kommen wird. Zugleich bedeutet der Fall in Mompé auch den Beginn der Orte-Krimireihe, die sich in der

61 Als Autor:innen des Buchs werden auf dem Umschlag «die österreichische Lyrikerin und ‹Inn›-Herausgeberin Irmgard Hierdeis und der junge Bündner Landwirt und Schriftsteller Jon Durschei» aufgeführt.

Folge für lange Jahre zur ersten Adresse für Schweizer Krimiautor:innen gemausert hat.[62]

Romanisch und Deutsch

Der Krimi ist ein modernes und urbanes Phänomen. Im ländlichen Gebiet entsprechen ihm lange Zeit als Erzählgattung wohl am ehesten das Jägerlatein und die Mutmassungen um Wildfrevel und ungereimte Vorfälle während der Jagd.[63] Das Krimigenre im engeren Sinn ist in der romanischsprachigen Surselva hingegen fast ausschliesslich auf Deutsch vertreten. Die Ausnahmen bestätigen bei genauerem Hinschauen die Regel: So hat Theo Candinas seinen kurzen und prägnanten Skandalgeschichten um *Gion Barlac* (1975) nach zwei Jahren ein Jugendheft folgen lassen, worin Barlac einen ziemlich steifen und schulmeisterlich wirkenden Auftritt als «Detektiv von Weltruhm»[64] erhält, um einer Gruppe von Sekundarschüler:innen eine Lektion in Sachen Scharfsinn zu erteilen. Der Krimi *Mysteriöser Unfall eines Politikers am WEF* (2009) desselben Autors, eine wenig elegante Abrechnung mit politischen Gegnern, ist bezeichnenderweise auf Deutsch verfasst (▸ Davos). Dann sind da die «historias criminalas», die Silvio Camenisch unter dem Titel *Da mesa stad* (1992) veröffentlicht hat. Der Autor nutzt sie als Möglichkeit, sich vom literarisch und geografisch Gewohnten zu lösen, indem Tal und Moral für einmal nicht im Zentrum stehen – stattdessen schreibt Camenisch Erzählungen à la Patricia Highsmith: interessante Täter:innenporträts, deren Verortung eher allgemein gehalten ist. Auch Flurin Spescha benützt das fiktive sursilvanische Dorf Catastra in seinem Spionagekrimi *Fieu e flomma* (1993) bloss als Ausgangspunkt –

62 Vgl. Ott 2020, 81. Für eine eingehendere Besprechung von Buchers Krimi-Erstling vgl. Teil 2.

63 Jagdfantasien aus über 200 Jahren in romanischer Sprache finden sich bei Ganzoni/Pitsch 2019.

64 «Gion Baralc, il detectiv da renum mundial» (1977, 16). 1971 hatte Candinas mit *La fuigia dil Stoffel* eine Räubergeschichte für die Jugend publiziert, die sehr viel frischer und einfallsreicher daherkommt. Der Autor geht darin frei mit den Gerüchten und Legenden um den Bündner Ein- und Ausbrecherkönig Johann Stoffel (1899–1970) um (vgl. dazu Simonett 2020). Stoffel bricht aus dem Gefängnis Sennhof in Chur aus und flüchtet im Priestergewand in die Surselva, wo er schliesslich von der Surreiner Jugend dingfest gemacht wird. 1974 produzierte Radio Rumantsch *La fuigia dil Stoffel* als Hörspiel.

Am Ursprung des Schweizer Regionalkrimis: das kleine Dorf Mompé Tujetsch.

Kindheit mit einem alkoholsüchtigen Vater und bedrückende Ehe mit einem Mann, der sich bald nur noch um die richtige Parteipolitik kümmert –, um sich abzustossen und aufzubrechen ins Engadin, nach London und schliesslich ins Krimiland USA. Nur in einem sehr weiten Sinn ein Krimi ist schliesslich *La stria da Dentervals* (2014; deutsch *Die Hexe von Dentervals*). Darin erzählt der im **Val Medel** geborene Historiker Hubert Giger in einem halb dokumentarischen Roman von einem bedrückenden Hexenprozess, der 1675 in **Disentis/Mustér** tatsächlich stattfand, nachdem auf dem Friedhof ein Grab geschändet worden war.

Ein Retrokrimi für Disentis

Im Jahr 2010 startete in und um Disentis/Mustér eine Krimiserie, die in den Folgebänden auch die Hauptstadt (▸ Chur), das Oberhalbstein (▸ Surses), das Engadin (▸ Oberengadin) und Flims (siehe unten) bespielt. Der Bündner Duri Rungger, der in Aarau wohnt und in Genf lange Jahre eine Professur für Biologie innegehabt hat, verfasst nach seiner Pensionierung Krimis, die in den 1950er-Jahren, der Zeit seiner Jugend, spielen. Das Debüt *Kein Fall in Disentis?* ist im Klosterdorf an der Route zum **Oberalp-** und **Lukmanierpass** angesiedelt.

Nach einem Troccas-Spiel in der **Ustria Cruna** wird Polizist Roc Caminada in einer stürmischen Nacht vom geistig behinderten Dumeni zur Abzweigung **Segnas** geführt. Hier liegt der Sägereibetreiber Antoni mit gespaltenem Schädel – auf dem Gesicht ein gespenstisches Grinsen. Die Ermittlungen führen Caminada in die Nachbarschaften **Acletta**, **Cuoz** und **Segnas**, und als auch noch sein Patenkind, die zwanzigjährige Julia, verschwindet, zusätzlich in die **Medelser Schlucht**. Zwar kommt Caminada nach und nach verschiedenen Affären um uneheliche Kinder und aussereheliche Liebschaften auf die Spur, doch treibt er damit die Beteiligten, ohne es zu wollen, in den Freitod. Die gutbewachten Tabus jener Epoche machen die Ermittlungen zu einem Minenfeld.

Rungger arbeitet atmosphärisch, würzt seinen Plot mit Anekdoten und Sagenmotiven und verwendet viel Mühe auf Lokalkolorit. Natürlich ist sein Oberländer Polizist auch ein passionierter Jäger, der sich durch einen Mord nicht von der Pirsch abhalten lässt. Dabei erlegt er nicht nur den «kapitale[n] Vierzehnender, den er holen wollte» (179), sondern stellt im **Val Russein** auch gleich den Mörder. Ab und zu schiesst Autor

Verbrecherjagd in der Surselva: die Spur führt nach Segnas und Acletta.

Rungger in der Hitze des Gefechts auch selbst einen Bock, etwa wenn er französisch Ours statt romanisch Uors für den Bären setzt. Dem Zeitkolorit ist es wohl geschuldet, wenn die Polizisten eine Zeugin aus dem Dorf als Klatschtante abtun und die «Hexenverbrennung am Dorfbrunnen» als verpasste Gelegenheit bedauern, solche Frauen zum Schweigen zu bringen. Zum hohen Konformitätsdruck der 1950er-Jahre, der in der Surselva durch die rigide Moral eines zum Gesetz erhobenen Katholizismus und das Medienmonopol der *Gasetta Romontscha* noch einmal beträchtlich gesteigert wurde, passt schliesslich auch das Ende bestens: Polizist Caminada bietet Hand, die wahren Hintergründe der Tat zu vertuschen. Es gilt die «Lästermäuler» daran zu hindern, die unmoralische Wahrheit zu erfahren, weil sonst «die Atmosphäre hier vergiftet wird» (193).

Von Dadens ...

Der «Bergroman» *Das Dorf der Nichtschwimmer* (2020) des Aargauers Urs Augstburger spielt in der «Deserta» im fiktiven Klosterdorf Dadens – das die Züge von **Disentis/Mustér** trägt. Dort entfaltet sich eine über drei Generationen gespannte Saga schicksalhafter Verstrickungen zwischen einer innovativen Unternehmerfamilie aus dem Unterland und einer zähen und selbstbewussten Bergbauernfamilie. Im Februar 2020 kommt Meret Sager nach Dadens, um ihren 36 Jahre zuvor gestorbenen Vater zu beerdigen, der als Gletscherleiche geborgen wurde. Sie lässt es dabei nicht bewenden und gräbt tiefer in der Vergangenheit, wo sie auf schuldhafte Verstrickungen ihrer Väter und Grossväter stösst. Als sie selbst in Gefahr gerät, weil man ihr eine bahnbrechende Erfindung abjagen will, die einen wichtigen Beitrag zur ökologischen Energiewende leisten könnte, wird die Aufklärung der Vergangenheit zur Überlebensfrage – und der Bergroman entwickelt sich zum Thriller.

Bemerkenswert an der Art, wie Augstburger mit der Sprache Bündner Lokalkolorit transportiert, sind Sätze wie die folgenden: «Aber jeder ist auf den anderen angewiesen, *si cheu soviso*» (also: «hier oben sowieso», 74); oder: Er «schaufelt den Kuhmist in die *Carretta*» (205). Hier wird deutlich, dass die kontaktsprachlichen Mischformen, mit denen Arno Camenisch in seinen Erzählbänden[65] bekannt geworden ist, indem er romanische Umgangssprache mit deutschen Dialektlehnwörtern und Standarddeutsch zu einem eigenwilligen Sound formt, inzwischen zum verfügbaren literarischen Register geworden sind.

... nach Binaglia

Binaglia und Val Dulain nennt Erika Sommer die Schauplätze ihres Krimis *Alpentroll* (2022), und auch hier lassen die Details wenig Zweifel, dass **Curaglia** im Medelsertal dafür Modell gestanden hat. Aber natürlich haben die Autor:innen Gründe, die Namen zu fiktionalisieren. Dazu

65 Vgl. zum Beispiel Camenischs «Bündner Trilogie» *Sez ner* (2009), *Hinter dem Bahnhof* (2010) und *Ustrinkata* (2012), alle im Solothurner Engeler-Verlag.

gehört nicht nur, dass sie es vermeiden, mit weniger schmeichelhaften Details die Kritik der Einheimischen auf sich zu ziehen. Bei Augstburger und vielleicht noch stärker bei Sommer spielt mit, dass ihr Erzählen exemplarisch verstanden sein will. Es geht der Autorin nicht darum, Curaglia zu porträtieren, sondern sie will modellhaft die Möglichkeiten des sanften Alpentourismus und seine Gefährdungen aufzeigen.

Fridolin Berger, friedliebender emeritierter Geschichtsprofessor, erhält von seinem isländischen Freund und Kollegen Helgi eine sonderbare E-Mail: «Fridolin, ich habe einen Troll entdeckt. Es saß unter einem Stein, nackt und feucht. Frieden dem Val Dulain, Krieg den Profitgeiern!» (23) Allerdings kann Fridolin bei seinem Freund nicht mehr nachfragen, weil der im Val Dulain, wohin er sich gern zurückzog, vom Pfad gedrängt worden ist und sich schwer verletzt hat. Fridolin reist selbst nach Binaglia ins Hotel Piz Cuschletta, um Licht in die Sache zu bringen.

Das Mittelstück von Sommers Krimi besteht aus einer grossen Windkraftdebatte im nahen Kloster von Domins, wo die Geschäftsinteressen der Windlobby geschickt mit Viva-la-Grischa-Getue überdeckt werden. Die Autorin liefert an diesser Stelle ein nur leicht karikierendes ideologiekritisches Lehrstück zum Thema Kommunikation und Manipulation. Später findet Fridolin zu seiner Verwunderung heraus, dass Helgi für die Windkraftlobby ein Gefälligkeitsgutachten für das Val Dulain erstellt hatte. Hat er sich kaufen lassen?

Sommer, die früher schon mit Krimihörspielen am Radio hervorgetreten ist (▸ Unterengadin), bietet handwerklich seriös gearbeitetes, engagiertes Storytelling für die «Bergtäler, die bedroht sind durch überbordenden Eventtourismus und maßlose technische Erschließung» (280).

Untere Surselva, Vals und Lugnez: Touristen und Wölfe

Ein Autor sieht sich als Wolf, dessen Beute die Geschichten sind. Ein anderer pilgert zu einem Monument, um dessen Geheimnis zu ergründen. Eine Autorin versteht sich als Fremdenführerin, die begeistert von ihrer Ferienregion erzählt. Und ein pensionierter Wissenschaftler benützt den Krimi, um seine Arbeit mit anderen Mitteln fortzusetzen.

Schatten im Tal des Lichts

Ein Krimi nur im weitesten Sinn ist *Davos ils mugrins* (romanisch 2018; deutsch *Hinter dem Gwätt*, 2020) von Leontina Lergier-Caviezel. Die Autorin wurde 1956 in **Vrin** in der **Val Lumnezia** geboren und wuchs im Tal auf. Heute lebt sie in der Nähe von Bern. Sie erzählt von einer Tragödie im surselvischen Weiler Crestas (deren es mehrere gibt – die Autorin möchte modellhaft erzählen, nicht dokumentieren). Nicht zufällig spielt eine Zugezogene die Rolle der Ermittlerin, denn sie ist neugierig und wagt zu fragen. Stück um Stück bringt sie auf diese Weise die Lebensgeschichte von Urschla ans Licht, die seit einem Treppensturz stumm ist. Es ist zugleich eine Liebesgeschichte, die in der dörflichen Enge tragisch enden musste. Der Autorin ist es ein Anliegen, die weiblichen Stimmen im traditionellen Bauerndorf hörbar zu machen.

In einem ganz anderen Licht erscheint die Gegend in den *Malefizien* (2022) des schreibenden Anwalts und ehemaligen Richters Melchior Werdenberg (Pseudonym von Hans Baumgartner). Der Zürcher und «Heimwehglarner» siedelt mehrere seiner «Missgeschicke, Liebeleien und Verbrechen» in der Surselva und insbesondere in der Val Lumnezia an. Diese Schauplätze faszinieren Werdenberg vor allem als Orte von archaischer Wucht und düsterer Inspiration. So erzählt er in «Hexenwahn in Sognvitg» von einem Hexenprozess im fiktiven Dorf – aus dem Ortsnamen Sumvitg, der eigentlich das oberste Dorf bezeichnete, wird hier ein heiliges Dorf. Der Churer Verhörrichter kann die Mörder, die ihr auffallend dunkelhäutiges Opfer als Hexe bezeichnen, nicht zur Rechenschaft ziehen, ohne den Volkszorn gegen sich aufzubringen. Eine andere Wendung nimmt eine Malefizgeschichte, die ganz ähnlich beginnt, aber in der Gegenwart spielt: Christina wird – ebenfalls wegen ihres dunklen Teints – zum Schattenkind im «Tal des Lichts». Doch sie deutet das Heulen der Wölfe richtig und flieht talauswärts – offenbar nach **Ilanz**: «Dort, in der ersten Stadt am Rhein, wie sich der Marktflecken stolz nannte, fand sie eine kleine Wohnung neben dem Bahnhof und verdingte sich an der Kasse eines Detaillisten.» (125) Jahre später kommt es in Christinas Lugnezer Heimatort zu einem sonderbaren Jagdunfall, dem einer ihrer ehemaligen Peiniger zum Opfer fällt.

Der Autor als Wolf

Aufschlussreich in *Malefizien* ist ein (Selbst-)Porträt des Autors Melchior Werdenberg als hungriger Wolf. Aus depressiven Schreibblockaden aufwachend, fühlt sich der Schriftsteller hingezogen zu den «Rändern der Realität […], die er für eine neue Mordgeschichte braucht» (28). Er fährt in die «Pensiun Terri, im Tal des Lichts», und beginnt nach diesem «Übertritt in eine andere Welt […], den Wolfsruf zu üben» (29). Hier ist er in seinem Element: «In engen Tälern drehen grausliche Geschichten endlos ihre Kreise und geraten nie in Vergessenheit, wohl gerade deshalb, weil man nur hinter vorgehaltener Hand darüber zu sprechen wagt.» (34) Melchior hat Glück, diesmal wird die Pension sogar eingeschneit: «Ein Klassiker des Kriminalromans, eine schutzlose Gruppe, alle gefangen, niemand kann entkommen, und einer ist der Mörder, der Opfer um Opfer aus dem Leben kegelt.» Tatsächlich sterben zwei seiner Mitbewohner, und während die Polizei sich den Aussenseiter des Orts als vermeintlichen Täter schnappt, ist Melchior schon auf dem Weg zurück ins Unterland. «Wölfe haben kein Gewissen», und dieser Wolf hat reiche Beute gemacht: «Die neue Geschichte, fein säuberlich im schwarzen Büchlein notiert, hat er im Reisegepäck verstaut.» (48)

Werdenbergs Fantasie wirft nicht zuletzt ein Licht auf die Spaltung, die sich zwischen Stadt- und Bergbevölkerung in der Beurteilung der Wolfsfrage auftut: Während sich «[d]ie Bewohner dieses Dorfes […] in einer eidgenössischen Abstimmung 2020 mit einem überwältigenden Mehr für eine Bejagung des Wolfs ausgesprochen haben» (35), identifiziert sich der Autor aus der Stadt mit dem Stück Wildnis, das er als Teil seiner eigenen Künstlernatur versteht.

Vom Lugnez nach Vals

Im kollektiven Gedächtnis der Val Lumnezia bis heute präsent ist der Rebell – oder je nach Ansicht Querulant – Gion da Farglix (eigentlich Gion Giachen Solèr) aus dem Weiler **Farglix** in der Gemeinde **Lumbrein**. Solèr war belesen und muckte immer wieder gegen Kirche und Behörden auf. In einem aufsehenerregenden Prozess in Chur wies er 1893 den Mordverdacht an einem jungen Mann von sich, indem er zugab, das Opfer sei sein mit einer Magd gezeugter unehelicher Sohn gewesen. Der aus Vals stammende Churer Psychiater Johann Josef Jörger war in diesem Strafprozess für das psychiatrische Gutachten zuständig. Er hat sich den Stoff angeeignet für seinen Roman *Die letzten Schattenauer* von 1926. Jörger formt aus dem Leben des Gion da Farglix einen unheimlichen Heimatroman, der allerdings Züge derselben rassenhygienischen Ideologie aufweist, die auch die psychiatrischen Studien desselben Autors entstellt: In seiner Funktion als leitender Psychiater am «Waldhaus» in Chur verfasste Jörger Berichte zu jenischen Familien, die der Eugenik das Wort reden. 1960 hat auch Toni Halter in seinem auf Romanisch verfassten Roman *Il cavalè dalla Greina* einige Episoden aus dem Leben des Gion de Farglix aufgegriffen.[66]

An Jörgers Roman in Valser Mundart *Dr hellig Garta* (1920/2021) knüpft die Zürcher Autorin Dominique Anne Schuetz mit *Die unsichtbare Grenze* (2014) an. Der Versuch, das Böse zu bannen, führt in diesem historischen Roman zur Spaltung der Dorfbevölkerung. Ausgangspunkt bei Schuetz ist die Angst vor dem Teufel, die Ende des 19. Jahrhunderts einen reichen Engländer nach **Vals** bringt. Besessen von seiner Mission, das Böse auszurotten, steigert er sich in die Rolle eines neuen Jesus. Der Bergsturz, der dem Spuk ein Ende bereitet, bedeutet das Ende der Dauerbesiedelung des Dorfs, dessen Schicksal an dasjenige des realen **Zervreila** erinnert. Von der Bevölkerung verlassen, wurde Zervreila in den 1950er-Jahren vom Stausee überflutet.

66 Vgl. dazu Derungs 1989.

Spektakuläre Schauplätze im Valsertal und in der Val Lumnezia

Die **Kapelle St. Anna**, die am Rande des Abbruchs zur Zervreila-Staumauer steht, ist Schauplatz in Philipp Gurts *Graubündner Finsternis* (2022) mit Landjäger Caminada als Ermittler. Der Churer Gurt wählt als Tatorte gern exponierte und prominente Orte, und so heisst es im Prolog zu seinem Krimi unheilschwanger: «Längst waren die Abendschatten der Berge über alles gekommen, bald würde es stockfinster sein. Nur noch zuhinterst im Valsertal erhob sich dunkelrot schimmernd das Zervreilahorn, als wüsste es über das Schicksal des gleichnamigen Dörfleins Bescheid.» Der vermeintlich tote Georg wird bei der Kapelle in den Abgrund geworfen. Als Bub fand er auf dem Hof der Bernis bei **Vals** Zuflucht vor den Häschern des «Hilfswerks für die Kinder der Landstrasse», das den Jenischen ihre Kinder wegnahm.[67] Landjäger Caminada muss weite Wege gehen, um Licht in die tragischen Verstrickungen zu bringen.

Autor Philipp Gurt hat auch die bei Wanderern beliebte **Greina** kriminalistisch in Szene gesetzt, die über das Tessiner Bleniotal zu erreichen ist, über den Diesrutpass auch von **Vrin** her oder von der Surselva durch das **Val Sumvitg**. «Über der Greina-Hochebene funkelten die Sterne aus einem klaren Himmel. Mario Capeder, seine Hände hinter dem Rücken gefesselt, strauchelte durch die Nacht. Er trug nur ein T-Shirt und keinen Penis mehr.» (*Bündner Treibjagd*, 12) Der umherirrende Mann ohne maskulines Accessoire ist nur ein Opfer aus einer ganzen Reihe grausamer Verbrechen, die Giulia de Medici, Gurts andere Hauptfigur, aufzuklären hat. Die weiteren Schauplätze sind Chur, der Nationalpark (► Unterengadin) und das Schloss Rhäzüns.

Der Wille zum Geheimnis: Ein Architekturkrimi

Einen Valser Thriller der besonderen Art hat der französische Künstler Lucas Harari mit seiner Graphic Novel *L'Aimant* (2017, deutsch *Der Magnet*, 2018) geschaffen. Der grossformatige Comic in Buchform erzählt die Geschichte des Architekturstudenten Pierre, der nach Vals

67 Das sogenannte Hilfswerk für die Kinder der Landstrasse wurde von der Pro Juventute auf Betreiben von Alfred Siegfried 1926 gegründet. Bis zur Auflösung 1973 wurden 586 jenische Kinder ihren Eltern entrissen. Siehe Sara Galle: «Pro Juventute», Version vom 12. 1. 2012, in: HLS, https://hls-dhs-dss.ch/de/articles/016627/2012-01-12.

zur berühmten Therme von Architekt Peter Zumthor pilgert. Wie sein Autor hat auch Pierre das Architekturstudium in Paris abgebrochen. In seiner Abschlussarbeit hatte er sich vergeblich bemüht, das Geheimnis der Therme zu lüften.

Schon Pierres Weg nach Vals wirkt ziemlich mysteriös. Das liegt nicht zuletzt daran, dass der Autor seine Bildsujets wie Filmlocations nicht nach der geografischen Logik auswählt, sondern so anordnet, dass sie zu seiner Geschichte passen. So überquert der Protagonist auf dem Weg nach **Ilanz** den Landwasser Viadukt, und im anschliessenden Tunnel findet ein geheimnisvoller Magnetstein den Weg ins Abteil. Den Bezug zwischen Zumthors Architektur und der Berglandschaft von Vals erfährt Pierre als mystisches Erlebnis: eine geheimnisvolle Tür führt ihn von der Therme ins Gebirge. Fern vom Dorf erwacht er, und eine intensive Spurensuche beginnt. Pierre ist allerdings nicht allein mit seinem hartnäckigen Willen, das Rätsel des Orts zu lösen. Der Architekturhistoriker Valeret ist ihm dicht auf den Fersen und entpuppt sich als gefährlicher Gegenspieler.

Der Krimi am Ferienort

Regine Imholz, ehemals Journalistin bei der *Zürichsee-Zeitung*, macht mit *Die Tote am Wasserfall* (2021) ihren Ferienort **Breil/Brigels** und die untere Surselva zum Schauplatz einer Krimireihe. Die Hauptrolle spielt «der Cumissari», nämlich Matti Coray, ein (wie man auf Bündnerdeutsch sagen würde) patschifiger und «zutiefst emphatischer Mann» (38), der mit seiner termperamentvollen, motorradfahrenden Kollegin Kommissarin Katja Kurtz trotz der zahlreichen Sticheleien wunderbar harmoniert.

Der erste Fall der beiden dreht sich um eine schöne Leiche beim Wasserfall hinter dem Stausee von **Pigniu/Panix**. Es handelt sich um die junge Frau des 62-jährigen, schweizweit berüchtigten «Baulöwen» Peder Casanova. Imholz arbeitet mit klaren Kontrasten, wie ein Vergleich der Behausungen des Cumissari und des Spekulanten vor Augen führt: Matti Coray ist in «seinem» Dorf **Brigels** in einem Chalet zu Hause: «Es war nicht gross, aber charmant mit seinen grünen Fenster-

Bei Touristen beliebt: die Rheinschlucht wird zum Tatort.

läden und dem bereits etwas verwitterten roten Ornament» und es wirkte «so pittoresk, dass immer wieder Touristen stehen blieben und das kleine Haus fotografierten» (42). Dagegen wohnt Peder Casanova in **Schluein** in einem «Protzkasten» mit zahllosen «Türmchen, Erkern, Terrassen und Balustraden». Dazu kommt ein Rasen, der zwar «akkurat geschnitten» ist, aber keinen Zweifel daran lässt, «dass Natur in diesem Garten nicht erwünscht war. Zwei Stuckskulpturen und zwei Palmen in riesigen Terrakottakübeln standen zu beiden Seiten der weissen Eingangstür.» (16) Damit sind die Positionen bezogen und die Sympathien verteilt – aber ist der hässliche Spekulant auch der Mörder? Das müssen Coray und Kurz in viel Kleinarbeit herausfinden.

Imholz' zweiter Krimi, *Tod in der Ruinaulta* (2022), erscheint nicht mehr im lokalen Somedia Verlag, sondern im Kölner Krimiverlag Emons, der nach Davos, Engadin und Chur auch ins Val Calanca und die Surselva expandiert. Diesmal geht es um die dramatische Exekution eines Schlauchbootlotsen in der **Ruinaulta** auf der Höhe des Bahnhofs **Valendas-Sagogn**. Die Ermittlungen schreiten zügig voran und münden in eine turbulente Verfolgungsjagd im Kajak durch die Schlucht. Im Anschluss daran rückt Hund Juri stärker in den

Mittelpunkt, denn der Mörder aus Band eins taucht plötzlich wieder auf und der Cumissari, der nun selbst zum Gejagten wird, ist auf den Mut und die Wachsamkeit des treuen Tiers angewiesen. Dieser Einbezug von Extras – was bei Imholz die Hundeliebe ist, ist bei anderen Autor:innen die Begeisterung für die Eisenbahn oder die Liebe zum Wein – gehört zur Wendigkeit und zum Potenzial des Krimis, der sich auf diese Weise sein spezifisches Publikum sucht.

Ein Tod für die Wissenschaft in Flims

Seinen Erstling *Kein Fall in Disentis* (2010) verfasste Duri Rungger «aus Angst vor der bevorstehenden Pensionierung».[68] Zehn Jahre und mehrere Fälle später (▸ Chur, ▸ Surses, ▸ Oberengadin) veröffentlicht derselbe Autor seinen (bisher) letzten Kriminalroman, *Fatale Manipulation. Verdächtiger Todesfall in Flims* (2020). Darin spielt sein einstiges biologisches Forschungsfeld eine wichtige Rolle.

Fred Sutter ist Chef eines Start-up-Unternehmens auf dem Feld der Biotechnologie. In seinem Labor sucht er nach Wegen, Erbgut vermittels eines Transportproteins in die Körperzellen von Säugetieren zu verfrachten. Winken bei Gelingen fast unbegrenzte medizinische und finanzielle Möglichkeiten, so drohen bei einem Scheitern des Projekts Rufverlust und Ruin. Gefälschte Forschungsresultate sind dabei ebenso Teil des Risikos wie skrupellose Finanzspekulanten und militante Tierschützer. In den Ferien im **Hotel Schweizerhof** in **Flims Waldhaus** wappnet sich Sutter für die bevorstehenden Aufgaben. Als er auf dem Höhenweg von **Fidaz** über **Scheia** kurz vor **Spalegna** Opfer eines offenbar manipulierten Asthmasprays wird, ermittelt Laura Crameri von der Zürcher Kriminalpolizei in verschiedene Richtungen.

Wie in der Genforschung ein Protein als Transportmittel für die DNA eingesetzt wird, so setzt Rungger auch den Kriminalroman – durchaus geschickt – als Vehikel ein, um seine ehemalige Forschung und ihr Ambiente zur Sprache zu bringen. Biologische Versuche werden eingehend beschrieben und der Autor gibt seinem Krimi auch einen «wissenschaftlichen Anhang» bei, der die geschilderten Abläufe zusätz-

68 Diese und die folgenden Aussagen des Autors nach «Aargauer Genforscher über Bschiss: Die meisten Betrüger sind zu dumm», in: *Aargauer Zeitung*, 22. 7. 2020, www.aargauerzeitung.ch/aargau/aarau/aarauer-genforscher-uber-bschiss-die-meisten-betruger-sind-zu-dumm-ld.1240329, 10. 1. 2024.

lich erklärt. «Die im Buch beschriebene Forschung hätte ich gerne selber noch durchgeführt – wenn ich nicht in Pension hätte gehen müssen», so der Autor. Seinen Krimi musste er diesmal allerdings im Eigenverlag publizieren, weil er ihn mit diesem Anspruch nicht mehr in seinem angestammten Krimiverlag unterbringen konnte.

«Das Gesetz braucht die Dunkelheit nicht»

Nicht weit von Reichenau, wo Vorderrhein und Hinterrhein zusammenfliessen, etwas erhöht auf einer fruchtbaren Ebene liegt **Bonaduz**. In der Weihermühle kam es im Jahr 1821 zu einem brutalen Mord am Müller und an zwei seiner Mägde. Silvio Huonder stellt in *Die Dunkelheit in den Bergen* (2012) diesen verbürgten Mordfall ins Zentrum des Geschehens. Der junge und ehrgeizige Churer Polizeidirektor von Mont reist sofort zum Tatort und lässt seine beiden frisch verpflichteten Landjäger die Verfolgung des Mörders aufnehmen. Die eine Spur führt durchs **Safiental** bis Splügen (▸ Hinterrhein), eine andere nach **Schnaus** ins **Schloss Löwenberg**.

Für einen Krimi braucht es einen mysteriösen Kriminalfall, und für seine Aufklärung braucht es eine Justiz, die mit Indizienbeweisen das Verbrechen rekonstruiert. Diese Voraussetzungen sind vor der zweiten Hälfte des 19. Jahrhunderts nur unvollständig gegeben, sodass historische Kriminalromane in der Regel ihr modernes Bewusstsein auf andere geschichtliche Epochen projizieren. Huonder macht jedoch genau diese fehlenden Voraussetzungen zum Hauptthema seines Romans: der Verhörrichter Baron von Mont steht mit dem Justizwesen einer Ordnungsmacht vor, die sich in den Tälern Graubündens noch nicht flächendeckend hat durchsetzen können. Aber das soll sich nun ändern.

«Das Schloss Löwenberg, begann der Baron, ist seit über zwanzig Jahren unbewohnt, wie ihr wisst. Gesetzloses Pack benutzt es als Unterschlupf. […] Nehmt genug Stricke mit, um die Verhafteten fesseln zu können. Und reichlich Fackeln und Laternen. Es wird dunkel sein, wenn wir zum Schloss kommen.

Das Licht würde uns verraten, wandte Caprez ein, dann sehen sie uns schon, bevor wir dort sind. Wir müssen im Dunkeln zuschlagen.» Aber von Mont duldet keine Nacht- und Nebelaktionen. Der oberste Polizist versteht sich als Mann des Fortschritts und der Aufklärung, und es ist sein persönlicher Ehrgeiz, das Licht der Vernunft bis in alle Winkel des Kantons zu tragen.

«Das Gesetz braucht die Dunkelheit nicht, antwortete der Baron.» (201 f.)

2

Krimigeschichte: Vom Detektivroman zum Regionalkrimi

Bündner Spitzbubenklima: Eine Vorbemerkung

Edle Räuber und böse Verbrecher

Das Bild von Banditen, Räubern und Schmugglern schwankt im Lauf der Geschichte. Verbreiten die Delinquenten Angst und Schrecken, so begehren sie zugleich gegen eine Ordnung auf, die vielen ungerecht und eng erscheint. So kommt es, dass der ‹edle Räuber› in der Erzähltradition stets präsent bleibt und dabei verschiedene Konjunkturen durchläuft. In den 1960er-Jahren, als eine junge Generation gegen eine ihr verkrustet und überlebt erscheinende Ordnung aufzubegehren begann, wirkte das positiv besetzte Bild des Gesetzesbrechers plötzlich frisch und elektrisierend. Der Historiker Eric Hobsbawm hatte 1959 mit seiner Arbeit über Banditen als *Sozialrebellen* das Forschungsfeld neu lanciert,[69] und 1967 erschien mit *Bonnie and Clyde* von Arthur Penn ein Gangsterepos auf der Kinoleinwand, das den Zeitgeist traf und dem alten Hollywood-Film mit Happy End eine lange Nase drehte.

Jenseits der Räuberromantik treten Sozialrebellen allerdings gegen eine herrschende Ordnung an, die hart zurückschlägt. Wer sich *Bonnie und Clyde* heute ansieht, wird wahrscheinlich nicht nur über die Kompromisslosigkeit erstaunt sein, mit der sich die zwei Protagonist:innen aus den Jahren der Weltwirtschaftskrise gegen das Gesetz und seine Vertreter stellten, sondern ebenso über die im Film völlig überzogen dargestellte Reaktion des ‹Establishments›, wenn die zuckenden Leiber des Banditenpaars in einem schier endlos erscheinenden Kugelhagel gleichsam tausendfach polizeilich exekutiert werden. Der Sozialrebell stellt für die herrschende Ordnung eine Provokation dar, weil er ihre Grenzen übertritt und damit infrage stellt. Ein ähnlich überzogenes Zurückschlagen glaubten wir, das heisst einige von uns damals Jungen, zu Beginn der 1980er-Jahre zu verspüren, als der ökologisch und sozial engagierte Bündner Aktivist Marco Camenisch für das Sprengen eines Hochspannungsmastes in Sarelli vom Gericht in Chur zu zehn Jahren Gefängnis verurteilt wurde.

Betrachtet man die ältere Literatur, so fällt eine historisch weit ausgreifende Schwankung in der Einschätzung der Delinquenz ins Auge: Bürgerliche Autoren griffen im 18. Jahrhundert, als sie sich aus einer

---

69 Hobsbawm, *Primitive Rebels*, 1959, deutsch 1962.

noch untergeordneten Stellung gegen aristokratische Willkür zur Wehr setzten, mit grossem Publikumserfolg auf heldenhafte Räubergestalten zurück – in der deutschen Literatur am populärsten mit *Rinaldo Rinaldini* (1799) von Christian Vulpius. Der Kontext des sich im 19. Jahrhundert herausbildenden Detektivromans ist hingegen ein ganz anderer. Jetzt geht es um die Verteidigung von Recht, Ordnung und Privateigentum. Wenn man den Wandel als einen tendenziellen, nicht generellen oder gar absoluten versteht, kann man Ernest Mandel zustimmen, der in seiner «Sozialgeschichte des Kriminalromans» schreibt: «Mit dem wachsenden Bedürfnis der Bourgeoisie, die Gesellschaftsordnung nicht mehr zu attackieren, sondern zu verteidigen, verwandelt sich der edle Räuber in den bösen Verbrecher.» (1988, 20) Ohne die langsame Herausbildung eines durchgehenden bürgerlichen Rechtsempfindens, eines Polizeiapparats und des Indizienprozesses anstelle von Geständniszwang wäre das moderne Krimigenre undenkbar.

Ein auswärtiger Komödienschreiber beleidigt Graubünden

Im Zentrum dieses Buches steht – geografisch eingegrenzt – die Kriminalliteratur, verstanden als moderne Erzählform, in der es nicht bloss um ein Verbrechen geht, sondern um die «Aufklärung eines Verbrechens».[70] Die viel breiter gefasste und weiter zurückreichende Verbrechensliteratur, die sich um eine literarisierte Schilderung von Räubern und Mördern, Untaten und Delikten dreht, kann also nur am Rand interessieren. Ihr klassischer und vielfach variierter Bezugspunkt ist François Gayot de Pitavals *Causes célèbres et intéressantes* (1734–1743),[71] eine international ausstrahlende Sammlung spektakulärer Kriminal- und Gerichtsfälle.

Die Verbrechensliteratur im Rahmen der hier vorgenommenen Krimiermittlungen völlig zu übergehen, wäre allerdings fragwürdig, denn der ‹edle Räuber› ist in Graubünden mehr als nur eine literarische Reminiszenz. Der junge Friedrich Schiller setzte mit seinem ersten Schauspiel *Die Räuber*, mit dem er 1781 gegen Fürstenwillkür antrat, einen wuch-

70 So die einfache und für eine grobe Orientierung hilfreiche Unterscheidung bei Richard Alewyn, *Anatomie des Detektivromans* (1968), hier nach Düwell et al. 2018, 3.

71 Bei den *Causes célèbres et intéressantes, avec les jugemens qui les ont décidées* handelt es sich um eine Sammlung damals berühmter Rechtsfälle in zwanzig Bänden, die zwischen 1734 und 1743 erschien. Vgl. dazu Düwell et al. 2018, 197.

tigen Paukenschlag, der bis in den Freistaat Gemeiner Drei Bünde zu hören war. Die zwei ungeheuerlichen Sätze, die hierzulande aufhorchen liessen, lauten: «[E]inen honetten Mann kann man aus jedem Weidenstotzen formen, aber zu einem Spitzbuben will's Grütz – auch gehört dazu ein eigenes Nationalgenie, ein gewisses, dass ich so sage, *Spitzbubenklima*, und da rath ich dir, reis' du ins Graubündner Land, das ist das Athen der heutigen Gauner.» (2. Akt, 3. Szene) Die Stelle brachte zwei Erzieher von bündnerischen Zöglingen, den Hauslehrer Christian Carl Wredow und den Lehrer und Arzt Johann Georg Amstein, so in Rage, dass sie in geharnischter Weise gegen diese «Beschuldigung eines auswärtigen Comödienschreibers» vom Leder zogen – was Schiller Schwierigkeiten in Stuttgart einbrachte und den beiden streitbaren deutschen Pädagogen das Bündner Landrecht.[72]

Da kam es natürlich ziemlich ungelegen, dass nur ein paar Jahre nach Schillers bündnerischem Räuberlob der damals prominenteste Räuber Hannikel ausgerechnet in Chur und Umgebung nicht nur gefasst, sondern von den «freilich betrunkenen Wächtern» bei Nacht und Nebel auch gleich wiederum in Freiheit gesetzt wurde.[73] Hannikels Schicksal ist 1887 von Jacob Friedrich Heerbrandt in aller Ausführlichkeit geschildert worden in *Hannikel, oder die Räuber- und Mörderbande, welche in Sulz am Nekar in Verhaft genommen und am 17. Jul. 1787. daselbst justificirt worden.* Der Autor bezeichnet sein ausgesprochen obrigkeitsfreundlich angelegtes Werk etwas grossspurig als einen «wahrhafte[n] Zigeuner-Roman ganz aus den Kriminal-Akten gezogen». Darin schildert er, wie der gehetzte Hannikel nach der Flucht aus dem Churer Schelmenturm versuchte, gegen Sargans hin «seinen Weg über einen vier und vielleicht noch mehrere Kirchthürme hohen Berg hinun-

72 Zum sogenannten Schillerhandel vgl. Constant Wieser: «Johann Georg Amstein (der Ältere)», Version vom 9. 7. 2001, in: HLS, https://hls-dhs-dss.ch/de/articles/014270/2001-07-09. Die «Apologie für Bünden gegen die Beschuldigung eines auswärtigen Comödienschreibers» in: *Der Sammler*, Jg. 4, Stück 16/17, 1782. Zu den Konsequenzen, welche diese «Staatsaffäre» für Schiller hatte, Safranski 2004, 138 f. Zum bundstäglichen Dekret, das Wredow und Amstein in der Folge «als *freie Bündner*» anerkannte, von Sprecher 1875/2006, 304.

73 Die Trunkenheit der Wächter macht Johann Andreas von Sprecher für die Flucht verantwortlich (1875/2006, 300), während der Schriftsteller Lukas Hartmann, der Hannikel 2012 in seinem Roman *Räuberleben* porträtiert hat, zusätzlich den «Hungerlohn» der Wachmannschaft anführt (2012, 105).

ter zu nehmen. Aber als er eben die Spize desselben erreicht hatte, packte ihn einer von den nachgesprungenen Bauern noch an der Kehle, und beide purzelten und purzelten aneinander angeklammert, immer einer über den andern, über Hecken und Stauden, den Berg hinunter.» (101 f.) Anschliessend wird der Räuber in Sargans dem «verdienten Grafen von Salis» vorgeführt, dem man die neuerliche Arretierung «zu verdanken» hatte, wobei «der vortreffliche Baron v. Gugelberg mit ihm um den gleichen Ruhm [wetteiferte]» (103).

Der Justiz- und Polizeiapparat formiert sich

Den Mord in der Bonaduzer Weihermühle von 1821 hat Silvio Huonder zum Anlass genommen, in seinem historischen Roman *Die Dunkelheit in den Bergen* (2012) ein literarisches Schlaglicht auf den Aufbau des modernen Justiz- und Polizeiapparats in Graubünden zu werfen. Sein Protagonist ist der ehrgeizige Baron Johann Heinrich von Mont, der im noch jungen Kanton Graubünden neu «das Amt als Verhörrichter und Polizeidirektor» bekleidet: «Es war noch schwieriger, als er es sich vorgestellt hatte. In den Gerichtsgemeinden des Kantons herrschten Anarchie und Missbrauch. Recht wurde nach Gutdünken gesprochen. Die einflussreichen Familien in den entlegenen Talschaften und Gemeinden wollten weder Macht abtreten noch Geld abführen.» (19)

Derselbe Vorgang einer erst allmählichen Entstehung einer modernen Rechtspraxis lässt sich auch anhand anderer Gerichtsfälle aus dem 19. Jahrhundert verfolgen.[74] Einen davon hat 1893 der Churer Zuchthausverwalter E. Patzen in einer «Kriminalerzählung […] nach den Originalakten» rückblickend nachgezeichnet – freilich ohne dichterische Ambition: In *Stockersepp vor dem Kantons-Kriminalgericht zu Chur im Jahr 1816* werden zunächst akribisch die 19 Verbrechen des jungen

74 Neben solchen Nachzeichnungen von Gerichtsprozessen gibt es eine ganze Reihe von Erzählungen, die sich um Mord und Totschlag drehen – man denke nur an den in Graubünden so prominenten, mehrfach bearbeiteten Jörg-Jenatsch-Stoff. In den *Schweizerbildern* (1877) des aus dem Aargau stammenden Jakob Frey findet sich die Erzählung «Verbrecher in Gedanken», die in Bergün spielt. Darin versucht ein reicher Dorfbewohner, einen unliebsamen Verehrer seiner Tochter mit einem Mordkomplott loszuwerden. Vgl. Paul Ott, der den hier nur kurz beleuchteten frühen Verbrechensberichten, Gerichtsreportagen und Mordgeschichten als Vorläufern des Schweizer Kriminalromans etwas ausführlicher nachgeht (2020, 11–26).

Angeklagten Josef Brunett aufgelistet – zumeist handelt es sich um Einsteigdiebstähle. Die Forderung von Staatsanwalt Mirer «zur Abschreckung Anderer vor ähnlichen Verbrechen» (19) lautet auf Todesstrafe. In seinem in ganzer Länge wiedergegebenen Plädoyer bringt anschliessend Verteidiger Christ das soziale Umfeld des Delinquenten zur Sprache: «Josef Brunett, vulgo Stocker-Sepp, ist der Sohn eines Gauners, eine Gaunerin seine Mutter, Gauner und Bettler sind seine Geschwister und alle seine Verwandten. Auf der Strasse ist Josef Brunett geboren, auf der Strasse und im Gebüsche erzogen worden. Ein Tragkorb seine Wiege, der freie Himmel seine Decke.» (21)

Das Urteil zeigt die typischen Züge einer Übergangszeit. Die Todesstrafe wurde nicht ausgesprochen. Stattdessen galt: «Der gerichtlich eingeklagte Josef Brunett soll morgen nachmittag um 2 Uhr dem Scharfrichter übergeben, von diesem auf den Pranger gestellt und 1/4 Stunde in das Halseisen gelegt werden. Nach Ablauf dieser Zeit soll er vom Scharfrichter wiederum zu Handen genommen, durch die obere Reichsgasse bis zum obern Thor und wieder durch dieselbe zurück bis vor das Rathaus geführt und dabei hin und zurück mit Ruten auf das Blut gestrichen und dann wiederum in Gefangenschaft abgeführt werden.» Zusätzlich wurde Brunett «zu lebenslänglicher öffentlicher Arbeit in Ketten» verurteilt. Anschliessend sass er 25 Jahre «im Schellenwerk ‹Sennhof›» ein (43 f.) – wegen eines Fluchtversuchs fünf Jahre länger, als es die amtliche Begnadigungsfrist vorgesehen hatte. Das bündnerische Spitzbubenklima war definitiv einem neuen Rechtssystem gewichen.

Gletscher, Diamanten, schnelle Autos: Die frühen Jahre (1920–1945)

Ein Holländer im Engadin

Die Anfänge des Kriminalromans – nun also im engeren Sinn verstanden als Geschichte der Aufklärung eines Delikts – finden sich beim Amerikaner Edgar Allan Poe. Dessen genialer Ermittler Auguste Dupin stellt seine analytischen Fähigkeiten erstmals 1841 in Paris unter Beweis, als er den rätselhaften Mord an der Rue Morgue einem Orang-Utan zuordnen kann. Ab 1887 entwickelt der Brite Arthur Conan Doyle die Detektiverzählung mit seiner ikonisch gewordenen Sherlock-Holmes-Figur zu einem äusserst populären Serienformat weiter. Die Schweiz ist bei vermögenden Briten im 19. Jahrhundert ein beliebtes Reiseland. Conan Doyle begleitet 1894 seine an Tuberkulose erkrankte Frau nach Davos, wo er eine legendär gewordene Skitour über die Maienfelder Furgga nach Arosa unternimmt.[75] Seines übermächtigen Detektivs hat er sich allerdings schon ein Jahr zuvor im Berner Oberland – zumindest vorläufig – entledigt. *The Final Problem* führt Holmes nach Meiringen, wo er zusammen mit seinem Widersacher in den Abgrund der Reichenbachfälle stürzt.[76] So lässt das Krimizeitalter in Graubünden noch etwas auf sich warten. Als es im neuen Jahrhundert anbricht, ist es doch wiederum Conan Doyle, der daran – zumindest indirekt – beteiligt ist.

Als urbanes Genre mit Protagonisten, die nach britischem Vorbild ihre Ermittlungen nicht als Brotberuf betreiben, sondern aus Leidenschaft und als Liebhaberei, erreicht der Krimi Graubünden zuerst in den Kur- und Ferienorten St. Moritz, Arosa und Davos. Im Jahr 1920 macht der holländische Rechtsanwalt und Autor Jakob van Schevichaven den Oberengadiner Kurort, die Fuorcla Surlej und den Corvatschgletscher zu Schauplätzen seines Kriminalromans *De IJskoningin* (Die Eiskönigin).[77]

75 Siehe Haldimann 2001, 45 ff.

76 Conan Doyle wehrte sich dagegen, vor allem als Krimiautor zu gelten, und wollte mehr Zeit auf seine historischen Romane verwenden. Die Proteste nach Holmes' ‹Tod› bewogen ihn allerdings, seinen berühmtesten Charakter zu Beginn des 20. Jahrhunderts noch einmal aufleben zu lassen.

77 Die niederländische Originalausgabe erschien 1920 in Utrecht mit Illustrationen von Frans van Noorden. Das Buch wurde auf Deutsch nie veröffentlicht. 2005

Schevichaven (1866–1935) war promovierter Jurist und Spezialist für Lebensversicherungen. Als das Versicherungsgeschäft durch den Ersten Weltkrieg in die Krise geriet, debütierte er 1917 unter dem Pseudonym Ivans mit einem der ersten holländischen Kriminalromane *De man uit Frankrijk* (Der Mann aus Frankreich). Ivans blieb dem Genre treu und schrieb an die fünfzig weitere Krimis. *De IJskoningin* ist etwa zur Hälfte im Engadin angesiedelt – das der holländische Krimipionier offenbar sehr genau kannte –, während die andere Hälfte in England spielt. Protagonist ist, wie mehrfach in Ivans' Kriminalromanen, der «berühmte Detektiv» Geoffrey Gill. Bezeichnenderweise ist Gill Engländer, der sein Vorbild Sherlock Holmes in keiner Weise verleugnet, während das Alter Ego des Autors, der Jurist Dr. Willem Hendriks oder kurz «Willy», die Rolle des assistierenden, kommentierenden und bewundernden Dr. Watson übernimmt.[78]

Das Geheimnis des Corvatschgletschers

Geoffrey Gill weilt – seiner Bekanntheit wegen inkognito – mit seinem Freund Willy Hendriks in St. Moritz, um sich zu erholen. Die Holländer haben sich im Hotel du Lac mit einer aristokratischen Gesellschaft aus England angefreundet. Komplettiert wird die Gesellschaft vom Berner Strafrechtsprofessor Schramm, der geschildert wird als «kleiner, bereits bejahrter und etwas roher Schweizer», der «besonders zu Hause war in den Sagen der schweizerischen Alpenwelt, die er immer im richtigen Augenblick zu verwenden wusste» (3).

Auf Anraten von Dr. Hammer, einem der Kurärzte in St. Moritz, begibt sich die Gesellschaft auf ausgedehnte Wanderungen. Eine davon führt sie im Wagen erst nach Sils-Maria, um von dort her «die Berge

fertigte L. J. K. van Oosterzee auf Anstoss von Bibliotheksleiterin Corina Huber eine deutsche Übersetzung an, die in der Dokumentationsbibliothek St. Moritz unter der Signatur LIT 1, 3856.01 greifbar ist. Auf sie berufe ich mich im Folgenden. Für den Hinweis danke ich Mathias Gredig.

78 L. J. K. Oosterzee, der Übersetzer des 179 Seiten starken Romans, erklärt im Vorwort von 2005, dass es vor allem die «ausführliche[n] Reise- und Naturbeschreibungen» seien, die «für manche auch heute noch interessant» sein könnten. Auch über den holländischen Autor erfahren wir auf diesem Weg, dass er «ein grosser Naturfreund» gewesen sei, der «vor allem die Bergwelt» geliebt habe. Da dieser frühe Bündner Detektivroman nur schwer greifbar ist, beschreibe ich ihn im Folgenden etwas ausführlicher.

an der Südseite des Tales zu besteigen bis zur Fuorcla Surlej», die unter dem (damals offenbar noch «bis in die unmittelbare Nähe des Passes» reichenden) Corvatschgletscher ins Val Roseg überleitet. Geoffrey Gills Freund Willy bedauert auf der Anfahrt, dass man die wunderbare Aussicht «auf das Inntal mit seinen vier Seen» beim Aufstieg «allmählich entstehen sieht, statt, so zu sagen, unvorbereitet demgegenüber gestellt zu werden» (4). Das führt zu einer Wette, zu deren Einlösung der Detektiv seinen Freund mit verbundenen Augen bis auf die Fuorcla Surlej hinaufführt, um ihm dort die Aussicht mit einem Schlag zu offenbaren. Unschwer lässt sich hinter diesem Manöver eine Anspielung auf das Prinzip des Rätselkrimis erkennen, der eine ganz ähnliche Wette mit seinen Leser:innen eingeht. Auch dort schreitet die Rekonstruktion des Verbrechens vor den – so die Wette – verschlossenen Augen der Leser:innen voran, und es wird zum Schluss allein dem Detektiv mit seinem Scharfsinn vorbehalten bleiben, seinem Publikum die ganze verblüffende ‹Wahrheit› mit einem Mal wie ein Zauberkünstler vor Augen zu führen.

Tatsächlich hält die Aussicht von der Fuorcla alles, was man sich von ihr versprochen hat, und wird denn auch ausführlich beschrieben und gelobt. Besonders hingerissen ist man vom Gletscher: «Dessen Kuppel erhob sich vor uns in glänzender, unberührter Reinheit bis hoch in die Luft, wo ihre Krümmung mit dem Blassblau des Himmels zu verschmelzen schien.» (7) Dies gibt dem Professor Gelegenheit, die Sage vom Ziegenhirten Rudi zu erzählen, der hier als Bub von einem Unwetter überrascht wurde, worauf ihn die Eiskönigin in ihren Gletschersaal führte. Sie hielt ihn in den Armen – und Rudi konnte erst im letzten Augenblick von seinem Vater dem schmeichelnden Kältetod entrissen werden.

Die Sage erweist sich als tragischer Vorschein dessen, was an den folgenden Tagen passieren wird. Der kleine Lord, ein kränklicher Junge, der unter der Kälte seiner Mutter Lady Grimsburn einiges zu leiden hat, verschwindet spurlos. Gefunden wird er schliesslich erfroren am Fusse des Corvatschgletschers: «Feuchte Haare klebten ihm auf der hohen Stirn und die Augen waren zu. Auf dem armen mageren Gesichtchen jedoch, auf dem wir nie ander[e]s als einen Ausdruck stillen Leidens oder der Unzufriedenheit gesehen hatten, lag jetzt ein Zug ruhigen, innigen Glückes.» (53)

Rätselspannung und Nostalgie

Schevichaven macht in seinem frühen Engadinkrimi die Landschaft zu einem entscheidenden Faktor der Handlung. Selbst als sich der Fokus im zweiten Teil nach England verschiebt – zuerst in die East Midlands auf den Herrschaftssitz der Grimsburns, anschliessend nach London –, bleibt das Engadin präsent, denn zur Aufklärung des Verbrechens trägt der Baedeker-Reiseführer bei. Geoffrey Gill stösst darin nämlich auf die aufschlussreiche Tatsache, dass die Fuorcla Surlej auf einem neu erstellten Wanderweg auch über den Hahnensee (Lej dals Chöds) zu erreichen ist.

Auf dem Landsitz der Grimsburns ist inzwischen auch der bisher Hauptverdächtige und Erbe des kleinen Lords unter mysteriösen Umständen verstorben. Das Abenteuer entwickelt sich hier mit den gewohnten Zutaten des Rätselromans: Geheimfächer spielen eine Rolle, ein etwas dümmlicher Polizist von Scotland Yard tritt auf, und die Sache nimmt zum Schluss eine unerwartete Wendung. Das alles wird mit Rätselspannung und – manchmal etwas gar selbstgefälligem – Scharfsinn präsentiert und arbeitet mit einer literarisch reizvollen Verknüpfung von Sagenstoff und Krimimotiv. Zudem ist es mit bemerkenswerter Kenntnis der Engadiner Landschaft ausgeführt. Mit der seit Conan Doyle typischen Figurenkonstellation von Detektiv und befreundetem Ich-Erzähler ist das Engadin auf diese Weise doch noch zu einem Sherlock-Holmes-Roman gekommen, wenngleich aus der Feder eines Holländers. Conan Doyle selbst war übrigens ebenfalls im Engadin zu Gast, sein Name findet sich etwa im Gästebuch des «Maloja Palace».[79]

Ein nostalgischer Blick, aber nicht nur ...

Erst auf den zweiten Blick erschliessen sich auch die Differenzen. Der Roman ist nach dem Ersten Weltkrieg geschrieben, spielt aber im Jahr 1906. Er «illustriert das Zeitbild der Jahre vor dem Ersten Weltkrieg», wie Übersetzer Oosterzee richtig anmerkt. Der Blick nimmt deshalb schon für das damalige Lesepublikum der 1920er-Jahre eine nostalgische Färbung an. «Für die Mehrheit der Kleinbürger in den angelsächsischen Ländern und in weiten Teilen Europas sowie für sensiblere Schichten der herrschenden Klassen war der Erste Weltkrieg ein tiefer Einschnitt, in ihren Vorstellungen verknüpft mit dem Verlorenen Paradies», schreibt

79 Dank an Cordula Seger für den Hinweis.

der belgische Marxist und Krimikenner Ernest Mandel. «Er bedeutete das Ende der Stabilität, das Ende der Freiheit, das eigene Leben in Muße und zu erschwinglichen Kosten zu genießen, das Ende des Glaubens an eine gesicherte Zukunft und an den grenzenlosen Fortschritt.» In einem Satz: «Das subjektive Bedürfnis, das der klassische Detektivroman der Zwischenkriegszeit befriedigen sollte, war die Nostalgie.» (1988, 37 f.) Dafür ist das Engadin mit seinen aus einer internationalen und vermögenden Schicht zusammengesetzten Hotelgesellschaften und seiner für Beständigkeit stehenden Gebirgslandschaften tatsächlich ein idealer Ort.

Dabei fällt allerdings auf, dass der holländische Autor die britische Klassengesellschaft ganz anders anpackt, als es im frühen englischen Kriminalroman üblicherweise geschieht. Der etwas abgehoben auftretende Privatdetektiv, der entweder aus angesehener Familie stammt (wie Holmes, dessen Bruder Mycroft in den höchsten Politikkreisen verkehrt) oder aber von aussen kommt (wie der Belgier Hercule Poirot bei Agatha Christie), war auch eine Antwort auf das Problem, wie ermittelt werden kann, ohne die Klassengesellschaft infrage zu stellen. Ein Polizist bürgerlicher oder gar proletarischer Herkunft, der das Verhalten der aristokratischen Elite kritisch hinterfragt, wäre heikel gewesen.[80] Der holländische Jurist Schevichaven setzt 1920 in dieser Angelegenheit einen etwas anderen Akzent: «Wenn ich eine Untersuchung übernehme, *muss ich der Herr sein, Mylord!*», verfügt ein selbstbewusster Geoffrey Gill, und der Erzähler ergänzt: «[...] der englische Aristokrat kapitulierte vor dem einfachen Detektiv.» (121)

Der Krimi fasst Fuss

Ab den 1920er-Jahren ist Graubünden kein unbeschriebenes Krimiblatt mehr. Als Import ist das Genre bereits selbstverständlich präsent, so zum Beispiel in der katholischen Familienzeitschrift *Il Pelegrin* auf Romanisch. In vier Folgen wird dort ab Dezember 1926 eine übersetzte «novella criminala» abgedruckt – der gängige Krimistoff um eine gestohlene Million in Paris erscheint ohne Angaben zur Urheber-

80 Der Soziologe Luc Boltanski untersucht, wie Holmes und später der französische Maigret in ihre jeweilige gesellschaftliche Konstellation eingebettet sind, vgl. Boltanski 2013, 211–229.

schaft.[81] Drei Jahre später beginnt die *Gasetta Romontscha* mit dem Abdruck von «Igl auto d'argien».[82] Es handelt sich dabei um einen übersetzten Nachdruck des Kriminalromans *Das silberne Auto* von Erich Ebenstein. Hinter dem Pseudonym verbirgt sich die österreichische Schriftstellerin Annie Hruschka, deren Detektiv Silas Hempel zu den ersten seriellen Detektivfiguren der deutschen Literatur gehört.

1926 ist aber auch das Erscheinungsjahr eines weiteren Krimis, der teilweise in Graubünden spielt. *Die dreizehn Katastrophen* von Paul Altheer ist ein Meilenstein in der Schweizer Krimigeschichte. Der Roman atmet mondäne Luft. Sein Personal sind weltgewandte Dandys und internationale Filmstars; sein Ambiente die Mode, das Boxen und das Glücksspiel. Den Schauplatz liefert in raschem Wechsel die halbe Welt von Hollywood bis Arosa, von Jerusalem bis Monte Carlo. Die Figuren sind ständig unterwegs, zur Luft und zu Wasser, vor allem aber im rasenden Sportwagen. An letzterer Vorliebe lassen schon die Anfangssätze keinen Zweifel: «Bob Stoll steuerte seinen Lancia-Wagen durch den blühenden Sommer. Die Welt flog ihm entgegen, an ihm vorüber in ihrer herrlichsten Pracht. Die zwölf Pferde tobten in ihrem Gehäuse und rissen den Wagen die Berge hinauf und in die Täler hinunter.» (9) In Graubünden hingegen waren bei Erscheinen des Buchs Autos gerade mal seit einem Jahr überhaupt zugelassen.

Von Hollywood nach Arosa

Zu Beginn der *Dreizehn Katastrophen* wird Detektiv Stoll gleich in ein wildes Autorennen verwickelt und bleibt auf der Strecke, bloss um zu erfahren, dass sein Widersacher, der Gangster Ricco Roland, in Zürich soeben «eines der ersten Goldwarengeschäfte» (15) ausgeraubt hat. Nun hebt eine Verfolgungsjagd über viele Stationen an, die der Detektiv offenbar vor allem aus Sportsgeist und Lust an der Aufregung mitmacht – allerdings kommt er immer und überall einen Schritt zu spät. In Mailand geht Stoll einer schönen Dame auf den Leim, in Berlin wird er irrtümlich verhaftet. Zur Erholung fährt er nach St. Moritz, das aller-

81 «Engulau in milliun. Novella criminala suenter in ver schabetg. – Transl. Da ---t, scol», in: *Il Pelegrin. Amitg della casa cristiana*, Jg. 12, Dezember 1926. Die drei Fortsetzungen ebd., Januar, Februar und März 1927.

82 «Igl'auto d'argien. Roman criminal», in: *Gasetta Romontscha*, Nr. 10, 1929, bis Nr. 25, 1930.

dings nur ein klingender Name bleibt, weil er es unverrichteter Dinge wieder Richtung Frankreich verlässt. In Konstantinopel wird Stoll bis auf die Knochen blamiert, denn Altheers Meisterdieb macht sich einen Spass daraus, Stoll insgeheim zu filmen und ihm seine gesammelten Misserfolge im Kino vorzuführen – ein Einfall des Autors, der geradezu surrealistisch anmutet.[83]

Von Monte Carlo geht's nach Hollywood, doch der Showdown geht schliesslich in Graubünden über die Bühne. Ricco Roland hat sich mit der Filmdiva Lira Lara ins Arosa Kulm Hotel zurückgezogen. Am Untersee führt er meisterliche Kopfsprünge aus, was ihm die Bewunderung der anderen Gäste einträgt, während die Gangsterbraut die Blicke auf dem Tennisplatz auf sich zieht. Doch dann taucht Bob Stoll im Kurort auf, und Ricco Roland bricht mit seiner Partnerin zu einer letzten Wanderung auf, von der er nicht mehr zurückkehrt. «Wie ein Lauffeuer verbreitete sich unter den Gästen die Hiobsbotschaft, dass ein Fremder am Rothorn abgestürzt sei.» (93) Bloss dass Roland sich da längst auf dem Weg nach Chur befindet, um mit dem Engadin-Express das Weite zu suchen. Und so kommt es in diesem filmisch angelegten, frühen Thriller im Engadin-Zug zum alles entscheidenden Duell zwischen Bob Stoll und Ricco Roland.

Auf Skis durchs Schanfigg

Ebenfalls in Arosa spielt ein anderes Krimifinale, das diesmal allerdings ganz konventionell mit der Bestrafung des Täters endet. Wilhelm Stegemanns Roman *... und J. G. Curmann schweigt!* von 1937 beginnt in Zürich und Stockholm, wo ein betrügerisches Geschwisterpaar einen Scheck doppelt einlöst. In Zürich tut die Betrügerin dies ausgerechnet beim jungen Bankbeamten Martin Romer, der seinerseits Geld unterschlagen hat. Im Bestreben, die Sache wieder einzurenken, kommt Romer dem Scheckbetrug auf die Spur – und verliebt sich Hals über Kopf in die Betrügerin. Zum Glück hilft ihm sein väterlicher Freund, der Detektiv J. G. Curmann alias «Swiss John» (27), aus der Patsche.

83 Paul Ott führt als «Geburtshelfer» des Kriminalromans in der Schweiz «die Leute im Umfeld des Cabaret Voltaire in Zürich» an, wo «seit 1916 die Avantgarde Europas ihre Kunst feiert. Zu diesem Kreis zählen auch zwei der hervorragenden Exponenten des Krimischaffens: der junge Friedrich Glauser und Walter Serner». Ott 2010, 116.

Curmann sucht die Scheckbetrügerin in ihrem Feriendomizil in Arosa auf, wo sie «mit ihren Brettern die sonnigen Schneehänge [pflügt]» (183). Der Detektiv überzeugt sich zunächst davon, dass auch sie sich in den jungen Bankbeamten verliebt hat. In einer etwas misslichen moralischen Geste liefert er die beiden Verliebten anschliessend nicht dem Gesetz aus, sondern zwingt sie zum Verzicht aufeinander, «um durch diese Sühne frei zu werden von Schuld» (243).

So hätten wir es eher mit einem schwülstigen Schicksalsroman zu tun als mit einem Krimi, wenn da nicht als eine Art Beifang plötzlich der Übertäter Marcel de Guy auftauchen würde. Er hat den Bruder und Komplizen der Scheckbetrügerin ermordet und will in Arosa nun auch noch dessen Schwester erpressen. Detektiv Curmann – «von Geburt Schweizer» (23), aber in den USA zum «schärfste[n] Nebenbuhler des berühmten Pinkerton-Institutes» geworden – erkennt in de Guy einen gefährlichen Mörder von früher. So kommt es doch noch zum Show-down: der Bösewicht flieht per Arosabahn bis Langwies, wo er am Bahnhof «das grüne Kleid eines Bündner Landjägers» gerade noch rechtzeitig erkennt. Er schnappt sich ein Paar Skis und «will nach Peist, [...] aber plötzlich biegt er in einem Stemmbogen nach links ab». Auch seine Verfolger haben sich Skis verschafft, und so kann de Guy sie nicht abschütteln. «‹Und dann», erzählt der Landjäger dem gehbehinderten Detektiv Curmann, und gerät dabei «ganz ausser Atem»: «– Sie wissen doch, im Tobel unten, die Plessur, den Fluss meine ich.›

Curmann nickt.

‹Da stehen ein paar vereinzelte Tannen, und dahinter geht's einen kurzen, aber steilen Hang zum Fluss hinunter. Der Mann schaut noch einmal zurück, trotz des wahnsinnigen Tempos, und rast direkt in eine dieser Tannen hinein.›» (234)

Anders als sein Bösewicht kriegt Autor Stegemann auf diese Weise gerade noch die Kurve und überführt sein Buch zum Ende doch noch ins konventionelle Krimiformat mit einem Bösewicht, der auf Skis seiner gerechten Strafe zugeführt wird – und tot liegen bleibt.

Diamanten auf Parsenn

Auch von Paul Altheer sind nach den *Dreizehn Katastrophen* weitere Kriminalromane erschienen,[84] darunter *Diamanten auf Parsenn* (1942). Obwohl der Autor nicht mehr an die Originalität und Frische seines ersten Krimis anknüpfen kann, wagt er sich darin zumindest in Sachen Tourismuswerbung noch einen Schritt weiter vor. Schon das Arosa seines Erstlings beschreibt er mittels einer touristischen Ikonografie, etwa wenn es vom Hollywoodstar Lira Lara hiess: «Der strohblonde Bubikopf der gut gewachsenen jungen Dame flatterte wie eine Siegesfahne in der leuchtenden Sonne von Arosa.» (87) Im Nachfolgeband nun dreht sich alles um «Davos und Parsenn mit ihrem fast unübersehbaren Fremdenverkehr» (46). Die Ankunft des Detektivs Bob Scholl mit seinem Gehilfen wird folgendermassen geschildert: «Sie trafen es herrlich: Parsenn hatte die Davoser Farben ausgehängt und erstrahlte unter *blauem* Himmel und *goldener* Sonne.» (52, Hervorhebungen im Original)

Der erste Teil des Kriminalromans präsentiert Davos in der Sommersaison: «Meister und Lehrling zogen die Bergschuhe an und wanderten tagelang durch die Wunderwelt von Parsenn.» (52) Die Handlung führt hier auf witzige Weise gleich mehrere Detektive zusammen, die alle auf der Suche nach den Diamanten des indischen Maharadschas sind. Es wird munter getäuscht und verwechselt und mit Namen gespielt. Bob Stoll aus dem Erstling heisst nun Bob Scholl, und der international vernetzte Detektiv Ferribert findet einen sonderbaren Widerpart im Bösewicht Bret Ferol. Zwischenzeitlich verlagert Altheer die Handlung nach England. Als Schauplätze dienen das Hauptquartier von Scotland Yard und die Londoner Unterwelt. Rechtzeitig für die Wintersaison ist man aber wieder zurück in den Bergen: «Es ging gegen den 15. November, als Davos in der Presse das Zauberwort ‹Eingeschneit› verkünden konnte.» (143) Detektiv Scholl beschliesst, sich für das Kommende zu wappnen, indem er zunächst Skifahren lernt.

Was folgt, ist ein bunter Reigen der «Skiwissenschaft» vom schwierigen Anfang über das Training in der Skischule bis zur Aussicht auf Könnerschaft: «Ein paar Schritte führten sie zur Strelaalp hinauf – und unterwegs begegneten sie dem Skisport in fröhlicher Betätigung. Der Skilift zog die Skifahrer einzeln und in Paaren den steilen Hang empor,

84 Vgl. dazu Ott 2010, 119–122.

bis sie auf der Höhe den Blicken entschwanden. Von der Alp herunter aber kamen sie in elegantem Schuss, sodass der Schnee in zischenden Wolken zerstob. [...] Mit einem Mal eine gewandte Seitenbewegung, ein Aufknirschen des stiebenden Schnees – und der Fahrer hielt haarscharf vor der Hütte des Lifts.» (149 f.)

Besetzung und Handlung von Altheers Krimi atmen in ihrer Internationalität Vorkriegsluft.[85] Beim Jazz verengt sich allerdings der Blick in problematischer Weise. Altheer schildert ihn als «ein ebenso fröhliches wie hemmungsloses Musizieren, das leider den einen Nachteil hatte, daß es sich immer in denselben wütenden Rhythmen und Schreien bewegte, wie eben unkultivierte Nigger und hochkultivierte moderne Gesellschaftsmenschen es bevorzugen» (198).

85 Paul Ott, der Altheer als Krimiautor wiederentdeckt hat, trägt verschiedene Hinweise zusammen, die auf eine Entstehungszeit vor 1942 hindeuten. Sein Fazit: «Genaue Recherchen lassen den Schluss zu, dass alle vier Kriminalromane im Gefolge der *Dreizehn Katastrophen* [1926] geschrieben worden sind, jedenfalls nicht später als in den Dreissigerjahren». Ebd., 121.

Die grossen Solitäre: Literarische Ermittlungen (1945–1980)

Amerikanische Grossstadt und Kino

Der klassische Rätselkrimi der Zwischenkriegsjahre, der mit Agatha Christie und Dorothy Sayers zu grosser Popularität geführt worden war, wurde in den 1930er- und 1940er-Jahren als realitätsfremd kritisiert. Mit Autoren wie Dashiell Hammett und Raymond Chandler rückte die amerikanische Grossstadt mit ihren undurchsichtigen und korrupten Verstrickungen in den Fokus von Krimiliteratur und Film. Nicht ohne kraftmeierisch-maskuline Untertöne spottet Chandler in seinem Essay *Die simple Kunst des Mordes* über «die aufgeregten alten Damen – beiderlei Geschlechts (oder auch keinerlei Geschlechts) und fast aller Altersstufen –, bei denen die Morde nach Magnolienblüten duften müssen und die um keinen Preis daran erinnert werden wollen, dass der Mord ein Akt von unendlicher Grausamkeit ist» (1950/1975, 339).

Der amerikanische Grossstadtkrimi – und mit ihm der Film noir – markiert mit seinem Übergang von einem durch Scharfsinn zu lösenden Rätsel zur permanenten Action «das in die Trivialliteratur einbrechende Kino».[86] Paul Altheer hat in seinen *Dreizehn Katastrophen* schon früh eine solche filmische Ästhetik literarisch umgesetzt und bis nach Graubünden geführt. Es ist vor diesem Hintergrund interessant zu sehen, wie er Hollywood in seinem Detektivroman darstellt: In der Filmmetropole angekommen, heisst es von Detektiv Bob Stoll und seiner Begleiterin: «Der Taxameter führte das Paar an den Villen und Palästen der überschätzten Filmgrössen vorbei. Ein Luxus, wie er kaum grossartiger in der Welt angetroffen wird, wurde hier auf Kosten des armen Volkes entfaltet, das die regelmässigen Gäste des Kinos darstellt.» (82) Der Satz stellt in Altheers Krimi weit und breit den einzigen sozialkritischen Seitenhieb dar und steht in einem eigenartigen Spannungsverhältnis zum Gentleman-Detektiv Stoll, der sich die Verbrecherjagd als kostspieliges Hobby gegen die Langeweile leistet. Doch auch hier bleibt Altheer in seinem Roman von 1926 ganz Kind seiner Zeit: Tatsächlich konkurrierten in

86 So Ernest Mandel in seiner noch immer lesenswerten Sozialgeschichte des Kriminalromans (1988, 47).

den USA die wenigen Grossfirmen, die aus dem Konzentrationsprozess in der Filmindustrie hervorgegangen waren, mit horrenden Gagen und machten die 1920er-Jahre zum ersten Jahrzehnt der glamourösen und aus Sicht der gewöhnlichen Leute unfassbar reichen Filmstars. Gleichzeitig fand ein «Wechsel des Publikums» statt: Die ärmeren Schichten räumten ihre Plätze, denn «[d]as typische Kino-Publikum der 20er Jahre kam aus der Mittelschicht».[87]

Glauser und die Wurzeln des Regionalkrimis

In Europa war es Georges Simenon, der mit seinen Maigret-Krimis seit den 1930er-Jahren eine grössere Nähe zu den alltäglichen Verhältnissen in der französischen Hauptstadt (und in einzelnen Bänden auch der französischen Provinz) herstellte. Maigret wurde zum Vorbild und zur Inspiration eines jungen Schweizer Autors, der in seinen literarischen Kriminalfällen das Atmosphärische des Ortes und das Bedrückende der eingespielten Verhältnisse herausarbeitet – und Letzteres durch einen väterlich gerechten Polizisten relativiert: Friedrich Glauser wurde mit Krimis wie *Wachtmeister Studer* (1936 unter dem Titel *Schlumpf Erwin Mord* veröffentlicht) oder *Matto regiert* (datiert 1936, publiziert 1937) zum bekanntesten Pionier des Schweizer Krimis. Seine von Engagement für die Aussenseiter und von atmosphärischen Schilderungen getragenen Geschichten sind damit wichtige Vorläufer des heutigen Regionalkrimis.[88] Zwar verfremdet Glauser die Namen seiner Schauplätze, gleichwohl trägt die fiktive Irrenanstalt Randlingen erkennbare Züge der psychiatrischen Klinik Münsingen bei Bern, in welcher der Autor selbst einsass, und in *Der Chinese* (1939) ist der Weiler Pfründisberg dem emmentalischen Oeschberg nachempfunden, wo der Autor ein Lehrjahr in der Gartenbauschule verbracht hat.

Nach dem Zweiten Weltkrieg bezieht sich Friedrich Dürrenmatt mit seinen ersten Krimis *Der Richter und sein Henker* (1952), *Der Verdacht* (1953) und *Das Versprechen* (1958) auf Glausers Erbe. Dürrenmatt macht den Kriminalroman zu einem literarisch scharf geschliffenen Spiegel, mit dem er über gesellschaftliche und philosophische Fragen wie den Zusammenhang von Gesetz, Gerechtigkeit und Schuld reflek-

87 Prokop 1995, 87, vgl. auch 76.

88 Vgl. zu Glauser und seiner Wirkung Ott 2020, 36–39.

tiert – ohne dabei jedoch das Atmosphärische und Bodenständige der Verortung aus den Augen zu verlieren. Damit prägt er die Nachkriegsjahrzehnte. Der Kriminalroman wird zu einem anspruchsvollen und in der Schweizer Literatur bis in die 1970er-Jahre eher spärlich gepflegten Genre, das bemerkenswerte und bis heute faszinierende Solitäre hervorbringt. Graubünden ist in dieser literarischen Krimilandschaft überaus prominent vertreten.

Caratsch oder Der seltsame Fall des Engadiner Zuckerschmuggels

Es ist die romanische Literatur, die den ersten Bündner Krimi nach dem Zweiten Weltkrieg hervorbringt. Einen Krimi allerdings, dessen populärer Anschein darüber hinwegtäuscht, dass er in Wahrheit ein pädagogischer Feldzug gegen die Preisgabe der überkommenen Bauernkultur darstellt. Verfasst hat ihn der in Turin geborene Reto Caratsch aus S-chanf.

In Paris, wo er nach dem Krieg als Korrespondent der *Neuen Zürcher Zeitung* arbeitet, lernt Caratsch den Austauschstudenten – und späteren namhaften Engadiner Dichter – Andri Peer kennen. So wird er auf die Situation in Graubünden aufmerksam, wo die Zeichen auf Veränderung stehen: Die sich ankündigenden Wirtschaftswunderjahre erhöhen den Strombedarf, der mit Stauseen im Gebirge gedeckt werden soll. Dazu kommt bald auch eine sich neu und breiter ausrichtende Tourismusindustrie, die Boden für Hotels und Ferienwohnungen beansprucht.[89] Caratsch schreibt zunächst das Pamphlet *La renaschentscha dals Patagons* (1949, «Die Wiedergeburt der Patagonen», auf deutsch nicht erschienen) und giesst darin seinen Spott über die «Akteure und Institutionen der romanischen Bewegung» aus, welche die Anliegen der Sprachpflege und des Heimatschutzes nach seiner Meinung völlig falsch anpacken.[90] Wohl nicht zuletzt wegen der übersprudelnden literarischen Einbildungskraft des Autors, welche die Satire weit über ihre Kernan-

89 Vgl. Ganzoni 2006, 163. Im Folgenden stütze ich mich vor allem auf Ganzoni sowie auf Riatsch 2015.

90 Clà Riatsch fasst Caratschs Kritik so zusammen: «Das Problem ist die Institutionalisierung des Sprachkampfs, die Bürokratisierung, die Übertragung der Verantwortung auf die Funktionäre, die Subventionswirtschaft, der Folklorismus, die materialistische Gleichgültigkeit der romanischsprachigen Bevölkerung gegenüber ihrem sprachlich-kulturellen Erbe.» Riatsch 2015, 101.

liegen hinausschiessen lässt, trifft die Schrift in Graubünden auf weitgehendes Unverständnis.[91]

Sich auf die Popularität von Kommissar Maigret besinnend, möchte Caratsch mit dem *Commissari da la cravatta verda* (1950) die Menschen im Engadin direkter ansprechen – und wird damit, wenngleich nur vordergründig, zum ersten Bündner Krimiautor nach dem Krieg. Der Pariser Intellektuelle lässt seinen Kommissar Battista Mus-chaun im Falle eines Zuckerschmuggels ermitteln und erteilt damit den Oberengadiner Bauern und Handwerkern eine volkspädagogische Fernlektion. Wortgewaltig und missionarisch lässt der Autor seinen Kommissar sogar zum Mittel der Hypnose greifen, um den Talbewohner:innen die Gefahren der Epoche vor Augen zu führen. Man fühlt sich an die drastischen Traumbilder erinnert, mit denen Charles Dickens im Weihnachtsmärchen *A Christmas Carol* den geldgierigen Scrootch zur Umkehr bewegen will.

Mit viel Sinn für dramatische Wirkung beschwört Caratsch das apokalyptische Bild der letzten romanischen Engadinerin, «l'ultima persuna rumauntscha in Engiadina» (175), die er – 1950 noch ein Mädchen – im fernen Jahr 2020 auftreten lässt, wo sie als alte Frau auf der Laube ihres Hauses steht und vor lauter grauen Mauern und flachgedeckten Fabriken das Tal nicht mehr sieht. Mit den anderen Bewohner:innen kann sie nicht mehr sprechen, da niemand sie versteht. Da geht ihr das alte Märchen durch den Kopf, das davor warnte, sich durch Teufel, Geld und vermeintlich günstige Gelegenheiten verführen zu lassen. Damit wird klar: Das Verbrechen, das hier verhandelt wird, ist nicht der ungesetzmässige Handel mit Zucker – vielmehr geht es Caratsch im übertragenen Sinne um die Verführbarkeit eines von ihm auf Tradition festgeschriebenen Tals durch die süssen Verlockungen der modernen Welt.

Friedrich Dürrenmatt oder Sauwetter in Chur

Wird das Volk bei Caratsch mit Zucker verführt, so setzt der Verführer im Film *Es geschah am hellichten Tag* auf Schokolade. Als Friedrich Dürrenmatt 1957 den Auftrag zu einer Filmvorlage übernimmt, die sich des Themas «Sexualverbrechen an Kindern» annehmen soll, steht ebenfalls eine volkspädagogische Absicht im Zentrum: «Beabsichtigt

91 Ebd., 98–101.

war, vor dieser leider immer häufigeren Gefahr zu warnen.»[92] Allerdings macht es der erzieherische Fokus unausweichlich, dass der Mörder am Schluss gefasst wird, auch wenn dies «zu den staatserhaltenden Lügen [gehört]», wie Dürrenmatt im anschliessend verfassten Kriminalroman *Das Versprechen* (1958) einen pensionierten Kommissar konstatieren lässt. Bei dieser Neufassung des Stoffs in Romanform hat sich der Autor von der Frage leiten lassen, wie eine Krimihandlung aussähe, die erstens dem Zufall seinen Platz einräumte und zweitens der Tatsache Rechnung trüge, dass wir «nie alle notwendigen Faktoren kennen» (18). Solche Überlegungen führen in der Romanfassung dazu, dass der Ermittler Matthäi zwar richtig kalkuliert, aber seine Rechnung wegen eines idiotischen Zufalls[93] nicht aufgeht: anstatt am Tatort zu erscheinen, verunfallt der Täter auf dem Weg dorthin tödlich.

Bei aller Grundsätzlichkeit, womit Dürrenmatt in seiner Romanfassung aus dem Fall des Kindsmörders einen «Fall des Detektivs» macht und zu einem «Requiem auf den Kriminalroman» ansetzt (so der Untertitel), unterlässt er es nicht, die Handlung genau zu verorten – ja daraus zieht die Thesenhaftigkeit seiner «Kritik an einer der typischsten Gestalten des neunzehnten Jahrhunderts»[94] geradezu ihre Evidenz. Gleich auf den ersten Seiten entwirft der Autor ein eindringliches Porträt des verhangenen Churer Rheintals. Damit wird *Das Versprechen* nach Caratschs *commissari da la cravatta verda* zum zweiten Meilenstein des Bündner Kriminalromans in den 1950er-Jahren. Wenn der Erzähler «bei tiefliegenden Wolken und tristem Schneegestöber» in Chur eintrifft und sich auf vereistem Boden vorwärtsbewegen muss, so wird klar, dass Transparenz und Logik, für die das Krimigenre üblicherweise garantiert, in diesem Fall nur eingeschränkt zur Verfügung stehen. Und der Provinzcharakter von Chur macht auch gleich deutlich, dass jede Figur nur über eine höchst eingeschränkte Perspektive verfügt. Der Vortrag des Erzählers «über die Kunst, Kriminalromane zu schreiben» (11) jedenfalls muss vor drastisch ausgedünntem Publikum stattfinden, «da gleichzeitig in der Aula des Gymnasiums Emil Staiger über den späten Goethe las» (ebd.). Zugleich evoziert die Beschreibung des Bündner Hauptorts die

92 Nachwort zu *Das Versprechen*, Werkausgabe, Bd. 22, 203.

93 Vgl. den Kommentar des pensionierten Kommandanten: «Nichts ist grausamer als ein Genie, das über etwas Idiotisches stolpert.» (145)

94 Nachwort zu *Das Versprechen*, Werkausgabe, Bd. 22, 203.

im Untertitel als «Requiem» angesprochene Krimi-Endzeit-Stimmung: «Die Stadt war von Bergen eingekesselt, die jedoch nichts Majestätisches aufwiesen, sondern eher Erdaufschüttungen glichen, als wäre ein unermessliches Grab ausgehoben worden.» (13)

Wolfgang Hammer oder Der Krimi als christliche Gewissensprüfung

Die letzte Geliebte. Fast ein Kriminalroman, so nennt der aus Deutschland stammende damalige Pfarrer von Bivio, Wolfgang Hammer, sein 1961 erscheinendes Buch, das vom rätselhaften Todessturz eines Pfarrers aus der Werkseilbahn eines Stausees handelt. Der Autor war als noch nicht Zwanzigjähriger nach ersten Widerstandsakten gegen das Naziregime an die Ostfront geschickt und dort verwundet worden. Gegen Kriegsende beteiligte er sich aktiv am Widerstand. Nach dem Krieg studierte er Theologie und war Studienleiter an einer evangelischen Akademie in Süddeutschland, bevor er 1957 als Pfarrer ins Surses wechselte und 1967 reformierter Seelsorger von St. Moritz wurde.[95] Mit seiner theologischen Abwandlung des Kriminalromans wird er zu Beginn der 1960er-Jahre zum ersten in einer Reihe von reformierten Pfarrern, die in Graubünden ihr psychologisches und historisches Interesse an Fragen der Schuld und des Gewissens über die alltägliche Seelsorge hinaus ins kriminalistische Genre erweitern. Hier wird sich später neben Ulrich Knellwolf mit *Tod in Sils Maria* (1993) auch der im Unterengadin tätige Niklaus Schubert mit *Vereina Connection* (1999) einreihen oder Holger Finze-Michaelsen mit seinen Ermittlungen zu historischen Prättigauer Verbrechen.

Die menschlichen Kosten der Modernisierung waren Hammer aus seiner ersten Bündner Gemeinde bekannt – Marmorera, der Nachbarort von Bivio, war beim Bau des Staudamms von 1950 bis 1954 unter Wasser gesetzt worden. Das modellhaft verfremdete Umfeld in *Die letzte Geliebte* lässt dagegen eher an den Bau der Albigna-Staumauer im Bergell denken,[96] deren Bauzeit von 1956 bis 1959 – ebenfalls durch das Elektrizitätswerk der Stadt Zürich – in die Entstehungszeit des Beinah-Kriminalromans fällt. Erzählt wird darin, wie ein deutscher Pfarrer für

---

95 Wolfgang Hammer starb 1995. Die biografischen Angaben nach https://de.evangelischer-widerstand.de/html/view.php?type=dokument&id=673, 11. 2. 2024.

96 Im Buch kenntlich verfremdet zu «Marlegna». Die Baustelle ist auf einem «protzigen Transparent» angeschrieben mit «Stabag Zürich – Ausbau des Kraftwerks Marlegna» (1961, 9).

eine Stellvertretung «in die Wildnis dieses abgelegenen […] Bergtales» (9) an der Grenze zu Italien reist, wo sein Studienfreund Nik Mohrmann, eine brillante theologische Karriere ausschlagend, die italienischsprachige Talbevölkerung seelsorgerisch betreut. Mohrmann, der «in den Schrecken des Russlandkriegs und des Nachkriegschaos» zum Glauben fand, hat das «abseitige Alpental» in Graubünden ausgewählt, um dort für sich und seine Gemeinde «die Maße Christi in das Denken und Fühlen unserer Welt zu übersetzen» (28, 118). Der junge Pfarrer hat vor kurzem eine Einheimische geheiratet und offenbar guten Zugang zu seiner Gemeinde gefunden.

Als der Ich-Erzähler im Dorf anlangt, erwartet ihn dort anstelle seines Freundes die Nachricht von dessen tödlichem Sturz aus der Zubringerseilbahn zur Baustelle der Staumauer. Dem Besucher bleibt nur noch der Freundschaftsdienst, die Dokumente des Verstorbenen zu ordnen. Neben seiner Ehe hatte Mohrmann sich offensichtlich in kaum zu bändigender Leidenschaft zu einer kaum zwanzigjährigen jungen Frau hingezogen gefühlt, wie die Durchschläge zahlreicher Briefe enthüllen. Darin erteilt der verliebte Seelsorger seiner Geliebten mahnende Lektionen über die Anrüchigkeit von Jazztrompete und Musikbox, gegen Camus und Sartre, gegen Blue Jeans im Besonderen und die lockeren Sitten der Wirtschaftswunderzeit im Allgemeinen. Doch die junge Frau reisst sich trotz schlechten Gewissens von ihm los und reist in die USA, wo Mohrmann sie offenbar nicht mehr erreichen kann – dies nicht nur inhaltlich, sondern auch weil ein einheimischer Briefträger die Briefe aus Eigennutz zurückbehält. Mohrmanns gesammelte und in druckreifer Manier zurückgelassene «Lehrbriefe» (102) an die junge Geliebte dürften allerdings zumindest bei heutigen Leser:innen einen zwiespältigen Eindruck hinterlassen – der Pfarrherr mobilisiert seine glühend vorgetragenen theologischen Argumente gegen den «Hexenkessel unserer Welt» (118) schliesslich nicht ganz ohne eigenes Interesse. Ausgerechnet vor der verhängnisvollen letzten Seilbahnfahrt erzwingt Mohrmann vom betrügerischen Briefträger die Herausgabe der ausstehenden Korrespondenz und erfährt nun, dass das Ausbleiben seiner Briefe dazu beigetragen hat, dass sich seine Geliebte auf das eingelassen hat, was er so vehement zu verhindern suchte. «Warum sollen nur die Männer ihre Erfahrungen vor der Ehe machen dürfen? Ich glaube nicht, dass ich mich damit, wie Du immer sagtest, unglücklich gemacht habe» (101 f.), schreibt die Geliebte ihm aus Amerika – Mohrmann liest und stürzt.

War es Mord, weil der diebische Briefträger die Seilbahn manipuliert hatte, um sich schadlos zu halten? Oder ein Unfall, weil Pfarrer Mohrmann von einem jener epileptischen Anfälle überrascht worden war, die ihn in Zeiten besonderer Gewissenskämpfe immer wieder heimsuchten? Oder war es – dies wird für den christlichen Kontext des Romans schliesslich zur Schlüsselfrage – Selbstmord? Das ist der Punkt, an dem der Autor sich ostentativ gegen die geschlossene Form des Kriminalromans wendet und damit für die Integrität seines Seelsorgers Partei ergreift: «Man kann nicht immer alles von außen ablesen; auch für den Gläubigsten bleibt vieles unentwirrt, unaufgelöst, rätselhaft und geheimnisvoll, vor allem unlogisch und scheinbar unvollendet.» (167 f.)

Ulrich Becher oder Auch ein Zauberberg con paranoia

Wenn Thomas Mann von der exponierten Zuschauerloge der Bündner Berge herunter das Heraufziehen einer europäischen Kriegskatastrophe verfolgt hat, so war er damit nicht der Einzige. Handelt der *Zauberberg* im Vorfeld des Ersten, so Ulrich Bechers *Murmeljagd* im Vorfeld des Zweiten Weltkriegs. Was bei Mann das Davos der Tuberkulosekranken, ist bei Becher das Oberengadin einer von Misstrauen und Verdacht vergifteten Flüchtlingscommunity. Mit einer Verkehrung, die dem dürrenmattschen Sinn für Absurdität in nichts nachsteht, nähert Becher seinen 1969 veröffentlichten, monumentalen Roman dem Kriminal- oder besser Spionagegenre an. Darin geht das vielschichtige Werk freilich nicht auf: Kriminell ist bei Becher nicht die Hauptfigur, im Gegenteil, sie möchte unbedingt anständig bleiben. Kriminell ist vielmehr die Zeit. *Murmeljagd* umfasst Bechers Erinnerungen an den «Zwangsaufenthalt im Zerrspiegel-Kabinett einer kriminellen Epoche» (509).

Der Autor – 1910 in Berlin als Kind einer Schweizer Pianistin in eine vermögende jüdische Anwaltsfamilie geboren – lernte das Oberengadin schon in jungen Jahren bei Ferienaufenthalten kennen. Bechers künstlerische Begabung wurde in der Weimarer Republik vom bekannten gesellschaftskritischen Maler und Grafiker George Grosz gefördert. 1932 veröffentlichte Becher einen ersten Roman, der von den Nazis umgehend verboten wurde. Er flüchtete zuerst nach Österreich und kam nach dem ‹Anschluss› in die Schweiz, wo ihm die schweizerische Fremdenpolizei das Arbeiten verunmöglichte – seine antifaschistische Haltung verstosse gegen das Neutralitätsprinzip. Man legte Becher nahe, das Land zu verlassen, worauf er gemeinsam mit seiner Frau nach Brasilien auswanderte und schliesslich über New York nach dem Krieg nach Basel zurückkehrte, wo er 1990 starb.

Auf der Flucht vor dem Naziregime befindet sich 1938 auch sein Protagonist Trebla. Im Engadin treiben ihn und seine Frau politische Schreckensnachrichten, Hiobsbotschaften von Freunden und skurrile Begegnungen ebenso um wie albtraumhafte Wahngebilde. Trebla spürt: «Auch in Pontresina ist Krieg.» (386) Die hellsichtige und doch zugleich paranoid überreizte Wahrnehmung der Hauptfigur mündet in einen vielstimmigen Furor des Erzählens und rührt an die Wurzeln des Genres. Nicht zufällig hat sich kriminalistisches Erzählen gegen Ende des 19. Jahrhunderts zeitgleich mit der «Erfindung und Beschreibung einer ‹Paranoia› genannten Geisteskrankheit» durchgesetzt, wie der französische Soziologe Luc Boltanski in einer lesenswerten Studie herausarbeitet.[97]

Was aber *Murmeljagd* in besonderer Weise zu einem Vorläufer des nach der Jahrtausendwende boomenden Regionalkrimis macht und ihn zugleich deutlich davon absetzt, ist Bechers verblüffende Fähigkeit zur sprachlichen Gestaltung und Verfremdung des Lokalen. Bereits der Titel weist in einer seiner mitschwingenden Bedeutungen darauf hin, dass darin dem Murmeln und Raunen unzähliger Stimmen nachgejagt wird. Und so fügt sich in *Murmeljagd* ein babylonisches Gemisch von Stimmen und Sprachen zu einem einzigartigen und faszinierenden literarischen Sound: Romanisch, Italienisch und bündnerisch gefärbtes Deutsch evozieren das später im Regionalkrimi so gesuchte unverwechselbare Lokalkolorit – bloss dass Becher es in eine überbordende Polyphonie weiterer Sprachen, Stimmen und Dialekte einbettet, sodass Bündnerisches darin gelegentlich «ans Arabische» anklingt.[98] Wenn

97 Boltanski 2013, 45 f., vgl. auch 86. Die Ausführungen zu Becher und Boltanski habe ich im Zuge der Arbeit an diesem Buch schon im romanischen Aufsatz «Murdraretsch en vista» konzipiert, in: *Annalas da la Societad Retorumantscha* 135/2022, 63–80.

98 Becher 1969/2022, 595, vgl. auch 523. Christa Baumberger, welche die «Polyphonie» in Bechers Exilroman genauer analysiert, hat im Roman zehn Sprachen identifiziert. Baumberger 2018, 183.

Gian Maria Calonder alias Tim Krohn das Engadin in seiner Krimireihe auch heute gelegentlich beim Wort nimmt, indem er festhält, dass an den Tischen des Restaurants Piz Linard «Romanisch und Japanisch» gesprochen werde, vermeint man darin ein fernes Echo auf Bechers Vielstimmigkeit zu vernehmen (in *Engadiner Hochjagd*, 61).

Katharina Hess oder Weibliche Identitätssuche anno 1975

Im Roman *Die Gegenspieler* verhandelt Katharina Hess 1975 mit den Mitteln des Krimis den Konflikt zwischen einer traditionellen, bäuerlichen Lebensweise und dem Tourismus als Modernisierungsmotor – mit besonderem Augenmerk für die sich wandelnden Geschlechterverhältnisse. Die Autorin dieses raffinierten und innovativen Bündner Kriminalromans zog mit ihrem Mann, dem Germanisten und Deutschlehrer Paul Emanuel Müller, im Jahr 1965 vorerst nach Davos und später nach Chur.

Hess' Protagonistin Marion Braschler arbeitet nach ihrer Scheidung am Gericht in Chur an einer juristischen Dissertation. Von ihrer städtisch-unabhängigen Lebensweise nimmt sie Abschied auf Zeit, als sie unter falschem Namen in ein Dorf geschickt wird – von der Autorin modellhaft Valsura genannt –, wo sie in der verschlossenen Dorfbevölkerung Ermittlungen zu einem mutmasslichen Mord anstellen soll. Vermisst wird ein ausländischer Investor, der versprach, aus dem Bauerndorf nach dem Muster des Nachbarorts ein blühendes Ferienzentrum zu machen. Dabei verliebt sich Marie-Louise Digg – so Marions Deckname – ausgerechnet in den Hauptverdächtigen. Der Krimiplot bringt in der Folge schonungslos nicht nur die Gespaltenheit des Dorfes, sondern auch den Zwiespalt der Ermittlerin ans Licht, die zwischen einem Leben in Unabhängigkeit und dem Wunsch nach Zugehörigkeit schwankt: «Als du nach Valsura kamst, warst du so unabhängig, wie ein Mensch nur sein kann. Du warst so unabhängig, dass du sogar deinen Namen und deine Identität vertauschen konntest. Genau in diesem Augenblick hat man dir dort oben all das angeboten, was dir fehlt: Heimat, Geborgenheit, Zuneigung, Vertrauen.» (312)

Hess entwickelt die Handlung als Spiel um eine leere Mitte, denn der Spekulant aus einem fernen, namenlosen Land in Südamerika bleibt abwesend. Was die Autorin interessiert, sind jene Figuren, die sich zu einer schwierigen Modernisierung verhalten müssen: Sie suchen ihren Weg zwischen starrer Tradition, profitgesteuerter Spekulation und vieldeutiger Identität. Die schmerzhafte Pointe der Krimihandlung besteht darin, dass Marie-Louise alias Marion mit ihren Ermittlungen zwar den Fall aufklären und damit ihren Geliebten entlasten kann, doch wird damit gleichzeitig auch ihre Rolle als verdeckte Ermittlerin offenkundig. In der Folge wendet sich der Geliebte von ihr ab, da er sich durch dieses Rollenspiel hintergangen fühlt.

Oscar Peer oder Ein Krimi als Lebensprojekt

Oscar Peers *Hannes* gehört ebenfalls in die Gruppe der literarischen Krimisolitäre aus den 1970er-Jahren. Als der «Roman criminal» kurz nach dem Tod des Autors zuerst auf Romanisch (2014) und ein Jahr später in einer ebenfalls vom Autor erarbeiteten deutschen Version erscheint, setzen diese Fassungen letzter Hand einen Schlusspunkt hinter eine lange Entwicklungsgeschichte, die bis in die frühen 1970er-Jahre zurückreicht. 1971 noch abgelehnt, konnte eine überarbeitete Fassung dieser fiktiven Aufzeichnungen eines bekennenden Mörders erstmals 1978 unter dem Titel *Hannes. Bericht aus der Haft* bei *Gute Schriften* in Zürich erscheinen. Die Möglichkeit eines jeden, zum Mörder zu werden, hat Oscar Peer also ein ganzes (Schriftsteller-)Leben lang beschäftigt – bloss dass der Autor dieses Thema nicht in immer neue Krimiepisoden gekleidet, sondern als gleich bleibenden Romanstoff lebenslang neu bearbeitet hat.

Zwar ist unverkennbar, dass Peer seine Geschichte in Anlehnung ans Krimigenre erzählt. So tritt ein Ermittler auf, der an der Aufklärung des Doppelmords an Hannes' Frau und seinem Stiefbruder arbeitet. Gleichzeitig distanziert er sich jedoch nicht weniger deutlich vom klassischen Whodunit, denn dass der Ich-Erzähler auch der Täter ist, macht die ausführliche Rekapitulation seines Lebens schnell einmal offensichtlich.[99] Schauplatz von *Hannes* ist eine namenlose Stadt, «ma provinza tanter las Alps» in der romanischen Fassung (2014, 280), in der deutschen Version auch «Heimat» genannt: Hier herrscht «das typische

99 In der Fassung von 1978 wird das Geständnis gleich zu Beginn schon explizit ausgesprochen (1978, 6), was an Frischs *Stiller* denken lässt. In den beiden Fassungen letzter Hand wird ein Alibi vorgeschoben, das für die Leser:innen allerdings bereits wenig später als falsch erkennbar wird (2014, 18; 2015, 16). Peers lebenslange Beschäftigung mit dem Stoff dokumentiert Monica Peer-Fopp in ihrer Notiz «Dal Hannes al Hannes» am Schluss der romanischen Ausgabe (2014, 294 f.).

Klima, ein bestimmter Duft, vielleicht herrschte Föhn» (2015, 271). Ein genau lokalisierter Teil der Handlung spielt überdies in der Val Tasna bei Ardez im Unterengadin, dem Ort von Peers Kindheit.

Die Rekonstruktionsarbeit eines gewöhnlichen Lebens, das in ein schreckliches Beziehungsdelikt mündet, gibt dem Autor Gelegenheit, in der Tradition des Selbstbefragungsromans eines Max Frisch die Frage nach der eigenen Identität und ihren Möglichkeiten zu stellen und mit zahlreichen Anspielungen an die literarische Tradition zurückzubinden. Schliesslich bekennt sich der zurückhaltende und einfühlsame Ich-Erzähler zur brutalen Tat: «Von da an, Leser, […] handelte ein anderer in mir, der unheimliche Unbekannte unserer Grenzsituationen.» (2015, 275)

Pater und Clown: Auftritt der ersten Serienhelden (1980–1990)

Ein neues Krimiklima

Die 1980er-Jahre bilden eine Zäsur in der Geschichte des Schweizer Kriminalromans. Paul Ott spricht von einem «Boom der Kriminalliteratur» (2020, 76). Dieser «grosse Aufbruch» geschieht im Kontext einer auch international veränderten Krimilandschaft: Das Genre wird nun in postmoderner Weise variiert, dekonstruiert und parodiert.[100] Vorbilder sind Umberto Ecos *Il nome della rosa* (1980, deutsch *Der Name der Rose*) oder Dürrenmatts Spiel mit Krimielementen in *Justiz* (1985) und in seinem letzten vollendeten Roman *Durcheinandertal* (1989), der deutliche Reminiszenzen an die Engadin-Aufenthalte des Autors enthält.

Die Neuerungen sind interessant und folgenreich auch im Hinblick auf das, was nach 2000 passieren wird, nämlich ein sprunghaftes Ansteigen der Produktivität von Autor:innen, die regionale Krimis verfassen. Unabdingbare Voraussetzung dafür ist die Serialisierung. Die Autor:innen arbeiten mit Ermittlerfiguren, die immer wieder auftreten und denen sie verschiedene Fälle übertragen. In Ansätzen entwickelt sich eine solche Produktion in Graubünden bereits in der zweiten Hälfte der 1980er-Jahre, als mit Pater Ambrosius und Linard Lum die ersten seriellen Bündner Ermittler – fast gleichzeitig auf Deutsch und auf Romanisch – die literarische Bühne betreten. Sie tun das zu einem Zeitpunkt, als auch in Deutschland der Regionalkrimi mit ersten seriellen Beispielen hervortritt – *Eifel-Blues* von Jacques Berndorf erscheint 1989. Beide Tendenzen – Serialisierung und Regionalisierung – werden sich im Folgejahrzehnt verdichten, nicht zuletzt unter dem Einfluss des Radios. Hier aber zunächst Bühne frei für die Pioniere der 1980er-Jahre, Bühne frei für einen neugierigen Pater in der Surselva und einen postmodernen Literaturclown aus dem Engadin.

100 Vgl. dazu Düwell et al. 2018, 331–334.

Pater Ambrosius: Pionier unter den regionalen Ermittlern

Seinen kuriosen ersten Auftritt hat Pater Ambrosius aus dem Kloster Disentis 1987 in *Mord in Mompé* von Jon Durschei und Irmgard Hierdeis. Er stellt Nachforschungen an, nachdem seine Bekannte Gabi Andermatt, die ihr Bauernhaus in der oberen Surselva an verkrachte Künstler und Schriftsteller verliehen hatte, tot in der Badewanne aufgefunden wurde. Als Figur erinnert der Pater zunächst an Chestertons Father Brown.[101] Allerdings war auch der reale Pater Ambros Widmer (1917 Gommiswald [SG] bis 2011 Disentis) – oder eben ‹Pater Ambrosius› – in der Surselva eine bekannte Erscheinung. Widmer hat zahlreiche Bücher und Aufsätze zum Rätoromanischen und zur Klostergeschichte publiziert. Die Wahl dieses Namens für die Ermittlerfigur ist Teil eines Katz-und-Maus-Spiels mit der Realität, das die Autor:innen in ihrem regionalen Krimiexperiment lustvoll inszenieren. Um für ihre fiktionalen Zwecke freie Hand zu bekommen, haben sie die Figur aber auch deutlich vom realen Pater Ambrosius abgesetzt, indem sie ihr zum Beispiel eine böhmische Kindheit andichten.

Mompé Tujetsch wird im Krimi aus Sicht der erzählenden Gäste als Provinz beschrieben, als hinterwäldnerischer Ort, «in dem wirklich noch Leute lebten, vor allem ältere, die auch mit Fremden nur Surselvisch sprachen» (28). Wenn der Regionalkrimi später, nachdem er sich als eigenes Subgenre herauskristallisiert hat, gern das positive Bild der ‹Region› hervorkehren wird, wie es von einer emotional verwurzelten lokalen Figur vermittelt wird, so nimmt *Mord in Mompé* in dieser Hinsicht eine interessante Zwischenstellung ein. Mindestens ebenso sehr wie an der Vorstellung einer positiven emotionalen Verortung orientiert sich dieser erste Krimi der Ambrosius-Reihe nämlich am Bild einer befremdlichen, zurückgebliebenen Provinz. Diese Gespaltenheit kommt nicht zuletzt auch beim Versteckspiel um das Autorpseudonym zum Ausdruck. Tatsächlich passen nämlich die gezeigten Gegensätze und Vorurteile, mit denen sich Einheimische und Dauergäste begegnen, schlecht zum Profil des Verfassers: Jon Durschei, «der junge Bündner Landwirt und Schriftsteller»,[102] wird auf einer etwas schummrigen

---

101 Der englische Autor Gilbert Keith Chesterton (1874–1936) veröffentlichte seine beliebten Kriminalgeschichten um Father Brown ab 1910.

102 Vgl. Klappentext. Als Autor:innen werden Jon Durschei und Irmgard Hierdeis genannt.

Fotografie auf dem Einband als einheimischer Bergbauer dargestellt. In Wirklichkeit wurde der Roman von Orte-Verleger Werner Bucher (mit-)verfasst,[103] der damit für seinen in Zürich gegründeten Verlag eine neue Krimireihe begründete.

Der Orte-Verlag wurde mit der Ambrosius-Reihe rasch zu einer Institution in der Schweizer Krimiliteratur, zu einem Sammelpunkt, wo in der Folge «viele Autorinnen und Autoren debütiert, manche eine Serie von Texten publiziert [haben]» (Ott 2020, 81). Bucher behielt das Bündner Pseudonym Durschei auch für seine folgenden Kriminalromane bei. Dabei liess er den Disentiser Pater jedes Mal in einer anderen Gegend ermitteln und machte die geistliche Spürnase nach ihrem Einstand in der Surselva gewissermassen programmatisch zu einem schweizerischen Pionier des regional verorteten Krimis: *Mord über Waldstatt* (1988); *War's Mord auf der Meldegg?* (1992); *Mord am Walensee* (1993); *Mord in Luzern* (1994); *Mord im Zürcher Oberland* (1995); *Mord in Stein am Rhein* (1998) und andere Morde mehr.

Linard Lum: Der Detektiv als literarischer Unruhestifter

Nur ein Jahr nach dem Pater aus der Surselva betritt mit Linard Lum ein romanischer Ermittler die Szene. Auch der Oberengadiner Polizist und umständliche Pfeifenraucher Lum wird von seinem Autor mehrfach auf Einsatz geschickt. Den Hintergrund von Göri Klainguti's Kriminalerzählungen bildet das Bestreben der romanischen Sprachorganisationen (in diesem Fall der engadinischen Uniun dals Grischs), populäre Lesestoffe auf Romanisch zu initiieren. Wiederum gibt es ein Verwirrspiel um die Autorschaft, diesmal weil der Detektiv und Protagonist auch gleich als Autor vorgestellt wird: *Linard Lum. 7 raquints criminels da Göri Klainguti e Linard Lum* (1988).

Lum ist weniger Polizist als postmoderner Clown und literarischer Unruhestifter. Die Kriminalfälle – ob Banküberfall oder bloss rätselhaftes Vorkommnis – bieten Anlass für geistreiche Zwiesprachen zwischen dem Autor und seiner Figur. Die beiden provozieren allerhand Verwechslungen und Vertauschungen, und mitunter wendet sich der Autor auch direkt an sein Publikum. Mit Linard Lum entzieht sich Klainguti den Erwartungen auf populäre Unterhaltung und setzt stattdessen auf eine

103 Vgl. Ott 2020, 206.

hintergründige Reflexion der Möglichkeiten und Wirkungen von Literatur – nicht zuletzt von Literatur in einem kleinen Sprachraum, denn Klaingutis Bücher sind auf Puter verfasst und zielen auf das überschaubare Oberengadiner Publikum. Der Autor schreibt in einem Umfeld, in welchem die verschiedenen Akteure – Literaturvermittler, Sprachpfleger, Verleger und sogar teilweise das Publikum – einander kennen.

Ein Jahr nach den *7 raquints criminels* schickt Klainguti seinen pensionierten Ermittler mit dem Radiohörspiel *Linard Lum a Paris* (1989)[104] in die französische Hauptstadt. Von dort kommt mit Simenons Maigret auch das pfeifenrauchende Original, dem Lum nacheifert – eine Ausgangslage, die sich der Autor nicht entgehen lässt und die er gleich in den aufzuklärenden Fall einbaut. Der Fall nämlich dreht sich um einen gestohlenen und zugleich gefälschten Picasso, was reichlich Anlass bietet zu Spekulationen über das verzwickte Verhältnis von Original und Kopie. Auch später reaktiviert Klainguti seinen Detektiv gelegentlich für besondere Anlässe, so 2005 in *L'ü*, um das Phänomen des im Engadin in auffälliger Häufigkeit als Sprayerei auftauchenden Buchstabens «ü» zum Anlass witziger Spekulationen zu machen.

104 Das dreiteilige Hörspiel wurde am 25. 11. 1989 gesendet. Zur Bedeutung des Radios für die Entwicklung serieller Figuren vgl. das nächste Kapitel.

Radio! Radio! Radio! Der Krimi strahlt aus (ab 1990)

Das Radio als Impulsgeber

Linard Lums radiophoner Parisausflug von 1989 fällt ins selbe Jahr, in dem der Zürcher Roger Graf seine *Maloney*-Serie zum ersten Mal produziert, die bei den Deutschschweizer Radiohörer:innen in den 1990er-Jahren Kultstatus erreichen sollte. Graf lehnt seine Figur nicht an Maigret, sondern an Raymond Chandlers rauen amerikanischen Einzelgänger Philip Marlowe an und setzt damit auf das in jenen Jahren so beliebte Pastiche, das sich zwischen Hommage und Parodie bewegt. Die Hörspielserie *Die haarsträubenden Fälle des Philip Maloney* spricht in den 1990er-Jahren das damals mehrheitlich junge Zielpublikum des Senders DRS 3 an und kann sich als Format drei Jahrzehnte lang halten. Die Attraktivität des Radios gerade auch für jugendliche Hörer:innen trägt auf diese Weise auch zu einer Verjüngung des Krimipublikums bei. Hintergrund bilden die in den 1980er-Jahren entstehenden lokalen Radiosender, die in einer sich rasch wandelnden Medienlandschaft um ein neues Publikum buhlen und damit auch die öffentlich-rechtlichen Sender verändern.

Beim romanischen Radio nimmt man den von Klainguti gesponnenen Faden des Krimihörspiels im Mai 1994 wieder auf: In der Sendung *Battaporta* verfängt sich der klamaukige Unglücksrabe Claudio Mettler Abend für Abend in einem Knäuel krimineller Machenschaften. Hinter diesem *nuf infernel* oder teuflischen Knoten steht der junge, aus Samedan gebürtige Autor Daniel Badraun. Im Interview erinnert sich Badraun, der seine Hörspiele später auch in Buchform publiziert hat: «Zunächst war's einfach so, dass ich nicht für die Schublade schreiben wollte, sondern für die Anwendung. Wir haben damals beim Romanischen Radio, zusammen mit Arnold Rauch, gesagt, wir wollen Fortsetzungskrimis machen, die ausgestrahlt werden. So entstanden die beiden Krimis in *In vista a Buddha*, das heisst sie sind zuerst am Radio als Fortsetzungshörspiel ausgestrahlt worden. Auch *2022 u té a mezzanot* erschien als Fortsetzungshörspiel – so bin ich zum Krimischreiben gekommen.» Die Produktionsbedingungen waren ganz aufs Medium Radio ausgerichtet und setzten auf Publikumsbeteiligung: «Wir haben Folge für Folge mit einem Cliffhanger beendet und die Leute konnten dann telefonieren, wie es weitergehen soll – das lief jeweils über drei Wochen, täglich eine Folge.»[105]

Vom Radio zum Buch

Die beiden Radiokrimis *Il nuf infernel* und *La flur da lotos* wurden 1996 auch in Buchform publiziert (unter dem Titel *In vista a Buddha*). Der radiophone Ursprung teilt den gedruckten Geschichten einige typische Ingredienzien des Radiokrimis mit: einfache und prägnante Charaktere, ein Hang zum Drastischen, ja mitunter Klamaukigen sowie viel direkte Rede – aber auch ein direkter Bezug zum alltäglichen Leben in der bespielten Region. So thematisiert Badraun in *Il nuf infernel* zum Beispiel die schwierige Wohnsituation im Oberengadin. Geschildert wird, wie ein Einheimischer in einem «wahren Loch» («üna vaira foura», 1996, 39) hausen muss, umgeben von Ferienvillen, deren Fensterläden meist geschlossen bleiben. «Welch wunderbare Kulisse für die Klischees vom Schellenursli»,[106] kommentiert voller Sarkasmus der Erzähler.

Das Radio bot Badraun in der Folge auch die Möglichkeit, deutsche Hörkrimis zu produzieren. *Ein teuflischer Knoten* und *Die Lotosblüte* wurden 1996 und 1997 vom schaffhauserischen Radio Munot in einer deutschen Fassung gesendet, und der Autor verfasste, diesmal direkt auf Deutsch, weitere Radiokrimis für die Bündner Lokalsender Radio Piz in St. Moritz und Radio Grischa in Chur. Für Grischa entstanden in den Jahren 2000 und 2001 die beiden Hörspiele *Giacomettis Hund* und *Kuhhandel*. Gerät der Lebenskünstler Mettler in Ersterem mitten hinein in die Wirren um einen Kunstdiebstahl aus dem Churer Kunstmuseum, so entfaltet das zweite seine turbulente Handlung im Prättigau rund um den Bau des Vereinatunnels. 2004 konnte der Autor mit *Das Kriminalarchiv* auch eine Folge der beliebten DRS-Sendung «Das Schreckmümpfeli» verfassen.

105 Interview des Schreibenden mit Daniel Badraun vom 21. 1. 2022.

106 «Che bella culissa per ils clischès dad uorsin da la s-chella.» (40)

Radiokrimis von Erika Sommer und Hans Peter Gansner

Badraun bleibt nicht der Einzige, der durchs Radio zum Krimischreiben kommt. Auch die aus der Region Zürich stammende Ethnologin und Sprachlehrerin Erika Sommer gibt 1997 ihren Krimieinstand am Radio. Fürs damalige Radio DRS 1 kreiert sie die Figur des Scuoler Dorfpolizisten Chasper Caprez – in Churer Dialekt gesprochen von Andrea Zogg. Ein mysteriöser Mordfall führt ihn ins neu eröffnete Bogn Engiadina Scuol. 2001 legt Sommer nach mit *Mord im Piz Triazza*. Diesmal geht es um einen toten Touristiker, der Anlass gibt, die hochfliegenden Pläne der Engadiner Tourismusbranche kurz nach Eröffnung der Vereinalinie unter die Lupe zu nehmen.

Auffallend ist bei Erika Sommer – wie schon bei Daniel Badraun – die Nutzung verschiedener Medien. Nach den Hörspielen erscheint 2022 mit *Alpentroll* auch ein Kriminalroman aus ihrer Feder. Das Buch handelt von sanftem Tourismus in der exemplarisch konzipierten Val Dulain, der durch ein Windparkprojekt bedroht wird. Auch hier nimmt sich die Autorin mit den Mitteln des Krimis der Problematik eines überbordenden Eventtourismus und einer rücksichtslosen Ausbeutung alpiner Energiequellen an.

Ausschliesslich fürs Radio, nämlich für die Dialektsendung «Schnabelweid» von Radio DRS 1 (heute SRF), sind ab 2001 die Kurzkrimis des in Chur aufgewachsenen Hans Peter Gansner entstanden.[107] Zogen die Radiokrimis in den 1980er- und 1990er-Jahren das vornehmlich junge Publikum einer neuen Radioszene an, so wandte sich das Format «Schnabelweid» einem anderen Publikum zu. Es sprach (und spricht) Hörer:innen an, die sich für Mundart und schweizerische Dialektkultur interessieren. Der Autor verfasste seine Hörkrimis in einer Kunstsprache, die den von ihm bewahrten älteren Sprachstand des Churer Dia-

107 Der 2021 verstorbene Autor hat im genannten Rahmen zwischen 2001 und 2018 sechzehn Krimis auf Churerdeutsch verfasst und grossenteils selbst gesprochen. Mit Pascale Fontaine schuf Gansner bereits 1999 auch eine Krimiserienheldin fürs Buchformat, die er allerdings nur in Frankreich (*Sechs Fälle für Pascale Fontaine. Kriminal-Novellen aus Frankreich*, Berlin 1999) und später in der Karibik (*Tödliches Tête-à-tête auf Guadeloupe. Eine Kriminalnovelle aus der Karibik mit der französischen Kommissarin Pascale Fontaine*, Dozwil 2009) ermitteln liess.

lekts mit den sprachlichen Moden und Neuschöpfungen der jüngsten Zeit anreichert.[108]

Angesiedelt sind Gansners Bündner Krimis allesamt im «Hochtannatal» beziehungsweise im «Legföhratal», wenn der Schauplatz dem Engadin nachempfunden ist (so in *Tod à la carte*,[109] wo die Geschichte des Maloja Palace Hotels in freier Weise nacherzählt wird). Der Autor und Erzähler experimentiert in seinen Hörstücken mit verschiedenen literarischen Grundierungen, geht von utopischem Pathos zu beissender Satire über – etwa in *Wilhelmina Tellona*, wo ein Werbespot für Alpenmilch in eine groteske Alpensatire ausartet. Dabei greift Gansner auch immer wieder auf Vorbilder wie den Krimialtmeister Poe zurück (*Dr Fall vu dr Casa Uschäras*) oder erweist mit seinem «Kommissar Gawäckerli» dem volkstümlich gewordenen Polizist Wäckerli von Schaggi Streuli, 1949/50 für Radio Beromünster konzipiert, eine späte bündnerische Reverenz.[110]

---

108 Hans Peter Gansner äussert sich selbst zu seinen Bündner Krimis in der Schnabelweid-Sendung vom 6. 9. 2012. www.srf.ch/audio/dini-mundart-schnabelweid/hans-peter-gansners-neuer-buendner-alpenkrimi?id=10238898, 22. 1. 2024.

109 www.srf.ch/audio/dini-mundart-schnabelweid/tod-a-la-carte-alpakrimi-von-hans-peter-gansner-nr-2?id=12015441, 24. 2. 2023.

110 *Dr Erschtgeborani* (2018), www.srf.ch/audio/dini-mundart-schnabelweid/dr-erschtgeborani-ein-alpenkrimi-von-hans-peter-gansner?id=11436921, 24. 2. 2023.

Engadin mit Meerblick: Romanische Krimis der 1990er-Jahre

Der Krimi als Entrückung

Die Lokalradios stehen für eine Entwicklung, die den regionalen Bezug stärkt, und auch der Krimi folgt diesem Trend. Lokalkolorit und regionale Verwurzelung werden angesichts der unter dem Schlagwort Globalisierung diskutierten Steigerung der weltweiten Mobilität von Waren, Kapital und Menschen zunehmend zu Zutaten eines Erfolgsrezepts. Die 1980er- und 1990er-Jahre stehen im Zeichen einer Neuentdeckung der Regionalität, die mit spezifischen Labels und Marken sowie neuen Fördermitteln sichtbar gemacht wird. Wie reagiert man darauf in der romanischen Literatur, für die ja beengte Verhältnisse und überschaubare Nähe als Kleinsprache seit je eine Grundkonstante bilden? Tatsächlich ist hier in den 1990er-Jahren – auf den ersten Blick völlig gegen den Trend – im Krimi ein Hang zu Distanznahme und Entrückung festzustellen.

Das trifft etwa für die Radiokrimis von Daniel Badraun und deren Weiterentwicklung in Romanform zu. Der aus den 1990er-Jahren kommende Claudio Mettler ist «ein Weltenbummler», wie der Autor im Interview festhält. «[N]atürlich spielt viel davon im Engadin, auch die romanischen Krimis, aber Mettler ist nicht so ortsgebunden, da kommt auch Nepal vor, Indien, Australien, dort kann ich dann eher auch noch Reisen, die mir selbst wichtig sind, einbeziehen. Das sind ja dann auch nicht wirklich typische Regiokrimis.» Erst 2014 erfindet Badraun für sein deutsches Krimipublikum den sesshaften Dorfpolizisten Gaudenz Huber aus Segl/Sils.

Silvio Camenisch und Flurin Spescha

Auch andere Romanisch schreibende Autor:innen verwenden den Krimi in den 1990er-Jahren als Medium, das es erlaubt, auf Distanz zu gehen zum Vertrauten. So dienen bei Silvio Camenisch die 1992 publizierten «Historias criminalas» mit dem Titel *Da mesa stad* nicht zuletzt dem Zweck, sich einen Freiraum zu erobern und sich vom Druck der Tradition ein Stück weit zu entfernen. Zwar spielt auch *Da mesa stad* unverkennbar im bündnerischen Nahraum, aber Camenisch übersetzt das Genre quasi direkt aus dem Amerikanischen, indem er seine Kriminalerzählungen nach dem Vorbild von Patricia Highsmith komponiert.[111] Dieser Transfer erlaubt es ihm, die Rolle des Schriftstellers als moralischer Instanz abzulegen, die insbesondere für Autoren der romanischen Literatur – zumal in der katholisch-konservativ geprägten Surselva – bis in die 1970er- und 1980er-Jahre hinein festgeschrieben bleibt. Die Erzählungen bieten stimmige und in Graubünden verortete Figurenporträts, ohne dass ein Mord auch gleich die ganze Aufklärungs- und Sühnemaschinerie in Gang setzen müsste.

Am deutlichsten auf die literarische Ver-Rückung setzt Flurin Spescha 1993 in *Fieu e flomma*. Der Autor macht sich für diesen ersten Roman in Rumantsch Grischun[112] das Genre des Spionageromans zu eigen, was ihm erlaubt, eine irrwitzige Handlung zwischen Graubünden und Basel, London und Florida zu konstruieren. Die Hauptfigur Maria Angelica Coller-Daleu kehrt nicht nur ihrem beengten Leben in der Surselva den Rücken, sondern beginnt mit ihrem Basler Liebhaber, dem Pampers-Fabrikanten Schlatter, ein mondänes Leben zwischen dem Engadin und Amerika. Und schliesslich wird sie im Grossstadtdschungel von New York und unter der Sonne Floridas zur verdeckten Agentin des amerikanischen Auslandsgeheimdienstes CIA.

Allerdings führt Spescha seine Agentin nur in die Welt hinaus, um sie umso überzeugender zurückkehren zu lassen. Wenn einleitend von Distanznahme gesprochen wurde, so reichen Flucht oder Eskapismus als Erklärung nicht aus, um den Vorgang angemessen zu beschreiben. Eskapismus im Sinne eines Abtauchens in andere Welten, um die eigene zu vergessen, sind weder Badrauns noch Speschas Sache. Im Gegenteil: In *Fieu e flomma* mündet die gesellschaftliche und erotische Emanzipation von Zwängen und vorgefassten Meinungen in ein umfassenderes Wiedererkennen des romanischen Herkommens.

---

111 Auf diese besondere Form der Beweglichkeit des Genres gehe ich etwas weiter unten im Kontext des Regionalkrimis genauer ein. Dort finden sich neben Camenisch noch andere Beispiele internationaler Verschiebungen.

112 Rumantsch Grischun wird auch später noch im Krimi verwendet. Manfred Veraguth verfasst für Radio Rumantsch nach 2000 Krimihörspiele für Jugendliche um die Detektivin Xena Ruinatscha: *Xena Ruinatscha. Crimis da Manfred Veraguth*, CD Radio Rumantsch 2005.

Aus der Ferne gesehen, nimmt das Eigene eine andere Gestalt an. Spescha findet dafür ein wunderbares Bild, indem er das Engadin im Central Park von New York spiegelt: «Mich erinnert dieser Park immer wieder ans Engadin», sinniert Maria Coller-Daleu. «Es ist, als würde man die Marsinaebene durchqueren, vor sich den See, und auf beiden Seiten die Berge wie die beiden Wände einer Badewanne.» Im Gegensatz zur steilen Surselva habe man nämlich im Engadin «fast das Gefühl, das Meer zu sehen».[113]

Der Emser Spescha arbeitet mittels der imaginären Ferne des Spionagethrillers nicht nur an einer neuen romanischen Identität, sondern nutzt den räumlichen Abstand auch dafür, den Blick auf den innerromanischen Konflikt um Rumantsch Grischun gleichsam von aussen her zurückzuwenden. Tatsächlich ist die Zeit der literarischen Distanznahmen in den 1990er-Jahren in der Rumantischia zugleich die Zeit intensiver Auseinandersetzungen und ideologischer Kämpfe um Ausgestaltung und Gebrauch der von Heinrich Schmid entwickelten gemeinsamen Schriftsprache Rumantsch Grischun, welche ins Leben gerufen worden war, um die engen geografischen Grenzen der Idiome zu überschreiten. Versehen mit Kraft und Legitimation durch die erschriebenen Fernen, die er zwischen sich als Autor von *Fieu e flomma* und das diskursive Gerangel im kleinen Sprachraum legt, bezieht Spescha umso ungestümer Stellung.

Die Ereignisse überschlagen sich: Wir erfahren, dass die CIA, um die Welt zu beherrschen, eine Spaltungspolitik verfolgt und die Zwietracht ums Rumantsch Grischun unter den Roman:innen vorsätzlich sät. Der Geheimdienst arbeitet dabei mit Kokain, das in den Pampers von Schlatter von Miami nach Basel geschmuggelt wird. Damit sollen die Bündnerinnen und Bündner gegen eine vermeintliche «standardisaziun» durch die Dachsprache aufgebracht und ihr Sprachbewusstsein gezielt zerrüttet werden. Als lokaler Komplize dieser amerikanischen Zersetzungsoffensive amtet im Engadin der Hotelier Gian Grond.

113 «A mi fa quest parc adina puspè vegnir endament l'Engiadina. Igl è sco sch'ins traversass il plaun da Marsina, davant sai il lai, e dad omaduas varts ils culms sco las duas paraids d'ina bognera. [...] Auter ch'en Surselva, nua che la stretgezza da la val po tementar quel che guarda ensi, stattan ils culms engiadinais en buna proporziun cun la planira autalpina, uschia ch'ins survegn bunamain l'impressium da vesair la mar ...» (1993, 49)

Eine kopflastige Textsorte?

Speschas Krimi-Pastiche folgt demselben roten Faden, den die Literaturwissenschaftlerin Annetta Ganzoni über fünf Jahrzehnte romanischer Krimiproduktion herausgearbeitet hat. Er läuft von Caratsch über Klainguti zu Spescha und dem frühen Badraun: «Der Kriminalroman wird auf ironische Weise gebraucht, um einem kulturpolitischen Zweck zu dienen; die Erzählungen bringen auf provokative Weise neue Impulse in den sprachpolitischen Diskurs ihrer Zeit ein und führen durch groteske Überspitzung und Sprachmischungen aller Art die traditionelle sprachpflegerische Aufgabe der romanischen Literatur ad absurdum.»[114] Liess die Popularität des Genres die Institutionen der Sprach- und Literaturförderung wohl auf eine breite Rezeption hoffen, so nutzten die Autor:innen den Krimi also mitunter in ganz anderer Weise. Der Romanist Clà Riatsch zieht im Jahr 2015 rückblickend folgendes Zwischenfazit: Die «Einlösung der Forderung nach der Trivialisierung» bedeutet von Caratsch bis Spescha «zugleich deren Verweigerung» – was natürlich nicht ohne Folgen für den romanischen Krimi bleiben kann: «Die romanischen Krimis, die konsumierbar sein sollten, mausern sich zur anspruchsvollsten, kopflastigsten und literarisch trickreichsten Textsorte der neueren romanischen Literatur.»[115] (2015, 202)

Dass dies bloss eine Spielart ist und andere möglich bleiben, dafür stehen verschiedene neuere romanische Krimis wie *Gulasch en schelentera* (2008) von Claudia Cadruvi – ein Buch, das ebenfalls auf Rumantsch Grischun verfasst ist, ohne diesen Umstand zum Thema zu machen. Oder Attilio Bivettis auf Puter verfasste witzige Detektivgeschichten um

---

114 Ganzoni 2006, 167.

115 Riatsch 2015, 202. Ich habe in meinem Aufsatz «Murdraretsch en vista» probeweise vorgeschlagen, dieses Muster einer Überspitzung oder literarischen Überbietung des Genres als eine Art Double Bind zu verstehen, der daraus resultiert, dass die Autor:innen einer bedrohten Kleinsprache aufgefordert sind, sich literarisch zu bewähren, indem sie Genreliteratur schreiben (Barfuss 2022, 69–71). Zu bedenken ist bei dieser Argumentation, dass Krimi und Literatur natürlich keine Gegensätze sind; stattdessen lässt sich Literatur als ein Feld verstehen, das ständig in Bewegung ist und dessen Ränder umkämpft sind (nach Bourdieu 2002). Allerdings gibt es für die ‹literarisch trickreichen› romanischen Krimis seit den 1980er-Jahren auch eine allgemeinere Erklärung, denn in jenen Jahren setzt sich international «ein postmodernes, mitunter parodistisches Spiel mit gängigen Mustern des Krimi-Genres durch» (Bartl 2018, 331).

die Oberengadiner Spürnase Nuot Nes.[116] Auch in Leontina Lergier-Caviezels im surselvischen Idiom verfasstem Roman *Davos ils mugrins* (2018, deutsch *Hinter dem Gwätt*, 2020) werden alle ironischen oder parodistischen Elemente und auch jegliche Überspitzung oder sprachliche Ideologisierung vermieden. Im Zentrum dieses Romans mit Krimielementen steht vielmehr die Rekonstruktion der bedrängten Lebens- und Liebesverhältnisse in der Surselva der 1960er-Jahre.

116 Attilio Bivetti: *Nuot Nes. Raquints criminels*, Chur 2014; ders., *L'aungel da Nuot Nes*, Chur 2017.

Mordslandschaften: Der Regionalkrimi etabliert sich (ab 2000)

Spielarten der Regionalität

In den 2000er-Jahren gewinnt die alpine Landschaft auch für Krimiautor:innen aus den grossen Städten des Mittellands an Attraktivität. Der Hotelkrimi war schon 1993 vom Zürcher Pfarrer Ulrich Knellwolf neu lanciert worden mit seinen Kriminalgeschichten *Tod in Sils Maria*. 2006 erscheinen gleich zwei Schweizer Bestseller mit Thrillerelementen und Bündner Hintergrund: Martin Suters *Der Teufel von Mailand*, der einer Physiotherapeutin aus der Stadt in ein abgelegenes Hotel im Unterengadin folgt, wo sie in einen Strudel unheimlicher Ereignisse gezogen wird. Und Dominik Bernets *Marmorera*, der einen jungen Zürcher Psychiater in seiner alten Sursetter Heimat Marmorera mit den Untiefen konfrontiert, auf der seine schwankende Gegenwart errichtet ist. Beide Bücher werden unter Beteiligung des Schweizer Fernsehens verfilmt.

Eine andere Spielart des Regionalen erprobt Petra Ivanov 2007. Nach ihrem erfolgreichen Krimidebüt *Fremde Hände* (2005) nimmt sie einen Schreibauftrag des Kulturfördervereins in Thusis an und verfasst mit *Angst, Haas und Glockenschlag* einen «Thusner Krimi in zwölf Teilen», deren jeder von einem bestimmten Ort ausgeht – der Bank, der Buchhandlung, der Beiz etc. – und dort auch während jeweils zweier Wochen aufliegt. Das Buch stellt den Reiz unter Beweis, den es für eine einheimische Bevölkerung haben kann, das Alltäglich-Gewohnte mit einem Blick von aussen neu zu sehen.

Mit Markus Matzners *Bitterer Abgang in Maienfeld* und Sabine Altermatts *Alpenrauschen* erscheinen 2008 zwei weitere Krimis mit Bündner Schauplatz. Sabina Altermatt – die Autorin ist in Chur aufgewachsen und lebt in Zürich – lässt die Journalistin Flurina Filli im Unterengadin ermitteln, um den Tod einer Politikerin aufzuklären, die sich gegen den Bau eines Kongresszentrums eingesetzt hat. Der aus dem Thurgau stammende Matzner, Fernsehmacher, Weinkenner und ab 2019 Redaktionsleiter bei der *Schweizer Zeitung für Obst- und Weinbau*, verbindet in seinem Maienfelder Krimi eine spannende Handlung mit genauer Kenntnis der Weinproduktion.

Der Krimi als globale Regionalliteratur

Es ist kein Zufall, dass sich der Weinkrimi in den 2000er-Jahren als thematisches Subgenre mit europäischem Fokus etablieren kann. Die Wertschätzung der Regionalität kommt im Terroir der Weinproduktion – also dem Zusammenspiel von Bodenbeschaffenheit, Klima und anderen regionalen Faktoren, die dem Wein seine Besonderheit verleihen – ebenso zur Geltung wie im regional verorteten Krimi. Für den deutschen Krimiautor Paul Grote, der sich auf Weinkrimis spezialisiert hat, ist der Weinbau nicht nur «der rote Faden, der sich durch alle Länder zieht», sondern er verkörpert für ihn auch die «Idee vom Vereinten Europa».[117] Hier zeigt sich eine Eigenschaft des Krimis, die einen entscheidenden Faktor für seine Vitalität und Entwicklung seit den 1980er-Jahren darstellt: Das Genre verbindet sein internationales Profil mit der Fähigkeit, in verschiedenen Böden Wurzeln zu schlagen. Damit entwickelt sich der Krimi zur Paradedisziplin einer globalen Regionalliteratur.

Der Lausanner Literaturwissenschaftler Peter Utz hat für die globale Passform des Krimis bei lokaler Ausgestaltung einen Vergleich herangezogen, der das Verhältnis zwischen global und lokal auch historisch treffend veranschaulicht. Utz verweist auf die normierten Warencontainer, ohne welche die Globalisierung der Warenströme in der zweiten Hälfte des 20. Jahrhunderts nicht möglich geworden wäre. Diese Container «haben weltweit das gleiche äußere Format. So können sie seriell produziert und leicht zwischen den Sprachkulturen transportiert werden. Wie sie bleibt der Kriminalroman eine Hohlform: Seinen globalen Erfolg verdankt er entscheidend dem Umstand, dass er als Container überall mit lokalen Referenzen und aktuellen Zeitfragen gefüllt werden kann, immer wieder neu und immer wieder anders.» (2022, 36) Wenn das Schlagwort der Globalisierung bei seinem ersten Auftauchen in den 1980er-Jahren einen Gegensatz zum Lokalen und Regionalen suggerierte, so zeigt der Krimi-Container bei Utz ein präziseres Bild: «Diese ‹Globalgeschichten› brauchen lokale Inhalte.» (Ebd.) Das Regionale führt dem internationalen Genre neue Energien zu und sorgt für die Vitalität eines globalisierten Genres.

---

117 www.paul-grote.de/_autor.htm, 3. 2. 2024. Grote begann seine Weinkrimireihe, die inzwischen auf 17 Bände angewachsen ist, 2004 mit *Tod in Bordeaux*.

Im Bündner Krimi setzt 2010 ein Serialisierungsschub ein, der in kurzer Zeit eine ganze Reihe von Autor:innen erfasst. Den Anfang machen Duri Rungger und Georg Weber: Rungger lässt Polizist Roc Caminada in der oberen Surselva ermitteln (in *Kein Fall in Disentis*) und Georg Weber setzt den von Zürich nach Chur übersiedelten Kommissar Bonacossa auf die Spur von krummen Geldgeschäften und Drogenhandel (in *Das letzte Hemd hat keine Taschen*). Beide Autoren lassen ihrem Krimidebüt mehrere weitere Bündner Fälle folgen.

Noch fehlt allerdings ein entscheidendes Element, ohne das die sprunghaft ansteigende Produktivität in den 2010er-Jahren nicht zu erklären wäre. Dieses fehlende Stück ist nicht bei den Autor:innen zu finden, sondern beim Krimi als Geschäftsmodell. Bevor die Autor:innen zu Wort kommen, muss der Blick also zunächst auf die sich wandelnde Verlagslandschaft fallen.

Die Literatursoziologin Carolin Amlinger, die den Veränderungen des Literaturmarkts ebenso wie dem Wandel im Selbstbild der Autor:innen eine ausführliche und erhellende Studie gewidmet hat,[118] sieht die generelle Situation im Buchgeschäft seit den 1990er-Jahren geprägt von einem verstärkten Profitabilitätsdruck und einem veränderten Produktionsmodus: «Die Zunahme der Konzentrationsbewegung von globalen Mischkonzernen ist mit einem flexiblen Produktionsmodell verknüpft: Statt an einer standardisierten Massenproduktion orientiert man sich mithilfe neuer digitaler Techniken an einem flexiblen Produktionsvolumen, das sich den Marktschwankungen anpasst.» (683) Die Buchhandlungen sind nicht mehr die einzigen Agenturen des Umschlags, stattdessen werden durch die Digitalisierung «neue Medienformate, Produktionsmodelle und Distributionskanäle» (684) erschlossen. Auch wo die Bücher noch in die Buchhandlung gelangen, bleiben sie dort immer kürzer liegen, bevor sie von den zahlreichen Neuerscheinungen verdrängt werden. Dafür ist gerade das Krimigenre ein sprechendes Beispiel. So bringt allein der Gmeiner-Krimiverlag – der nur einer von mehreren Krimiverlagen ist, in dem Bündner Autor:innen publizieren – derzeit jährlich etwa 160 Krimi-Neuerscheinungen auf den Markt. Der Regionalkrimi kann mit diesem verlegerischen Modell, das auf perma-

118 Amlinger 2021.

nente Neuheit innerhalb der Grenzen des Genres setzt, fast schon paradigmatisch für die «Steigerungslogik des beschleunigten Marktes» (612) stehen, die Amlinger konstatiert.

Zum Geschäftsmodell gehört weiter die geografische Zuordnung der Bücher. Krimiverlage bieten Suchfunktionen an, die den Online-Zugriff per Region erlauben. Damit werden wichtige regionale Verwertungskanäle geschaffen, denn einerseits erfährt das Buch in den Buchhandlungen der jeweiligen Region eine Spezialbehandlung, indem es länger im Regal bleibt, andererseits wird es durch seine rasche Auffindbarkeit im Netz attraktiv zum Beispiel als Reisebegleiter. Denn neben dem einheimischen Publikum sind es vor allem in touristischen Gebieten auch Feriengäste, die angesprochen werden und die das Buch zum Longseller machen können.

Krimiverlage expandieren in die Schweiz

Die damit angesprochene zunehmende Nähe von Literatur und Tourismus spiegelt sich deutlich in der Entwicklung und im Sortiment der Krimiverlage. Der Emons Verlag verlegte in den 1980er-Jahren erste Stadtkrimis und wuchs in der Folge zu einem der Grossen im deutschen Krimiverlagswesen heran. 2008 konzipierte der Kölner Verlag seine eigene Reihe von Touristenführern,[119] und 2009 beschloss man, das Krimisortiment über Deutschland hinaus zu erweitern. 2019 übernahm Emons zudem den Grafit Verlag, der mit Hotelführern angefangen hatte, dann aber mit den Eifel-Krimis von Jacques Berndorf und anderen Regionalkrimiautor:innen der ersten Stunde eine wichtige Rolle für die Popularisierung des neuen Subgenres gespielt hatte.

Der erste Bündner Krimi im Emons-Programm erschien 2012 unter dem Titel *Schattengott* mit einem roten Kleber mit Schweizer Kreuz und der Aufschrift «Graubünden Krimi». Autor war der deutsche Marketingfachmann und Spieleerfinder Uli Paulus, Handlungsort die Region Viamala. Seit 2014 ist auch die Innerschweizerin Silvia Götschi Emons-Autorin. Sie bespielt für den Verlag aus Köln mehrere Schweizer Regionen, darunter die Zentralschweiz, das Berner Oberland und

119 «111 Orte in …, die man gesehen haben muss». Die Reihe fokussiert ähnlich wie der Krimi auf den Blick hinter die Kulissen der herkömmlichen Touristenattraktionen. *111 Orte in Graubünden, die man gesehen haben muss* erschien 2022. Vgl. zum Engagement der Krimiautor:innen in touristischen Reihen auch Teil 3.

Davos. In der Bündner Destination sind bisher vier Krimis erschienen. Seither sind weitere Autor:innen dazugekommen, die Graubünden mit Emons-Krimis bespielen: Daniel Badraun, Tina Schmid, Regine Imholz und zwischenzeitlich auch Philipp Gurt.

Der schwäbische Gmeiner-Verlag, ein anderer Grosser der Branche aus Deutschland, hat mit Lokalgeschichte begonnen. 1998 kamen Regionalkrimis dazu – und auch bei Gmeiner setzt man auf Synergien mit dem Tourismus. 2011 konzipierte man die eigene Touristenführerreihe «Lieblingsplätze», welche individuelles Entdecken touristischer Regionen verspricht. Der erste Bündner Autor bei Gmeiner war Daniel Badraun, dessen *Hundsvieh* – eine Geschichte, die im Jahr 2000 auf Radio Grischa in einer Radiofassung ausgestrahlt worden war – bei Gmeiner im Jahr 2013 mit dem Untertitel «Ein Krimi aus den Bündner Bergen» erschien. «Im Gegensatz etwa zu einem Limmatverlag», so Badraun im Interview, «haben sie [bei Gmeiner] ein ganz starkes Marketing […]. Das ist halt einfach auch ein wichtiger Teil des ganzen Buchhandels.»

Umkämpfter Engadiner Krimimarkt

In der Schweiz hat Werner Bucher mit seinem Orte-Verlag Pionierarbeit geleistet – sowohl mit seiner Krimireihe um Pater Ambrosius (ab 1987) wie als Verleger. Das Ehepaar Bucher-Bosshart wirtete im Appenzellischen, brachte die Orte-Literaturzeitschrift heraus und bot zahlreichen Schweizer Krimiautor:innen eine erste Bühne. Bucher war 2008 auch noch am Lektorat von Markus Matzners Weinkrimi *Bitterer Abgang in Maienfeld* beteiligt. 2015 verkaufte er den Verlag altershalber an die Appenzeller Verlag AG, die anschliessend im Verlagshaus Schwellbrunn aufging. Duri Rungger hat bei Orte ab 2010 drei seiner Bündner Krimis veröffentlicht. Seit 2019 publiziert die Maseiner Autorin Rita Juon ihre Krimis ebenfalls im Schwellbrunner Verlagshaus.

Ganz anders, nämlich fulminant und mit offensivem Marketing, sprengte 2018 der Zürcher Kampa-Verlag in die Schweizer Krimilandschaft. Von Diogenes, wo er vorher tätig gewesen war, brachte Daniel Kampa als Grundstock die Rechte für die Verwertung von Georges Simenon und seinen Maigret-Krimis im deutschsprachigen Raum mit. In Graubünden warb er zunächst Tim Krohn an, der unter dem Pseudonym Gian Maria Calonder noch im selben Jahr den Krimi *Engadiner Abgründe* veröffentlichte. Krohn erinnert sich im Interview: «Ich hatte absolut *nicht* im Sinn, Krimis zu schreiben, und als ich die Anfrage bekommen habe, habe ich auch gesagt: Ich bin überhaupt kein Krimiautor [...]. Und dann war das aber die Zeit, in der wir gerade die Chasa Parli [im Münstertal] kaufen wollten [...], und wir brauchten dringend Geld, und Kampa hat mir einfach einen Vorschuss angeboten für drei Bücher, den ich nicht ausschlagen konnte.»[120]

Das Oberengadin als bekannteste Tourismusdestination in Graubünden erlebt seither einen eigentlichen Konkurrenzkampf. Daniel Badraun sah Krohns Einstieg «zunächst als ‹Wildern› in meinem Gebiet», wie er sich im Interview erinnert. «Ich war ja der erste im Engadin – abgesehen von Caratsch und Göri Klainguti, was aber wiederum eine etwas andere Sache war – und irgendwann kann dann vielleicht auch eine Übersättigung eintreten.»[121] Philipp Gurt wechselte 2021 von Emons zu Kampa und drängt mit seiner neuen Serienheldin Corina Costa ebenfalls auf den Engadiner Markt. Wie sich die Konkurrenzsituation auf die Bücher auswirkt, schildert wiederum Daniel Badraun: Seine ersten Emons-Krimis führen allesamt das Kennwort «schwarz» im Titel: *Schwarzeis* und *Schwarzmost*. Für *Tod im Engadin* hatte der Autor 2021 deshalb zunächst «Schwarzzunge» vorgesehen, aber der Verlag bevorzugte einen anderen Titel: « [...] wenn Krohn immer ‹Engadiner ...› verwendet, machen wir das auch.»

Der Regionalkrimi wird in Form gebracht

Die verlegerische In-Form-Bringung des regionalen Krimis schlägt sich am augenfälligsten im Paratext nieder, also in den Elementen, die den Text begleiten und Einfluss nehmen wollen auf die Art, wie er rezipiert wird. So sind denn Titel und Umschlaggestaltung bei den Verlagen, die in den 2010er-Jahren das Feld der regionalen Krimis dominieren, nicht mehr in erster Linie Sache des Autors. Sie gehören zu einem verlegerischen Geschäftsmodell, das die Region zu einem wichtigen Kaufanlass macht und verkaufsfördernd in die Titelei integriert.[122] Die genannten

120 Das Interview mit Tim Krohn wurde am 28. 12. 2021 geführt.

121 Das Interview mit Daniel Badraun wurde am 21. 1. 2022 geführt.

122 Vgl. dazu auch Andreas Bartl: «Ein wichtiges Kennzeichen solcher Regiokrimis ist die exakte, geographisch nachvollziehbare Verortung der Handlung [...] [Der] Ort wird dabei zumeist schon im Titel oder Untertitel genannt und stellt einen Kaufanreiz für Leser/innen dar.» Bartl 2018, 342.

paratextuellen Elemente sind ein wichtiges Stück Warenästhetik, das nach verlegerischen Gesichtspunkten entworfen wird.

Das hat allerdings auch zur Folge, dass sich unter der beschränkten Zahl marktgängiger Formeln bald einmal unzählige Bücher tummeln. So steht Badrauns *Tod im Engadin* (2021) mit der mondblauen Ablichtung des Silser Sees nicht nur in Konkurrenz mit allen expliziten Engadiner Titeln, sondern muss sich auch behaupten neben Knellwolfs *Tod in Sils Maria* (1993), Runggers *Tod am Silsersee* (2017) oder Neumeyers *Schatten im Silser See* (2022). Silvia Götschis *Davosblues* (2021) variiert den Titel eines der ersten und bekanntesten deutschen Regionalkrimis, der 1989 unter dem Titel *Eifel-Blues* erschien.[123] *Bündner …* und *Graubündner …* sind die regionalen Marker, die Philipp Gurt für seine Krimiserien einsetzt. Auch *Tod in …* ist als Titel vielfach besetzt – in Graubünden zum Beispiel als *Tod in der Viamala* von Rita Juon und *Tod in der Ruinaulta* von Regine Imholz. Es handelt sich bei solchen Titelgebungen um einen Tanz auf der Nadelspitze des prognostizierten Erfolgs.

123 Autor ist Jacques Berndorf (Pseudonym von Michael Preute), dessen Eifel-Krimis zu den stilbildenden frühen Krimis in der deutschen Provinz gehören.

Die Krimiunternehmer: Graubünden im Krimifieber (ab 2010)

Ein literarisches Erdbeben

Die Anzahl der pro Jahrzehnt erschienenen Krimis bringt nicht adäquat zum Ausdruck, wann wegweisende Innovationen gemacht wurden wie etwa die Serialisierung oder die Entwicklung eines verlegerischen Geschäftsmodells. Manchmal brauchen Entwicklungen Zeit oder übertragen sich mit Verzögerung vom Internationalen ins Lokale; und wie der Exkurs zum Radiokrimi gezeigt hat, können sich Innovationen auch in einem anderen Medium ereignen und anschliessend auf den Buchmarkt zurückwirken. Aber die Zahlen sprechen eine überzeugende Sprache, wenn es darum geht, die Entwicklung der Krimilandschaft über eine längere Dauer zu überblicken. Und die Zahlen für Graubünden zeigen nichts weniger als ein literarisches Erdbeben, das Graubünden in den 2010er-Jahren erreicht.

In den 1950er-, 1960er- und 1970er-Jahren bleiben die wenigen Krimipionier:innen noch weitgehend unter sich. Auch in den 1980er-Jahren lassen sich die Neuerscheinungen noch an einer Hand abzählen, aber es zeichnet sich doch bereits Bewegung ab. In den 1990er-Jahren sind es bereits gegen zehn Krimis, die veröffentlicht werden. Das Krimigenre ist populär, und auch der romanische Krimi ist nun mit drei Krimis gut vertreten. In den 2000er-Jahren steigt die Zahl der Krimineuerscheinungen noch einmal auf rund 15. Das Volumen scheint sich einigermassen kontinuierlich nach oben zu entwickeln. Doch dann gibt es einen Sprung, der die bisherige Dimension sprengt: Von 2010 bis 2020 sind es an die 60, bis 2023 sogar rund 90 Krimis mit Bündner Hintergrund, die publiziert werden – ein publizistischer Quantensprung in der Kriminliteratur.

Die hauptsächlichen Faktoren, die Anteil haben an dieser Entwicklung, wurden bereits genannt. Es sind erstens die neue Bewertung der Regionalität zusammen mit der Fähigkeit des Krimigenres, sie mit globalen Passformen flexibel zum Ausdruck zu bringen; zweitens der Übergang zur Serialisierung der Ermittlerfiguren; drittens die Etablierung eines verlegerischen Geschäftsmodells, das neben kleinen und lokalen Verlagen nun auch grössere und auf die massenhafte Publikation von

Krimis spezialisierte Verlage nach Graubünden bringt. Im Folgenden soll diese Entwicklung zusätzlich aus und mit der Sicht der Autor:innen beleuchtet werden. Wie fügt sich die Etablierung des regionalen Krimis in die Karrieren und Biografien der Schreibenden? Wie waren sie an diesem Quantensprung in der veröffentlichten Kriminliteratur beteiligt? Welchen Einfluss hat diese Entwicklung auf den Schreibprozess, die kreative Arbeit und das Selbstbild? Um auf diese Fragen Antworten zu erhalten, wurden mit mehreren in Graubünden aktiven Krimiautor:innen zwischen Dezember 2021 und März 2022 Interviews geführt, auf die in den bisherigen Ausführungen bereits verschiedentlich eingegangen worden ist.[124]

Silvia Götschi: Der lange Weg zum erfolgreichen Regionalkrimi

Silvia Götschi, die heute zu den erfolgreichsten Krimiautor:innen der Schweiz zählt, hat von den 1990er-Jahren bis in die Gegenwart einen langen schriftstellerischen Weg zurückgelegt. Aufgewachsen im Luzernischen, aber auch in Schwyz und in Davos heimisch, ist sie heute eine der vielseitigsten Vertreter:innen des Regionalkrimis, den sie in mehreren Landschaften der deutschen Schweiz spielen lässt.

Götschis Weg zum regionalen Krimi lässt sich als zähes Ringen um die Veröffentlichung ihrer Arbeiten und um schriftstellerische Anerkennung beschreiben. «Ich habe sehr lange gearbeitet, bis der Bekanntheitsgrad sich eingestellt hat», erklärt sie im Gespräch. Zwar hatte sie sich schon immer zum Schreiben hingezogen gefühlt, doch erst als ihre Kinder selbständig waren, beschloss sie «das Hobby zum Beruf» zu machen. Seit 1998 ist sie «hauptsächlich Schriftstellerin», war jedoch

124 Es handelt sich um offen geführte Leitfadeninterviews. Schwerpunkte waren die Schriftstellerkarriere der Autorin oder des Autors, Fragen nach dem handwerklichen Machen von Regionalkrimis sowie die Berührungspunkte zum Tourismus. Die Interviews wurden transkribiert und den Autor:innen zur Autorisierung vorgelegt. Interviewt wurden Regine Imholz am 10. 12. 2021 im Institut für Kulturforschung in Chur, Tim Krohn am 28. 12. 2021 (dieses Interview wurde als einziges online geführt), Silvia Götschi am 27. 1. 2022 im Institut für Kulturforschung in Chur und Rita Juon am 10. 3. 2022 an ihrem Wohnort in Masein. Es versteht sich, dass diese Interviews Momentaufnahmen darstellen – sowohl was die Entwicklung des Genres als auch was die Standpunkte der Autor:innen betrifft.

weiterhin auch im Zeitungswesen und beim Schultheater tätig.[125] Auf ihrem Weg zur Autorin musste sie einige schmerzhafte und aufwendige Umwege in Kauf nehmen. Ihr erstes Buch, «eine Art Liebesroman»,[126] konnte nur bei einem Bezahlverlag erscheinen, was sie rückblickend als frustrierende Erfahrung bezeichnet, zumal sie anschliessend «bei anderen Verlagen anbrannte, weil die mir sagten, ich könne nicht mehr debütieren».

Ins Krimigenre wechselte sie, weil sie «bemerkte [...], dass es da [das heisst in den Liebesromanen, die sie eigentlich schreiben wollte, T. B.] schon kriminelle Aspekte drin gibt – und so hat es mich schliesslich auf die Krimiseite gezogen. Interessiert hat mich auch die Psychologie, die dahintersteckt, zum Beispiel bei Mord.» Man geht wohl nicht fehl, wenn man als zusätzliche Motivation mitdenkt, dass der regional verortete Krimi auch noch unbekannten Autor:innen eine gewisse Aufmerksamkeit sichert. Die Lektorin Irène Kost bezeichnet Krimis im Gespräch allgemein als geeignete «Einstiegstexte» – für Leser:innen wie für Autor:innen: «Als Autorin oder Autor hast du eine grössere Chance, dass der Text publiziert wird. Für Menschen, die in anderen Genres schreiben, ist es schwieriger, bei einem Verlag unterzukommen.»[127]

Der Erfolg kommt mit dem Verlag

Silvia Götschi löste das Problem der fehlenden Publikationsmöglichkeiten, indem sie selbst einen Verlag gründete, bei dem sie allerdings nicht als Verlegerin in Erscheinung trat: «Ich habe dort meine eigenen Krimis einfliessen lassen.» Daneben veröffentlichte sie Bücher anderer Autoren, die auf der Suche nach Publikationsmöglichkeiten waren – etwa Philipp Gurt, dessen Roman *Menschheitsdämmerung* 2010 in ihrer «Literaturwerkstatt» erschien. Das Resultat ihres Ausflugs ins Verlagswesen war ernüchternd, denn «wenn man das Geld nicht hat für Werbung, dann ist es schwierig». Aus kommerziellen Gründen verlegte sie bald auch Kinderbücher, «obwohl ich mir eigentlich gesagt hatte: Nein, das mache ich nie».

---

125 Vgl. Götschis Website: www.silvia-goetschi.com/vita, 10. 5. 2024.

126 Für eine vollständige Liste von Götschis zahlreichen Veröffentlichungen vgl. die Website der Autorin: www.silvia-goetschi.com, 10. 5. 2024.

127 Das Gespräch mit Lektorin Irène Kost (unter anderem Appenzeller Verlag, Emons Verlag) fand am 27. 10. 2021 in Biel statt.

Zu einem Meilenstein in ihrer Schriftstellerkarriere wird für Götschi schliesslich ein Krimientwurf, den sie – zunächst unter dem Titel «Der Tote am Jakobshorn» – «wieder mal zwei oder drei Verlage[n]» anbietet. 2013 bekommt sie damit einen Vertrag beim Emons-Verlag, der in diesen Jahren gerade über Deutschland hinaus expandiert. Nachdem sie ihr Manuskript «ein wenig umgeschrieben» hat, erscheint *Jakobshorn* 2014 als ihr erster Titel beim neuen Verlag. «[I]ch [hatte] das grosse Glück, dass ich ganz am Anfang, als Emons hier tätig wurde, reingeschlüpft bin. Das ist mein Glück heute.» Die Autorin weiss genau, was von einem Regionalkrimi erwartet wird: «Der Ort muss genannt werden. Auch kulturelle Sachen habe ich reingenommen, was der Verlag auch verlangt hat. Zum Beispiel typische Rituale wie etwa Fasnacht oder der Chlausumzug in Küsnacht. Das, was es typischerweise da gibt, kommt in einen Regiokrimi rein, damit man merkt: Ah voilà, man befindet sich jetzt an diesem Ort.»

Erstaunliche Produktivität: Philipp Gurt und Silvia Götschi

Im Thriller *Menschheitsdämmerung*, den Philipp Gurt 2010 in Götschis Kleinverlag «Literaturwerkstatt» veröffentlicht, wird die Bündner Landschaft zum Schauplatz eines apokalyptischen Weltuntergangsgeschehens. Der Protagonist Daan Rosenberg alias Jonas muss sich in einer verschlungenen Handlung schliesslich auf der Greina-Hochebene gegen das verbündete Böse in Gestalt der Antichristin, des Satans und Papst Innozenz' XIV. behaupten. Ein knappes Jahrzehnt später, am Anfang des Krimis *Bündner Treibjagd* (2019), führt der Autor seine Leser:innen wiederum auf die Greina, doch diesmal ist es der Einstieg in den dritten Fall, den Giulia de Medici von der Bündner Kantonspolizei Schritt um Schritt entwirrt. Ein fortgesetzter Prozess der Professionalisierung und marktgängigen In-Form-Bringung erlaubt es dem Autor, mit diesem Krimi zum Emons Verlag zu stossen und in rascher Folge seine zunächst im Haldensteiner Eigenverlag publizierten Krimis nachzuziehen. Gurt veröffentlicht in der Folge vier Krimis um Giulia de Medici bei Emons und beginnt eine nostalgisch-atmosphärische, präzis recherchierte Retroreihe um den Churer Landjäger Walter Caminada, bevor er 2022 zum Zürcher Kampa-Verlag wechselt. Dort beginnt er 2023 mit *Mord im Bernina-Express* eine dritte Reihe um die Oberengadiner Ermittlerin und Bergbäuerin Corina Costa.

Mit zwei, mitunter sogar drei veröffentlichten Kriminalromanen pro Jahr erreicht Gurt eine erstaunliche Produktivität. Damit steht er allerdings nicht allein. Silvia Götschi erklärt im Interview, dass sie anfangs zwar «bis zu einem Jahr» an einem Krimi gearbeitet habe, aber inzwischen «kann ich an zwei Büchern pro Jahr schreiben beim Emons-Verlag». Tim Krohn formt daraus den Verlagsimperativ: «Schreib zwei Krimis pro Jahr, schreib drei Krimis pro Jahr, die verkaufen wir immer.»[128]

Disziplin und Kreativität

Diese enorme Produktivität trägt wesentlich bei zum derzeitigen Kriminalboom in Graubünden. Das verlegerische Geschäftsmodell der Regionalkrimiverlage ist nicht darauf ausgerichtet, spärlich publizierende Autor:innen mit literarischer Neigung langfristig auf einem schwer berechenbaren Literaturmarkt aufzubauen. Die Strategie, stattdessen jährlich eine grosse Masse an Büchern mit minimaler Betreuung auf den Markt zu bringen, ist Teil einer «Steigerungslogik des beschleunigten Marktes» (612), welche die Produktionsbedingungen von belletristischer Literatur seit den 1990er-Jahren verändert hat. Die Literatursoziologin Amlinger, die ihrerseits Autor:inneninterviews geführt hat, schreibt: «Mit der Verschärfung des Zeitregimes, die sich in den kurzen Produktions- und Aufmerksamkeitszyklen des Buchmarktes manifestiert, scheint die einzige Konstante im Schriftstellerberuf ein permanenter Aktivismus zu sein, um nicht gegen die Marktlogik des Komparativs zu verlieren.» (2021, 612 f.)

Die teils atemberaubende und genretypische Produktivität der Krimiautor:innen antwortet auf die ökonomische Notwendigkeit, im beschleunigten Literaturbetrieb mitzuhalten – wer nicht rasch nachlegt, droht abgehängt zu werden. Das ist allerdings nur die äussere Ansicht der Sache. Aus Sicht der Autor:innen geht es eher um die Fähigkeit, mit der nötigen Disziplin eine konstant grosse literarische Kreativität an

128 Im Kontext des Interviews handelt Krohn davon, dass seine anderen Bücher nicht mehr besprochen werden: «Die Leute erfahren nicht mehr, dass es die Bücher gibt. Und dann sagt der Verlag, oh ja komm, das macht keinen Sinn mehr. So. Aber: Schreib zwei Krimis pro Jahr, schreib drei Krimis pro Jahr, die verkaufen wir immer. Das ist aber nicht das, was ich eigentlich will. An dem Punkt bin ich jetzt.» (28. 12. 2021)

den Tag zu legen. Dabei lässt der Krimi als Schemaliteratur[129] durchaus Raum für ein individuelles Profil, ja verlangt sogar danach. «Externe Erwartungen oder gar Reglementierungen, welche die Stoffwahl, die Handlung und mithin auch den Stil beeinflussen, greifen strukturierend in den Schreibprozess ein – und doch bedarf es der individuellen Kreativität des Autors, den Publikumsgeschmack zu bedienen.» (Amlinger 2021, 679)

Daniel Badraun: Zweisprachig und multimedial

Wie verschlungen die Wege eines Autors im dreisprachigen Kanton sein können, zeigt am deutlichsten der Werdegang von Daniel Badraun. Sein Weg zum Krimifach führt zunächst über die Liebe zur Literatur, wie er im Interview erklärt. «Eigentlich habe ich in meinen jungen Jahren auch Literatur geschrieben, die aber niemand lesen und niemand publizieren wollte, und mein Ziel war es eben schon, Leser zu erreichen und mit Sprache zu arbeiten.» Das Radio gibt ihm in den 1990er-Jahren erstmals die Möglichkeit, mit seinen Hörkrimis an ein grösseres Publikum zu gelangen. Neben der ausgeprägten Intermedialität seines Werks – als Pädagoge produziert Badraun auch Internetkrimis für die Mittelstufe – wechselt der Autor auch die Sprache, und dies nicht nur am Radio. Nach den auf Romanisch verfassten Krimibänden *In vista a Buddha* (1996) und *2022 u tè a mezzanot* (2003) erscheint 2009 sein nächster Krimi *Rheinfall* auf Deutsch im Zürcher Limmatverlag.

Gerne hätte Badraun sich als zweisprachiger Autor etabliert – der Limmatverlag unterhält eine romanisch-deutsche Reihe – aber Badraun wird abgelehnt. Er erinnert sich: «Ich hatte auch das Gefühl, dass die Wertschätzung im romanischen Lager relativ klein war, und das machte mir nicht wirklich Mut, um auf dieser Schiene weiterzufahren.» Ob dabei auch eine Rolle spielte, dass der Autor aus der populären Sparte des Radiokrimis kam, muss offenbleiben. Badraun selbst spricht die besondere sprachliche und literarische Situation der Rumantschia an: «Eigentlich hast du das Gefühl, wenn du romanische Literatur machen würdest, müssest du gleichzeitig noch das Romanische vor dem Ausster-

129 Der Begriff wird hier im literaturwissenschaftlichen Sinn und also «nicht als Wertungsterminus» verstanden. Es geht vielmehr darum, die Variierung «eines thematischen sowie handlungs- und erzählstrukturellen Repertoires» hervorzuheben, «aus dem wiederum regelhaft kombiniert wird». Düwell et al. 2018, 4.

ben bewahren und sicher noch dreissig oder vierzig Wörter wieder bringen, die niemand mehr kennt. Das wurde mir ja eigentlich vorgeworfen, dass ich ein viel zu einfaches Romanisch schreibe.»

Badraun und Krohn: Der Regionalkrimi als Erfolgsmodell und Ärgernis

Badraun, der im Oberengadin aufgewachsen ist, wohnt seit langem in der Bodenseeregion. Zu den Gründen, weshalb er dem Engadin den Rücken gekehrt hat, gehört, «dass wir nichts Rechtes zum Wohnen finden konnten als Familie mit Kindern [...] und wir wollten ja auch ein paarmal zurückkehren, aber es hat nicht geklappt. Auf der anderen Seite wollte ich mich vielleicht mit dem Schreiben auch einfach ein wenig versöhnen mit dem Engadin.» Für Gmeiner verfasst Badraun 2013 den Engadiner Reiseführer *Willkommen im Engadin. 66 Lieblingsplätze und 11 Pässe.* Im gleichen Jahr und im selben Verlag eröffnet der Krimi *Hundsvieh* eine mehrbändige Serie um den – aus dem romanischen Radiospiel übernommenen – clownesken Verlierer Claudio Mettler.

Neben Mettler, der als Einheimischer im Oberengadin nie recht heimisch wird und der immer wieder ausreisst nach Indien oder Australien, kreiert Badraun für den Emons Verlag 2015 einen zweiten Ermittler. Gaudenz Huber, Dorfpolizist in Segl/Sils, verkörpert viel eher als der windig-chaotische Weltenbummler Mettler die für den Regionalkrimi typische emotionale Verwurzelung in der Region. Unter dem steigenden Konkurrenzdruck im Engadin nähert sich die Reihe um Huber mit dem vom Verlag gewählten Titel *Tod im Engadin* weiter der Konvention des Regionalkrimis an. Da kommt es auf den ersten Blick überraschend, dass Autor Badraun im Gespräch gerade seine zunehmende Ferne vom Genre betont: «Meine Krimis wandern ja immer mehr wieder etwas weg vom Krimigenre, denke ich, und das Endziel ist es, wieder irgendwo bei der Literatur anzukommen.»

Auch Tim Krohn, der zweite erfolgreiche Engadiner Krimiautor, distanziert sich vom Regionalkrimi: «... mein Ziel ist gar nicht, Regionalkrimis zu schreiben, sondern einfach nur gute Bücher. Ob das gute ‹Regionalkrimis› sind, ist mir eigentlich völlig wurst. Im Gegenteil: der Begriff ist so verpönt inzwischen, weil so viel Schlechtes herauskommt, dass es eigentlich eher ein Ärgernis ist, dass es Regionalkrimis sind – ich habe auch schon mal den Verlag gebeten, ob wir nicht das ‹Engadiner ... › streichen könnten aus dem Titel, aber er sagte nein (lacht), das hiesse ein paar tausend Franken in den Kamin werfen [...] und das ist auch okay so.»

Genreliteratur ist ein Feld, auf dem sich sehr unterschiedliche Interessen zusammenraufen. Auf der einen Seite wird Literatur verlegerisch gezielt für das Publikum in Form gebracht, attraktiv gemacht und damit überhaupt kommerziell ermöglicht; auf der anderen Seite steht ein kreatives Autoren-Ich, das seine eigenen Vorstellungen, Anliegen und Projekte verwirklichen möchte. Diese Spannung zwischen den Polen Literatur und Ware sollte bei der Analyse nicht vorschnell aufgelöst werden, denn sie ist für den Erfolg des Krimis und für die Vitalität des Genres geradezu konstitutiv. Kreative wollen Neues finden, an Grenzen gehen und die ihnen wichtigen Themen setzen. Der Verlag hütet das Erfolg versprechende Muster, denn der Regionalkrimi ist auf dem Markt ein Etikett, das von den Leser:innen mit klaren Erwartungen verbunden wird. So hat jeder seine eigene Agenda, und es ist gerade diese von beiden Seiten aufrechterhaltene Spannung, welche die Vitalität des Genres gewährleistet.

Krohn und Calonder oder Die Sache mit dem Pseudonym

Wird man durch das Verfassen eines Regionalkrimis zum Autor – oder erleidet ein etablierter Autor durch die Publikation eines Regionalkrimis vielleicht sogar einen literarischen Reputationsschaden? Jenseits von fixen Definitionen sind die Literatur und der Literaturbetrieb als gesellschaftliches Feld zu verstehen, das umkämpft und ständig in Bewegung ist.[130] Blickt man auf den Bündner Kriminalroman der letzten zehn Jahre, so fällt sofort ins Auge, dass die Autor:innen dieses literarische Feld von ganz verschiedenen Seiten her betreten.

Tim Krohn beginnt als bekannter Schweizer Schriftsteller seine Kriminserie aus schierer ökonomischer Notwendigkeit. Er zeichnete unter anderem für die in der Schweizer Literatur zur Wegmarke gewordenen Romane *Quatemberkinder* (1998) und *Vrenelis Gärtli* (2007) verantwortlich. Das Angebot, für Kampa Engadin-Krimis zu schreiben, bekommt er zu einem Zeitpunkt, als er an der Romanserie «Menschliche Regungen» arbeitet. Sein aus finanziellen Gründen unternommener Ausflug

130 Ich stütze mich mit der Annahme eines beweglichen literarischen Felds auf den Soziologen Pierre Bourdieu (2002) und fürs Folgende insbesondere auch auf die literatursoziologischen Studien von Carolin Amlinger (2021).

ins Krimigenre führt allerdings postwendend zu Schwierigkeiten mit seinem damaligen Verlag: «Die waren nicht einverstanden, dass ich da nebenbei noch Krimis schreibe.»

Krohn veröffentlicht seine Engadiner Krimis bei Kampa unter dem Pseudonym Gian Maria Calonder. Das ist im Krimifach nicht unüblich, denn Pseudonyme dienen oftmals auch gleich als Erkennungszeichen für die bespielte Region. So nennt sich etwa der Frankfurter Verleger Jörg Bong, wenn er bretonische Krimis schreibt, Jean-Luc Bannalec, und Gil Ribeiro ist der Nom de Plume von Holger Karsten Schmidt, wenn er Portugalkrimis verfasst. Krohn, der lange in Zürich gelebt hat, wohnt inzwischen mit seiner Familie im Münstertal. Sein Pseudonym gewährt einen interessanten Einblick in die widersprüchlichen Anforderungen, die der regionale Krimi an seine Autor:innen stellt. Mit dem romanischen Namen Gian Maria Calonder weist Krohn sich für Aussenstehende (das heisst hier: für Nichtengadiner:innen oder Nichtbündner:innen) als Insider aus. Für Engadiner:innen hingegen charakterisieren die eher in die Surselva deutenden Namen Calonder und Capaul – so der Name von Calonders Ermittlerfigur – den Autor und seinen Polizisten eher als Outsider. Denn das Engadin und die Surselva, beides romanische Stammlande, werden von den Bewohner:innen als sehr unterschiedlich wahrgenommen – etwa so, wie Zürich und Bern für den Aussenstehenden ähnliche Schweizer Städte sind, während sie untereinander Rivalitäten kennen und sich gern als Gegensätze positionieren. «Es gehört zum Spiel, dass man eigentlich ein Pseudonym aus der Region wählt», so Krohn. «Und jetzt ist da natürlich gleich wieder der Pferdefuss, dass das eigentlich keine Engadiner Namen sind, die vorkommen, sondern surselvische, und dass die Engadiner mich gleich dafür gebasht haben, dass ich keine Engadiner Namen nehme. Andererseits wusste ich: Wenn ich Engadiner Namen genommen hätte, dann hätten sie mich angegriffen dafür, dass ich eben diesen Namen nehme und nicht einen anderen […].» Oder positiv ausgedrückt: Als Insider verspricht das Gespann Calonder/Capaul einen Blick hinter die Engadiner Kulissen, während Krohn als Aussenseiter mit den vom Engadin wegführenden Namen die Kritik umgeht, nicht einheimisch genug zu sein, um Engadiner Regionalkrimis zu verfassen. Der Regionalkrimi teilt mit dem Heimatroman einen engen und in der Regel emotionalen Bezug zur bespielten Region. Die Frage, wer quasi befugt ist, eine

Region kriminalistisch zu bespielen, wird in den sozialen Medien und von einem lokalen Publikum in den Leserbriefspalten der regionalen Presse immer wieder erörtert und gibt – auch unter den Autor:innen – zu Sticheleien Anlass.

Krimiautor oder Hobbyschriftsteller?

Der Regionalkrimi wird für Tim Krohn zu einer höchst ambivalenten Erfahrung. Dem Genre verschrieben hat er sich, um daneben als Autor literarisch unabhängig zu produzieren. Zum Zeitpunkt unseres Interviews[131] muss er aber feststellen, dass diese Rechnung nicht aufgeht. Die Krimis laufen seinen Romanen den Rang ab: «Ich mach's aus einer ökonomischen Notwendigkeit und es ist doppelt schmerzlich, dass diese Texte [die Krimis, T. B.] noch laufen, weil ich meine anderen Romane gar nicht mehr unterkriege. Ich kann meine normalen Romane nicht mehr verlegen. Sie werden nicht mehr besprochen.»

Von einer ganz anderen Seite her betritt Regine Imholz das literarische Feld. Nach zwanzig Jahren in der Flugsicherung wechselt sie ins Journalistenfach. Mit 63 Jahren macht Imholz 2021 ihren Ferienort Brigels zum Schauplatz ihres Krimidebüts *Mord in der Surselva. Die Tote am Wasserfall.* Autorin zu sein ist für Imholz ein tief verankerter Wunsch, den sie zunächst eher in der Art eines Hobbys ausprobieren wollte, wie sie im Interview erzählt: «Es gibt ja Leute, die sagen: Man muss im Leben einen Baum pflanzen, einen Sohn zeugen, und was noch? Ein Haus bauen, um ein Mann zu sein. Und vielleicht … auch wenn mir alles egal ist, was ‹man› muss, so habe ich jetzt ein Buch geschrieben, und das finde ich super und ich habe Freude daran und that's it.»

Mehrfach betont die Autorin, dass ihr Krimidebüt keiner Absicht entsprungen sei: «Es gab überhaupt keinen Plan: ich hatte einfach Spass daran.» Mit dieser Deklarierung als Wunschtraum und Spass unterläuft die Autorin einerseits den literarischen Erwartungsdruck, der ein Romandebüt mit sich bringt, andererseits weist sie dem Regionalkrimi auf dem literarischen Feld jenen Status zu, der es für einen bekannten Schreibenden wie Tim Krohn zum Problem macht, als Autor von Regionalkrimis angesprochen zu werden. «Kaum etwas verletzt das Berufsethos eines Autors mehr, denn als Hobbyschriftsteller bezeichnet

131 28. 12. 2021.

zu werden», hält die Soziologin Carolin Amlinger aus ihren Gesprächen mit Autor:innen fest. «Dies liegt womöglich daran, dass erst die Definition als professionelle Autorin den Eintritt in das literarische Feld ermöglicht.» (2021, 337)

Touristischer und einheimischer Blick

Regine Imholz kommt mit ihrem zweiten Krimi, *Tod in der Ruinaulta*, gleich schon beim Emons Verlag unter. Anders als bei Silvia Götschi oder Philipp Gurt bedarf es bei ihr keines langen Such- und Adaptionsprozesses mehr. Das hat damit zu tun, dass Imholz zu Beginn der 2020er-Jahre den Regionalkrimi als Passform übernehmen kann.[132] Als entscheidende Voraussetzungen für ihren ersten Krimi nennt sie das Leseerlebnis eines bekannten Krimiautors zusammen mit ihrer genauen Ortskenntnis: «Ich las irgendwann den ersten Band [der bretonischen Krimireihe von Jean-Luc Bannalec] und das hat mir total gut gefallen! Wissen Sie: Bannalec hat in mir die Sehnsucht geweckt, das alles anschauen zu gehen, das alles zu essen. Das zu erleben, das zu sehen. Das hat mich tief beeindruckt und das war – zuerst vielleicht unbewusst – schon etwas mein Vorbild. Von ihm habe ich das vielleicht schon auch etwas übernommen – aber eben aus einer totalen Überzeugung heraus: Ich *kenne* diese Beizen, ich *kenne* diese Orte, die ich beschreibe. Die *sind* so!» Bannalec liefert der angehenden Autorin den passenden Container, um über ihren Ferienort Brigels zu schreiben. Daraus resultiert ein dezidiert touristischer Blick auf die Surselva: Analog zu den bretonischen Krimis von Bannalec gibt auch Imholz Restauranttipps ab, bewirbt regionale Produkte und fügt Wandertipps an.[133]

Eine bewusst einheimische Perspektive pflegt dagegen Rita Juon, die in Thusis aufgewachsen ist und im nahen Masein wohnt. Sie hat 2018 mit *Tod am Piz Beverin* debütiert und 2024 ihren vierten Krimi veröffentlicht. «Ich beschreibe nicht oder nur ungern etwas, von dem ich

132 Mit Passform ist hier die Art gemeint, wie der Regionalkrimi ein globales Genre mit lokalen Inhalten realisiert. Ist bei Regine Imholz die Suchbewegung im Vergleich zu anderen genannten Autor:innen kürzer, so hat das mit der Greifbarkeit von passenden Modellen zu tun und ändert nichts daran, dass es der vollen individuellen Kreativität der Autorin bedarf, um einen attraktiven Krimi zu gestalten und ihn innerhalb des Genres hervorzuheben.

133 Dieser touristische Bezug wird in Teil 3 ausführlich behandelt.

keine Ahnung habe», erklärt sie im Interview. Diese Nähe führt dazu, dass sie, anstatt wie andere Autor:innen möglichst authentische Namen aus der Region zu wählen, die Namen sorgfältig verfremdet. Für eine Figur aus Andeer wählt sie «einen Namen aus der Sutselva, also aus dem gleichen romanischen Sprachraum, aber nicht direkt aus Andeer», so wie sie auch für die Figuren «auf dem Glaspass» darauf geachtet hat, «dass sie *nicht* so heissen, wie man dort oben heisst». Auf dem Heinzenberg «gibt es etwa drei oder vier Nachnamen, Walsergeschlechter, die Leute heissen alle gleich – und da habe ich halt ein Geschlecht von Mutten genommen, wo sie nicht so heissen. Statt Tschappina also drüben in Mutten, aber das sind da auch Walser.»

Juons Vorbild sind die Rätselkrimis von Agatha Christie, von der sie «jedes Buch sicher auch mehrmals gelesen» hat. Obwohl gelegentlich Figuren vorkommen, die beispielsweise an die schrullige Ermittlerin Miss Marple bei Christie erinnern, hat Juon im Nahraum ihre eigene Form entwickelt. In ihren Krimis spielt die Polizei höchstens eine Nebenrolle. Die Ermittlungen werden «von der Bevölkerung vorangetrieben».[134]

Krimiunternehmer und Tourismus

Mit den Produktionsbedingungen wandelt sich auch das Selbstbild und die Identifikation der Autor:innen. Carolin Amlinger beobachtet seit den 1990er-Jahren «[n]eue Autorenmodelle und selbständige Beschäftigungsverhältnisse», die sich «an einem marktvermittelten Autonomiebegriff [orientieren], der die Ansprüche nach Selbstbestimmung und Eigenverantwortung nun unternehmerisch auflädt» (684).

Diese unternehmerische Orientierung bildet sich in den Interviews, die ich geführt habe, vielfach ab, am deutlichsten – das ist wohl wenig erstaunlich für Graubünden – in der sich verfestigenden Konvergenz zwischen Literatur und Tourismus. «[W]ir als Autoren nehmen natürlich auch Kontakt auf zu einem Tourismusbüro oder zu einem Hotel», erklärt Silvia Götschi, welche die daraus sich ergebenden Synergien stärker nutzen möchte: «Ich möchte eine Lesereise machen mit Publikum, mit szenischen Lesungen und in Zusammenarbeit mit Hotels, Touris-

134 Gemäss Interview. Mehr zur tragenden Rolle der Zivilgesellschaft bei dieser Autorin findet sich in Teil 3.

mus und Buchhandlungen […].» Szenische Lesungen – «halb Theater, halb lesen» – hat die Autorin bereits «so etwas als Alleinstellungsmerkmal entwickelt». Und sie betont die Wichtigkeit der «Buchvermarktung auf Social Media, das wird unterschätzt».

Sämtliche der von mir interviewten Krimiautor:innen haben Kontakte zum Tourismus geknüpft. So hat Daniel Badraun als Engadiner Krimipionier schon zu Beginn seiner langen Karriere einmal «bei den Bergbahnen angeklopft» mit der Idee, «zum Beispiel eine Krimiwanderung» anzubieten oder eine «Krimilesung an einem speziellen Ort».

Feststellbar ist, dass die Autorin und die Unternehmerin bisweilen mit verschiedener Stimme sprechen. Regine Imholz gibt auf die Frage, wieso sie ihre Feriendestination Surselva als Krimiregion ausgewählt hat, unter anderem nostalgische Gründe an: «Es ist wirklich ein grosses Staunen in dieser Surselva», schwärmt sie, «wenn man vom Unterland ist und man kommt dort hin … dort gibt es noch solche Sachen wie zum Beispiel Kondukteure [und Zugfenster, die man öffnen kann][135] – das hat mich umgehauen. Das ist ganz mein Ding, das hat mir total gut gefallen.» Angesprochen auf mögliche Synergien zwischen Regionalkrimi und Tourismus, weicht die begeisterte Nostalgie der *Krimiautorin* einer eher nüchternen Einschätzung der *Krimiunternehmerin*. Das Ausbleiben von Sponsoring in Form eines Druckkostenbeitrags von einer bestimmten touristischen Organisation führt sie zur Vermutung: «Vielleicht ist die Surselva auch eher eine Ausnahme, wenn ich das im Engadin gemacht hätte, die wären dort vielleicht etwas weiter und würden sehen, was das bedeutet, aber in der Surselva ist man noch nicht so weit.»

Tim Krohn erzählt von seiner Kolumne, die immer wieder Tourist:innen ins Münstertal locke, und erklärt: «Literatur hat die Kraft, Menschen für eine Region zu interessieren, aber ich glaube eben nicht über äusserliche Produkte oder so, sondern darüber, dass man sagt: da

135 Die Autorin greift hier im Gespräch ein Motiv auf, das sie im Klappentext von *Mord in der Surselva* ausformuliert hat und das in der eckigen Klammer entsprechend von dort ergänzt wurde: «Surselva – das sind für mich nicht nur die ‹Bündner Rigi›, Flims und der Crestasee. Die Surselva ist viel mehr. Es ist mit weichen Knien zuoberst auf dem ‹Kistenstöckli› stehen; […] in einem Zug fahren, in dem es noch einen Kondukteur gibt und man die Fenster öffnen kann; die allererste Rheinbrücke mit zwei Schritten überqueren […].»

leben Menschen, da ist es menschlich. Und das ist ja eigentlich die Sehnsucht, die die Leute haben. Es ist auch das, was das Münstertal immer attraktiver macht gegenüber dem Engadin, das immer entmenschlichter wird, immer professioneller [...].»

Für eine touristisch voll orchestrierte Ausbeutung des Regionalkrimis, wie sie in der Eifel oder im Allgäu schon seit Jahren stattfindet, fehlt in Graubünden bisher vor allem noch der Impuls einer Verfilmung – vonseiten der interviewten Autor:innen war da und dort die leise Hoffnung auf eine filmische Umsetzung oder auch eine verhaltene Enttäuschung über deren bisheriges Ausbleiben spürbar.

3

Krimilektüren: Detektive und Touristen

Der Krimi als Fremdenführer

Im Naturpark

«Im Wald war es still. Das Licht arbeitete allmählich die Konturen aus der Landschaft. Was vorher flach wie ein Gemälde erschien, wurde greifbar. Tiefe tat sich auf. Die Bäume standen nicht mehr aufgereiht, sondern zueinander im Raum. Die Stämme wurden rund. Das eintönige Grau löste sich in Grün- und Brauntöne auf.» Die Naturszenerie, die zu Beginn von Sabina Altermatts Krimi *Jagdgeflüster* Form annimmt, lässt sich nahtlos mit Philipp Gurts *Bündner Treibjagd* fortschreiben: «Mit dem ersten Einfallen der Sonnenstrahlen in den Wald aus Lärchen, Arven und Bergföhren entzündete sich sein goldenes Leuchten. Nur vereinzelt war der krächzende Schrei eines Vogels zu hören, der flatternd aus einer Baumkrone aufstieg [...].» Der Vogel, dessen Aufflattern auf die Gefährdung der Idylle hinweist, fehlt auch bei Altermatt nicht: «Ein schriller Pfiff durchbrach die Stille. Ein Vogel flog auf. Luft rauschte, die durch seine Flügel zog.» Aber noch «herrschte eine tiefe Ruhe im Nationalpark» (bei Gurt), und Altermatt macht sie mit einigen kostbaren Naturminiaturen auch sinnlich erfahrbar: «Der Boden war mit Lärchennadeln vom Vorjahr bedeckt. Tautropfen klebten an den Grasbüscheln und reflektierten das erste Licht. Eine Ameise versuchte, einen Käfer, der doppelt so groß war wie sie, über einen Ast zu transportieren. Es roch nach Harz und Moos.»

Wo der Krimi sich so hingebungsvoll an die Natur verliert, ist das Unheimliche nicht weit: «Diese Stille durchbrachen [...]» bei Gurt «verzweifelte Laute einer dunkelhaarigen jungen Frau, die durch den dichten Wald hetzte.» Bei Altermatt «hing etwas kopfüber an einem Baum. Etwas, das hier nicht hingehörte. Jetzt war auch ein leises Klopfen zu hören. Tock, tock, tock. Tropfen fielen auf den moosbedeckten Boden. Und färbten ihn rot.»

In dieser schönen Bergkulisse ...

Die Momente des Innehaltens in einer unberührten Landschaft, die der Krimi seinen Leser:innen bietet, haben ihren Preis. Er wird als menschliches Grauen entrichtet, das an den Rändern wartet. Gerahmt durch den Menschen und seine Verbrechen, wird aus Natur ein Naturpark. Je schlimmer, ja grotesker die Verbrechen, desto idyllischer und unberührter darf sich die Natur darin gebärden. Als passionierte Krimileser:innen haben wir uns allerdings für das unvermeidliche Hereinbrechen der Ränder ins Naturreservat schon längst mit derselben schrulligen Leichtigkeit gewappnet, mit der in den Krimis die Pathologen ihren Leichen gegenübertreten. So hält das «viele Blut» den Gerichtsmediziner mit dem währschaften Bündner Namen Isidor Planta in Imholz' *Mord in der Surselva* nicht davon ab, die Leiche und ihren spektakulären Fundort beim pittoresken Wasserfall am Lag da Pigniu gebührend zu würdigen: «‹Sie ist zwar tot, bietet aber immer noch einen äusserst ansprechenden Anblick›, fuhr er mit einer Geste zum Opfer hin fort. ‹Und das Ganze in idyllischer Landschaft, an einem herrlichen Morgen [...].›» (8) Unterhalb des Wasserfalls wartet unterdessen der Finder der Toten zwar «an schönster Aussichtslage. Der offensichtlich geschockte Mann [...] zeigte jedoch kein Interesse für das umwerfende Panorama» (7), das der Autorin immerhin so wichtig ist, dass sie es zweimal erwähnt.

Hier springt ein weiteres eingespieltes Gestaltungselement des Regionalkrimis ins Auge, das auch dort üblich ist, wo es nicht so offen zelebriert wird wie im gewählten Beispiel: Die Leichen werden mit Vorliebe an spektakulären, landschaftlich markanten Orten abgelegt. Dabei handelt es sich zum Beispiel um namentlich genannte Bergseen oder Gletscher (der Lai Neir auf Alp Flix bei Gurt oder der Vadret da Fex bei Gutgsell) und pittoreske Schluchten (die Viamala bei Juon, die Roffla bei Gurt, die Ruinaulta bei Imholz), um imposante Bauten der Rhätischen Bahn (der Albulatunnel bei Krohn, der Solisviadukt bei Rungger) oder um historische Sehenswürdigkeiten (Carschenna und die Kirche Mistail bei Uli Paulus, der Segantini-Weg bei Salerno); aber auch um eigentliche touristische Hotspots (das Davoser Jakobshorn bei Götschi oder die Halbinsel Chastè im Silsersee bei Rungger). Und jedesmal könnte man mit Philipp Gurt begeistert in das schauerliche Fazit ausbrechen: «In dieser wunderschönen Bergkulisse hatten sich mal wieder die schlimmsten Verbrechen ereignet.» (*Bündner Abendrot*, 347)

Detektive und Touristen

Woher diese auffällige Häufung schöner Kulissen im zeitgenössischen Bündner Krimi? Tatsächlich rücken Detektiv und Tourist hier in auffälliger Weise zusammen: «Ich könnte mir die Zunge abbeißen. Immer wieder falle ich in die Rolle des Reiseführers zurück, der zu jedem

Stein eine Anekdote zu erzählen weiß und dauernd mit seinem Wissen auftrumpfen muss.» (*Randulin*, 26) Claudio Mettler, Hauptfigur aus Daniel Badrauns Engadin-Krimi-Reihe, hat soeben einem vermeintlich harmlosen Mitreisenden am Berninapass die spektakuläre Aussicht aus dem Zugfenster erklärt und dabei die Fluten des Lej Nair bis ins Meer verfolgt: «Das Wasser fließt als Flaz an Pontresina vorbei, in Samedan in den Inn und bei Passau mischt es sich mit der Donau. Die Farbe des Lej Nair passt ausgezeichnet zum Schwarzen Meer, dem Ende seiner langen Reise.» (Ebd.) Was aussieht wie ein Ausrutscher ins Reiseführergenre, ist Ausdruck einer tief sitzenden Affinität zwischen Ermittlungsfigur und Tourist. Diese Wesensverwandtschaft ist auch in der Forschung nicht unbemerkt geblieben. Das permanente schweifende Unterwegssein birgt eine erste Gemeinsamkeit, wie der Kulturwissenschaftler und Tourismusforscher Stijn Reijnders festhält: «Um die Mordfälle zu lösen, sind die Inspektoren [...] dauernd unterwegs. Dieses fortgesetzte Unterwegssein durch den erzählten Raum steht im Einklang mit den Aktivitäten des Touristen. Leute auf geführten Touren und Tagesausflügler sind ihrerseits die meiste Zeit unterwegs.»[136]

Der fliessende Übergang vom schweifenden touristischen Blick zur Beobachtungsarbeit des Detektivs ist im Regionalkrimi zwar stets präsent, aber nur selten wird diese Doppelrolle so explizit herausgearbeitet, wie Daniel Badraun es tut. Reiseführer und Detektiv – beides ist sein rastloser Engadiner Idealist Mettler nur unfreiwillig. Den kriminellen Machenschaften der Tourismuslobby kommt er auf die Spur, weil er sich vor den Karren des Tourismusunternehmers Reto Müller[137] spannen lässt; und um dem Engadiner Tourismusrummel zu entfliehen, muss sich Lebenskünstler Mettler das Geld als Touristenführer verdienen, um dann – seinerseits zum Touristen geworden – andere Länder zu bereisen.

136 «To solve the murder cases, the inspectors [...] are constantly on the move. Such continuous movement through the narrative space resonates with the activities of the tourist. People on tours and day trippers are themselves on the road most of the time.» Reijnders 2011, 36.

137 Dass der umtriebige Müller seinen vermeintlichen Freund Mettler immer wieder benützt und ausnützt, ist die Ausgangssituation für mehrere Mettler-Krimis. Für eine ausführliche Beschreibung Müllers vgl. zum Beispiel Daniel Badraun, *Hundsvieh*, 19–21.

In *Krähenyeti* greift Mettler zum touristischen Habitus, als ihm ein mysteriöser Verfolger im Nacken sitzt. Um sich und seine Neugierde «etwas unkenntlicher zu machen», mischt er sich unter eine Gruppe japanischer Touristen. Dabei setzt er nicht nur «die Schirmmütze der japanischen Reisegruppe auf», sondern auch gleich einen universalen touristischen Kamerablick, der dadurch imitiert und ironisiert wird. Soglio präsentiert sich ihm nun folgendermassen:

«Der überdachte Brunnen – nice!

Ein Hinterhof mit einem richtigen Stall – lovely!

Zwei ineinander verschachtelte Häuser – interesting!

Ein alter Mann, gezeichnet von einigen Jahrzehnten harter Arbeit – mountain hero!

Zwei kräftige junge Männer mit dunklen Bärten in weiten Baumwollhosen und handgestrickten Pullovern, die ihn begleiten – family life!» (102)

Doch dann ändert sich Mettlers Blick, denn «die Art, wie sie den Bauern immer wieder am Arm packen und ihn vorwärts drängen, hat gar nichts Familiäres an sich, im Gegenteil. Die Aktion wirkt grob und bedrohlich.» (102)

Die touristische Wahrnehmung eines typischen und pittoresken Bergdorfs («nice», «mit einem richtigen Stall», «mountain hero») wird an dieser Stelle darauf gestossen, dass hinter der idyllischen Szenerie womöglich noch eine andere Wirklichkeit darauf wartet, entdeckt zu werden. Ist vielleicht alles bloss arrangiert? Könnte es sich bloss um eine Kulisse handeln? Sofort wechselt Mettler in den detektivischen Modus zurück, um der Sache auf den Grund zu gehen: «So folge ich in einigem Abstand der Gruppe.» Und tatsächlich stellt sich heraus: die zwei Bärtigen sind nicht Mitglieder einer typischen Bergbauernfamilie, sondern Handlanger des neuen Seilbahnkonsortiums, die den Landbesitzer Giovanoli nach St. Moritz eskortieren, wo er sein Land für ein Grossprojekt verkaufen soll.

Mettlers virtuoses Wechseln zwischen einem touristischen und einem detektivischen Blick verweist auf eine weitere Gemeinsamkeit: Sowohl Detektiv wie Tourist bewegen sich in einer Welt der Kulissenhaftigkeit. Im Versuch, diese Kulissen zu durchschauen, besteht die tiefere und eigentliche Verwandtschaft dieser zwei Schlüsselfiguren der Moderne.

Die Suche nach der Realität

Der Philosoph und Kulturkritiker Walter Benjamin hat bereits im frühtouristischen Habitus des urbanen Müssiggängers eine Vorform des Detektivs erkannt, wenn er festhält, dass in der Figur des Flaneurs, des grossstädtischen Spaziergängers im Paris des (frühen) 19. Jahrhunderts, «die des Detektivs sich präformiert» (GS V/554). Tatsächlich entstehen Tourist und Detektiv gleichzeitig als Figuren der Moderne. Weder die touristische Massendynamik noch der spektakuläre Triumphzug des Kriminalromans im 20. Jahrhundert wären denkbar ohne den Drang, jenseits der Konstruiertheit moderner Realitäten einen Blick auf die wahren, die tatsächlichen, die ‹ursprünglichen› Verhältnisse zu werfen. Der Soziologe Luc Boltanski sieht darin sogar den hauptsächlichen Grund für den Erfolg des Krimigenres: «Einerseits hat sich die Realität zweifellos niemals als so organisiert, robust und dadurch so vorhersehbar dargestellt wie in den modernen westlichen Gesellschaften. Aber andererseits, und zwar vielleicht aus denselben Gründen, tritt ihre Fragilität oder das, was man dafür hält, in den Vordergrund und scheint eine noch nie dagewesene Verunsicherung hervorzurufen. Ich denke, dass der Kriminalroman diese Verunsicherung inszeniert und dass der Hauptgrund für seinen Erfolg darin zu suchen ist, wie kunstvoll er diese Verunsicherung in Bezug auf die *Realität der Realität* zum Ausdruck bringt.» (2013, 46)

Verspricht der Krimi seit seinen Anfängen im 19. Jahrhundert, die Wahrheit hinter den Fassaden der Normalität und Wohlanständigkeit aufzudecken, indem er in verschiedene soziale Milieus der Gesellschaft eintaucht, so fügt der regionale Krimi dieser Realitätssuche eine geografische Dimension hinzu: Er taucht in ländliche Regionen und Urlaubsgegenden ein und zeigt, wie es *hier* wirklich ist. Er schildert Menschen mit ihrer Lebensweise und fördert Lokalkolorit zutage, einmalige Landschaften, ortstypische Architektur oder Kulinarik. Indem er den Anspruch auf Authentizität erhebt, blickt er hinter die Kulissen und Inszenierungen, die den modernen Touristen überall schon erwarten. Ist die Realitätssuche bei Boltanski noch vorwiegend historisch bestimmt (‹moderne Gesellschaften›), die geografisch bloss als ‹westlich› definiert sind, so weitet der Regionalkrimi die Suche in diesem Umkreis auf unterschiedliche geografische Räume aus. Der Regionalkrimi verspricht, die lokalen Wirklichkeiten zu erkunden.

Doppelbesetzungen

Detektiv und Tourist sind nicht die einzige Doppelbesetzung, die der Regionalkrimi vornimmt. Dieselbe Doppelung taucht sowohl bei den Autor:innen als auch bei den Verlagen wieder auf. So hat Daniel Badraun nicht nur die Claudio-Mettler-Krimireihe verfasst, sondern auch den Reiseführer *Lieblingsplätze im Engadin* (2021): Er und Fotograf Rolf Canal lüften darin «so manche Rätsel der Region, verraten Geheimtipps und zeichnen dabei ein liebevolles Porträt von Land und Leuten» (Klappentext) – kaum verwunderlich, geht es dem Krimiautor dabei ab und zu wie seinem Protagonisten Claudio Mettler, der seinen touristischen Schnabel einfach nicht halten kann. Zum Beispiel im Hotel Bregaglia, wo Badraun der Fremdenführer von «Glück» spricht, dass «das Geld für die Renovierung [fehlte]», weil sich so die «Originalräume» erhalten hätten, während Badraun der Krimiautor das fast wörtlich wiederholt: «Es ist ein großes Glück, dass man lange Zeit zu wenig Geld besaß, um das Bregaglia zu renovieren, sonst hätte man die alte Pracht wie in anderen Hotels mit dem gut gemeinten Modernisierungswahn zerstört.» (*Krähenyeti*, 106)

Badraun ist nicht der einzige Autor, der für seinen Verlag gelegentlich von der Rolle des Krimischreibers in die Rolle des Touristenführers wechselt. Silvia Götschi, die als Krimiautorin verschiedene Regionen bespielt – unter anderem Davos –, schlüpft ebenfalls gelegentlich in eine touristische Rolle. Von ihr stammen zwei Bände aus der Reihe «111 Orte, die man gesehen haben muss».[138] Im Interview benennt die Autorin die Synergien, die sich aus diesem Doppelspiel für sie ergeben: Die touristischen Führer bedingen «eine sehr grosse Recherche, wobei ich davon dann wiederum profitiere, wenn ich einen Krimi schreibe». Und umgekehrt profitiert die Reiseführerin auch von der Krimiautorin, denn wo sie einen Ort schon bespielt hat, kann Götschi «aus meinen eigenen Büchern schöpfen».[139] Dass diese Autor:innen ihre Doppelrollen innerhalb ihres jeweiligen Verlags einnehmen – des Kölner Emons Verlags bei Götschi, des baden-württembergischen Gmeiner Verlags bei Badraun – zeigt, dass die Nähe des regionalen Krimis zum Tourismus auch verlegerisch genutzt wird.[140]

138 *111 Orte in Nidwalden, die man gesehen haben muss*, Köln 2019; *111 Orte im Kanton Schwyz, die man gesehen haben muss*, Köln 2017.

139 Interview, geführt am 27. 1. 2022.

140 Der Werdegang von Verlagen, deren Sortiment sowohl Regionalkrimis wie touristische Publikationen umfasst, wurde in Teil 2 umrissen.

Literatur und Tourismus: Eine Annäherung

Die Wiedererkennbarkeit der Region

Die Verknüpfung der Fiktion mit einer bis ins Detail erkennbaren ausserliterarischen ‹Realität› bildet ein entscheidendes Bindeglied, ja geradezu eine Voraussetzung für die konstatierte Annäherung von Regionalkrimi und Tourismus. Zur Ausgestaltung dessen, was Umberto Eco den «Fiktionsvertrag»[141] zwischen Autor:innen und Leser:innen nennt, gehört im Fall des Regionalkrimis eine Verankerung der Fiktion in wiedererkennbaren, ‹authentischen› Orten und Landschaften. Wartet die Fiktion mit einer nicht selten geradezu grotesken Häufung von Verbrechen auf, deren Aufklärung den Blick oftmals über die Region hinauslenkt und für eine Anbindung an die allgemeinen gesellschaftlichen Verhältnisse sorgt, werden die Schauplätze und die wiederkehrenden Figuren sorgfältig lokal eingebettet.

Das Zurückbinden der Fiktion an erkennbare Orte und Gegebenheiten gehört selbstverständlich und seit je zum Spiel der Literatur. Die Tendenz allerdings, die Fiktion immer minutiöser auf eine sichtbare und nachprüfbare ‹Realität› festzulegen, kündet von einem verstärkt hervortretenden Bedürfnis vieler Menschen, sich auch auf dem Gebiet der Fiktionen ständig der «Realität der Realität» (Boltanski) zu vergewissern. Wo Authentizität im Sinne einer prominenten Wiedererkennbarkeit lokaler Gegebenheiten angestrebt wird, soll im Folgenden von authentischem Realismus die Rede sein. Das Bedürfnis nach authentischer Realität, das im Regionalkrimi deutlich hervortritt, schreibt sich im Erfolg der diversen ‹true-crime›-Formate fort – das wohl bekannteste literarische Beispiel bilden im deutschen Sprachgebiet derzeit die nach Tatsachen erzählten Kriminalgeschichten des ehemaligen Strafverteidigers Ferdinand von Schirach, von denen viele verfilmt wurden.[142] Dass

141 Zum «Fiktionsvertrag» Eco 1994, 103 und öfters.

142 Ferdinand von Schirach: *Verbrechen*, München 2009; *Schuld*, München 2010, *Strafe*, München 2018. Fallgeschichten sind bereits im 18. Jahrhundert populär, also vor der Herausbildung der Detektivgeschichte. Auch die Geschichte des (fiktiven) Kriminalromans ist natürlich nicht denkbar ohne die dauernde Rückbindung an eine sich verändernde ‹Realität›. Das führt zum Pathos des Bruchs, für das Chandlers Aufsatz «Die simple Kunst des Mordes» exemplarisch stehen kann. Chandler verspottet darin die Autor:innen, «bei denen die Morde nach

das Bedürfnis nach authentischer Beglaubigung des Erzählten auch weit über das Krimigenre hinausreicht, veranlasst die Autorin Julie Zeh 2006 zu einer Generalabrechnung mit der zunehmenden Verpflichtung der Literatur auf das Authentische: «Wer sich derzeit im Literaturbetrieb bewegt, kann einen Umgang mit Texten beobachten, der eher an eine Mischung aus Voyeurismus und Indizienprozess erinnert als an literarische Rezeption.» Was Zeh als skandalös brandmarkt, hat der serielle Regionalkrimi längst als Massstab verinnerlicht: «Zeitgenössische Schulklassen mikroskopieren zeitgenössische Literatur mit Hilfe von Lexika, Stadtplänen und Zeitungsarchiven, um das Geschriebene auf ‹Fehler› zu untersuchen, also auf Abweichungen des Erzählten von der ‹Realität›. Eine Verlegerin berichtet, dass sie in einem Roman auftauchende Straßenzüge, die in der realen Stadt nicht faktisch existieren, kurzerhand ‹weglektorieren› würde. Und immer häufiger finden Leser nicht nur den Autor, sondern auch sich selbst in literarischen Texten wieder, wovon sie sich dann, je nach Zusammenhang, geschmeichelt oder beleidigt fühlen.»[143]

Begehbare Schauplätze

Der authentische Realismus begünstigt aufseiten der Leser:innen jene Rezeptionshaltung, die Zeh polemisch als «Mischung von Voyeurismus und Indizienprozess» bezeichnet. Tatsächlich legen es detaillierte örtliche Beschreibungen und die Nennung von Strassen- und Flurnamen nahe, dass die wichtigen Schauplätze real existieren und wenn möglich einsehbar oder sogar begehbar sind. Und es trifft auch zu, dass die Suche nach Fehlern unter Krimileser:innen zu einer Art Spiel geworden ist, das auf Krimiseiten im Internet, in Kolumnen und in den Leserbriefen lokaler Zeitungen eifrig, oftmals geradezu mit Inbrunst betrieben wird: Hier wird falsches Romanisch verwendet, dort schwimmt eine Leiche flussaufwärts oder wird ein Ortsname verunstaltet. Dass sich die Einheimischen wiedererkennen wollen und empfindlich reagieren, wenn sie sich negativ gezeichnet finden, während die Tourist:innen viel lokale Exotik wünschen – auch das gehört zu den bekannten Herausforderungen des Genres.

Magnolienblüten duften müssen», denn ihre Geschichten «enthalten zu wenig von dem, was in der Welt vorgeht» (1950/1975, 339 und 331 f.).

143 Zeh 2006.

Im Umfeld des Krimis haben sich in den letzten zwei Jahrzehnten vielerorts Führungen und Touren etabliert.[144] Der verstärkte Wunsch, literarische Schauplätze oder Filmlocations zu besichtigen, mag einerseits dem Bedürfnis entspringen, die Fiktion in einer lokalisierbaren Realität zu verankern, vielleicht sogar, Fiktion und Wirklichkeit «zu entwirren».[145] Zugleich bieten die ‹originalen› Schauplätze, die im Krimi beschrieben werden, aber auch Gelegenheit, solche Orte intensiv zu erleben oder, falls man sie bereits kennt, sie neu zu erleben. Denn durch das Erzählen sind sie nicht nur wiedererkennbar gemacht, sondern auch atmosphärisch neu aufgeladen und mit Geschichten und Gefühlen ausstaffiert worden.

Der Detektiv im Ferienland

In der Tourismusforschung gilt es als bekanntes Paradox, dass es gerade die Suche nach dem Authentischen ist, was die Entstehung immer neuer Inszenierungen und Kulissen befördert. Dean MacCannell spricht in seiner Theorie des Tourismus[146] nicht von Realität und Inszenierung, sondern in modellhafter Weise bloss noch von einer Vorder- und einer Hinterbühne.[147] Der Tourist möchte hinter die Kulissen auf die Hinter-

144 Dieser auch kommerziell zunehmend interessante Literatur- und Medientourismus ist von der Wissenschaft bis in die jüngste Zeit weitgehend ignoriert worden. Raphaela Knipp hat mit *Begehbare Literatur* (2017) einen umfassenden Überblick über die räumliche Attraktivität von Literatur vorgelegt. Darin berichtet sie zum Beispiel vom Krimiwanderweg in der Eifel, wo das Kriminarrativ «Eingang in die regionale Raumgestaltung sowie die Semantik regionaler Werbetexte gefunden» habe (214). Katharina Löffler in *Allgäu Reloaded* (2017) beschreibt Krimiführungen oder von den Kluftingerkrimis inspirierte Touren auch per E-Bike im Allgäu (11). Stijn Reijnders (2011) beschreibt Krimiführungen im Oxford von Inspector Morse, in Wallanders Ystad sowie an Film-Locations der James-Bond-Filme.

145 Letzteres ist die These von Stijn Reijnders: «Because imaginations and realities are interwoven, people feel the need to unravel them.» Zu diesem Entwirren gehören etwa Informationen, die darüber aufklären, dass das, was im Film bloss einen Schnitt auseinanderliegt, ‹in Wirklichkeit› sehr viel weiter voneinander entfernt ist. Reijnders 2011, 15.

146 MacCannell 1976/2013.

147 MacCannell bezieht sich damit auf die Front/Back-Dichotomie des Soziologen Erving Goffman und dessen Theorie der Interaktion. Vgl. zum Beispiel Goffman 1959/1983.

bühne blicken, wo er das authentische Leben vermutet. Aber eine eingespielte Tourismusindustrie, die es gewohnt ist, dem Gast das zu bieten, was er wünscht, greift die Motive der Hinterbühne auf und versetzt sie dadurch wiederum als neue Kulissen auf die Vorderbühne. MacCannell schreibt: «Das touristische Bewusstsein findet seine Motivation in der Sehnsucht nach authentischen Erfahrungen, und der Tourist mag auch tatsächlich glauben, dass er sich in diese Richtung bewegt, aber oft ist es sehr schwierig zu wissen, ob die Erfahrung auch tatsächlich authentisch ist. Es bleibt immer möglich, dass das, was für den Eingang zur Hinterbühne gehalten wird, in Wirklichkeit auf eine Vorderbühnenregion führt, die zuvor vollständig für einen touristischen Besuch eingerichtet worden ist.»[148] So kann etwa Allegra als Bündner Gruss ebenso gut auf das Romanisch der Einheimischen wie auf eine touristische Inszenierung verweisen. Der touristische Blick hinter die Kulissen öffnet auf diese Weise ein nicht mehr abschliessbares Kontinuum, worin sich der wachsenden Selbstreflektiertheit des Touristen ein immer raffinierteres System der Wunscherfüllung zugesellt.[149]

MacCannells verblüffende Einsicht lässt sich so interpretieren, dass der Tourist selbst im Grunde ein ständiger Tourismuskritiker ist, eine Art Detektiv im Ferienland – aber indem seine Kritik touristischer Kulissenhaftigkeit bloss ein eingespieltes Element in einem kommerziell organisierten Zusammenhang darstellt, bleibt der kritische Impuls des Feriendetektivs gefangen im Spiel zwischen Verhüllung und Enthüllung und bringt permanent erneuerte «authentische Kulissen»[150] hervor.

---

148 «Touristic consciousness is motivated by its desire for authentic experiences, and the tourist may believe that he is moving in this direction, but often it is very difficult to know for sure if the experience is in fact authentic. It is always possible that what is taken to be entry into a back region is really entry into a front region that has been totally set up in advance for touristic visitation.» MacCannell 1976/2013, 101.

149 «The quest for authenticity is marked off in stages in the passage from front to back. Movement from stage to stage corresponds to growing touristic understanding. This continuum is sufficiently developed in some areas of the world that is appears as an infinite regression of stage sets. Once in this manifold, the tourist is trapped.» Ebd., 105.

150 Diesem Phänomen habe ich in *Authentische Kulissen* (Barfuss 2018) mit der Erkundung von stark frequentierten Orten wie Raststätten, Zollfreizonen oder Grenzübergängen und deren Inszenierungen nachgespürt.

Der touristische Blick

Um zu verstehen, wie der authentische Realismus des zeitgenössischen Krimis mit dem touristischen Spiel um Authentizität verknüpft ist, erweist es sich als nützlich, zunächst das zu entwickeln, was in der Tourismusforschung als ‹tourist gaze› oder touristischer Blick beschrieben worden ist. Was gilt den Tourist:innen als ‹echt›, ‹sehenswert› oder ‹authentisch›? Der Soziologe und Tourismusforscher John Urry hält darauf folgende Antwort bereit: «Der Blick wählt sich die Orte aufgrund von Antizipation [das heisst, weil man sie schon kennt, T. B.] [...]. Solche Antizipation wird konstruiert und bekräftigt durch eine Reihe nichttouristischer Praxen wie etwa Filme, Fernsehen, Literatur, Magazine, Aufzeichnungen und Videos.»[151] So kennt man zum Beispiel den Eiffelturm aus vielfacher Erzählung und visueller Darstellung. Das ist es, was einem Besucher in Paris schliesslich das Gefühl verleiht, nun erstmals den ‹wahren›, den ‹richtigen›, den ‹echten› Eiffelturm zu sehen – aber natürlich ist das eine voreingenommene Deutung, denn zum ‹Original› wird der Eiffelturm ja erst dadurch, dass er in unseren Köpfen schon vorher präsent war durch seine vielfältige Vermittlung. Kurz: Zum Original ist er erst durch die Kopien geworden.

Mit einem produktiven Missverständnis[152] hat Dean MacCannell Walter Benjamins Begriff der Aura für dieses touristische Verhältnis ins Spiel gebracht: «Benjamin glaubte, dass die Reproduktionen eines Kunstwerks hergestellt würden, weil das Werk von einer gesellschaftlich verankerten ‹Aura› umgeben sei, und diese ‹Aura› stelle einen Rest seiner Ursprünge in einem urzeitlichen Ritual dar. Er hätte das besser umgekehrt angepackt. Das Werk wird ‹authentisch› erst, nachdem die erste Kopie davon hergestellt worden ist. Die Reproduktionen *sind* die Aura, und das Ritual, weit davon entfernt, ein Ausgangspunkt zu sein, *leitet*

151 «Places are chosen to be gazed upon because there is anticipation [...]. Such anticipation is constructed and sustained through a variety of non-tourist practices, such as film, TV, literature, magazines, records and videos.» Urry 2002, 3.

152 Um ein Missverständnis handelt es sich, weil MacCannell fraglos und ahistorisch von einer Welt ausgeht, in der Kopien immer schon vorhanden sind. Damit fällt Benjamins Frage nach der Veränderung der Wahrnehmung des Kunstwerks durch verschiedene Reproduktionstechniken völlig ausser Betracht. Produktiv ist das Missverständnis, weil MacCannell mit seiner Lesart einen erhellenden Beitrag zum Verständnis einer touristisch verstandenen Authentizität leistet.

sich erst von der Beziehung zwischen dem originalen Objekt und seiner sozial konstruierten Bedeutung *her.*»[153]

Die Konvergenz von Literatur und Tourismus

Die antizipierenden Kopien und Hinweise, die einer Sache erst (touristische) Sichtbarkeit und im Prozess des Wiedererkennens Authentizität verleihen, heissen in der Tourismusforschung Marker. Sie brauchen nicht unbedingt visueller Art zu sein, neben Bildern und Fotos erfüllen auch Erzählungen, Romane oder Beschreibungen diesen Zweck.[154] Schon 1984 ist die Literaturwissenschaftlerin Janice Radway bei ihrer Begleitung einer Gruppe Liebesromane lesender Frauen darauf gestossen, dass diese «den Geschichten auch Informationen über Orte auf der Welt entnehmen, die sie vielleicht besuchen möchten».[155] Seither hat sich die touristische Wirksamkeit von literarischer oder filmischer Verortung fest etabliert und – zum Beispiel in Writer-in-Residence-Verträgen für Schriftsteller:innen oder literarisch-touristischen Auftragsarbeiten – professionalisiert. Der authentische Realismus des Regionalkrimis mit seiner Referenz auf wiedererkennbare und begehbare Orte eignet sich in besonderem Masse für eine solche Öffnung zum Touristischen hin. Aber auch über das Krimigenre hinaus ist der gezielte Einsatz von Markern zu einem relevanten Faktor im touristischen Marketing geworden – sei es in der Netflix-Serie *Emily in Paris*, im TV-Krimi aus Istanbul oder der Bretagne oder in der Bündner Belletristik.[156] Diese Entwicklung ist

153 «Benjamin believed that the reproductions of the work of art are produced because the work has a socially based ‹aura› about it, the ‹aura› being a residue of its origins in a primordial ritual. He should have reversed his terms. The work becomes ‹authentic› only after the first copy of it is produced. The reproductions *are* the aura, and the ritual, far from being a point of origin, *derives* from the relationship between the original object and its socially constructed importance.» MacCannell 1976/2013, 47 f.

154 Dies ist der Ansatzpunkt der Studie von Stijn Reijnders (2011): «In tourism studies, following Urry (2002), much emphasis has been placed on the visual character of landscape experience. The importance of stories and other non-visual associations to the process of meaning-making has been underestimated. As Schama wrote in *Landscape and Memory* (1995), people feel attracted to specific landscapes, because these landscapes are identified with specific fantasies, stories or memories.» (147)

155 Zitiert nach Maase 2019, 147.

156 Ein Bündner Beispiel unter anderen ist Blanca Imbodens Roman *Arosa. Von Bä-*

hauptsächlich dafür verantwortlich, dass die Grenzen zwischen Unterhaltung in Film- oder Romanform und Tourismus in den letzten Jahrzehnten bedeutend durchlässiger geworden sind.

Aber das Setzen von Markern ist keine Einbahnstrasse, in der nur der Tourismus von der Literatur profitiert. Umgekehrt dient die landschaftliche, historische oder kulturelle Prominenz realer Orte auch dazu, die Fiktion zu verorten und semantisch anzureichern. Um genauer zu verstehen, wie dies geschieht, sollen im Folgenden die Leichenfundorte im Thriller *La fonte del male* der Engadiner Autorin Susanna Salerno genauer untersucht werden.

Authentizitätsmarker

La fonte del male hat das Verschwinden junger Frauen aus dem Bergell zum Thema. Der erste Tote wird in Maloja gefunden. Es handelt sich um den Lehrer Jürg Wolff, der an einem St. Moritzer Privatgymnasium unterrichtet hat. Seine Leiche taucht im Umkreis des «berühmten Chalet Kuoni» mit dem runden Atelier auf, das «einst von Giovanni Segantini bewohnt worden war». Dass es sich bei dieser Schilderung des Schauplatzes um einen touristischen Marker handelt, ist unübersehbar, wenn es zum Atelier weiter heisst: Man konnte es «auch heute noch besuchen und es zog unzählige Touristen aus aller Welt an». Von hier führte «ein Spaziergang zum Belvedere-Turm», dann zu den Gletschermühlen und «bis zum Malojer See und schliesslich zum Friedhof, wo der grosse Künstler begraben lag und von wo aus sein Geist vielleicht noch immer seine geliebten Berge sehen konnte».[157]

---

ren, Eichhörnchen und Mister 99-Prozent (2018), der auf ein Writer-in-Residence-Angebot des Arosa Kulm Hotels zurückgeht. Darin sinniert das Alter Ego der Autorin, die fiktionalisierte Schriftstellerin Liz Lenzlinger, darüber, ob sie ein solches Angebot annehmen soll, da es sich zunächst anfühlt, «als wäre ich plötzlich als PR-Tussi von Arosa eingekauft worden» (30). Die Bedenken verfliegen rasch, als ihr der Chef der Kulturkommission erklärt, dass diese Form des Marketings heute gang und gäbe sei: «Wenn Sie über die Wüste Gobi geschrieben hätten, wäre das auch Werbung gewesen, und alle wären in die Wüste gereist.» (30)

157 «Passarono accanto alla casa che un tempo aveva abitato Giovanni Segantini, il famoso Chalet Kuoni, con l'attigua costruzione rotonda che era stato il suo atelier e che ancora si poteva visitare e attirava innumerevoli turisti da tutto il mondo. / Al lato della casa iniziava il Sentiero Segantini, una passegiata che portava alle Torre Belvedere e alle rovine del piccolo castello fatto costruire

Der Leichenfund, der sich auf einem solchen Spaziergang zuträgt, wird folgendermassen geschildert: «Maria bemerkte, dass sie in der Nähe jener Gletschermühle war, die Giovanni Segantini mit dem Gemälde ‹La vanità› [Die Eitelkeit] unsterblich gemacht hatte. Hier überschnitt sich der Gletscherparkweg mit dem Segantiniweg […]. Maria musste lächeln. […] Und dann stand sie am Zaun, und die Lust zu scherzen verliess sie augenblicklich.» Allzu entsetzlich ist der Anblick, der sich ihr bietet: Die Leiche von Jürg Wolff «war kopfvoran in die Gletschermühle gerammt worden, um den Hals war mit einem festen Strick ein grosser Stein festgebunden».[158]

Der Bezug zu Segantini und seinem Gemälde spielt in Salernos Kriminalroman eine wichtige Rolle. Eine weitere Leiche wird in Soglio gefunden, wo der Maler ebenfalls tätig war. Zum Schluss bringt die Krimihandlung an den Tag, dass das Opfer Jürg Wolff tatsächlich eine verwerfliche Tat begangen hat, wie es der Leichenfundort mit dem Bezug zu Segantinis Gemälde «La vanità» erahnen liess. Die Autorin bedient sich also der Semantik des Orts, um damit ihre fiktive Handlung anzureichern, um Spuren zu legen, um eine Vielzahl von Assoziationen und Möglichkeiten ins Spiel zu bringen.

Authentizitätsmarker im Regionalkrimi sind Kreuzungspunkte, wo sich die Fiktion der detektivischen Wahrheitssuche mit der Suche nach lokal gebundenen Wahrheiten überschneidet. Landschaften machen einen wichtigen Teil aus in diesem Fundus des Authentischen, aus

---

nell'Ottocento da un eccentrico conto francese. Il sentiero passava fra i mulini glaciali, percorreva pascoli e alpeggi e discendeva fino al lago di Maloja, raggiungendo infine il cimitero dove il grande artista era sepolto e dal quale il suo spirito riusciva forse a vedere ancora le amate montagne.» Salerno 2020, 252 f.

158 «Maria si accorse di essere vicina alla marmitta immortalata da Giovanni Segantini nel dipinto ‹La vanità›. Lì il percorso del parco si intersecava con il percorso Segantini, dato che il famoso pittore era vissuto per lungo tempo a Maloja, dove era anche seppellito e dove, a poche centinaia di metri di distanza, si poteva ancora visitare l'atelier della casa in cui aveva abitato fino alla morte. / A Maria venne da sorridere. – Non sarai mica venuta fin qui per ammirare la foto del dipinto, vero? – le chiese avvicinandosi, nonostante l'agitazione del cane e uno sgradevole odore nell'aria la rendessero sempre più insicura. / Ma poi fu davanti al recinto, e la voglia di scherzare le passò in un instante.» Salerno 2020, 107. «Jürg Wolff era conficcato a testa in giù nel mulino glaciale, con una grossa pietra legata intorno al collo da una corda molto resistente, di quelle usate dagli alpinisti.» Ebd., 113.

dem der Regionalkrimi schöpft. Dabei ist es nicht zwingend, dass sie namentlich auf die Karte gesetzt werden. Oft genügt es schon, typische Ansichten zu evozieren, um Wiedererkennbarkeit zu erreichen.

Postkarten aus dem Paradies

Engadiner Licht

Polizist Gaudenz Huber ist unterwegs von Sils Maria ins Fextal: «Mit offenem Fenster fährt er durch das Seitental. Auch heute wölbt sich ein tiefblauer Himmel über den Bergen. Die Luft ist herbstlich frisch und die Sicht klar. Seit dem ersten Frost Ende August verfärben sich die höher gelegenen Weiden langsam, es wird nicht mehr lange dauern, dann verwandelt sich das satte Grün ins Gelbliche. Wenn dann Ende Oktober noch die Lärchen ihre Farbe wechseln, erstrahlt die ganze Gegend in hellem Gold.»[159] Als touristisch, literarisch und künstlerisch bereits vielfach Vermitteltes konstituiert sich das Landschaftserlebnis im Regionalkrimi oftmals als ‹Wiedererkennen›. Indem der Autor «den Konsens des Schönen und Typischen» aufruft, ähnelt sein Landschaftsbild hier unverkennbar einer Engadin-Postkarte.[160] Badraun trägt dem Rechnung, indem er seine Ansichtskarte mit einer ironisierenden Bemerkung versieht: «Das Tal des Lichts, wie es schon namhafte Autoren und auch sprachlich weniger begabte Tourismusmanager beschrieben hatten.» (Ebd.)

Mit der Wiedergabe typischer Landschafts- und Witterungsbilder arbeitet auch Susanna Salerno, die das Engadiner Postkartenwetter fast schon programmatisch anlässlich der gelungenen Aufklärung der Mordfälle aufziehen lässt. Zuvor aber hat sie die schrecklichen Geschehnisse ihres Thrillers in Bergeller Nebel gehüllt, und im Übergang zum Engadin malt sie das lokale meteorologische Phänomen der Malojaschlange an den Himmel. Der ins Verbrechen verstrickte Pratt gewahrt eine «Wolkenschlange unter dem indigofarbenen Abendhimmel», ein Phänomen, das ihm «die Natur genau an dem Tag schenkte, als er diese Strasse nehmen musste» – an deren Ende sein Tod steht.[161] Regional-

159 Daniel Badraun: *Tod im Engadin* (2021, 35).

160 «Als Massenprodukt ist die Postkarte Chiffre des Etablierten und lässt den Konsens des Schönen und Typischen sehen. [...] Die Kartengrüße halten noch einmal Rückschau auf die Engadiner Landschaft und reflektieren, gerade weil sie selbst Zeugnis davon abgeben, deren kunsthandwerkliche Überschreibung.» Seger 2005, 174.

161 «Un serpente di nuvole sotto il cielo color indaco della sera [...] che la natura invece gli stava regalando proprio quel giorno, quando doveva percorrere quella strada e poteva dunque ammirarne l'intera bellezza.» (225 f.)

typische Wetterphänomene gehören mit zu den lokalen Wahrheiten, die der Regionalkrimi sichtbar macht. Die endgültige Aufklärung der Verbrechen an minderjährigen Mädchen und damit verbunden die Rettung der gefährdeten Althea findet aber schliesslich unter einem Postkartenhimmel statt, der religiöse und touristische Motive miteinander verbindet: «Am Ostermorgen stand die Sonne leuchtend und klar am blauen Himmel und die Luft war so makellos, dass [Inspektor] Schmid sich sicher war: an einem Tag wie diesem würden die Fotografen des Verkehrsvereins herbeieilen, um die Berge und Seen des Engadins unsterblich zu machen. Kein Lüftchen, und eine Klarheit der Farben, die entschädigte für lange Tage mit schmutzigem Schnee, Regen und Düsternis.»[162]

Wo das Engadin auf die Bretagne trifft

Die Auflösung von Hartmut Nikolays Engadiner Kriminalfall kommt «in der Segantinistube» des Hotels Intermonte einen grossen Schritt voran.[163] Auf dem Weg dahin lässt der Autor zunächst wirkungsvoll die Sonne versinken: «Als wollte er sich wie ein Tourist nie wieder vom Bergpanorama trennen, der untergehenden Sonne, die Punt Muragls [sic] vor der Nachtruhe noch ein letztes Mal in gleissendes Sonnenlicht tauchte, wählte Alessandro die längste Route über Celerina zum Intermonte.» (124) In der Segantinistube gibt es selbstverständlich ein Bild des Künstlers, und man wählt einen Tisch, «von dem aus es möglich war, sowohl das Bild und durch das Fenster das Original zu betrachten» (127). Hier wird das Wiedererkennen durch die Verdopplung (die zusammen mit dem Postkartenmotiv der versinkenden Sonne eine Verdreifachung ist) gleichsam szenisch nachgestellt. Beim Bild handelt es sich um die «Kopie eines beliebten Motivs des Engadiner Künstlers Segantini […]. Der Piz Languard griff nach den letzten Strahlen der soeben untergehenden Sonne, bedeckte damit sein die Konturen verwischendes Haupt.» (126)

162 La mattina di Pasqua il sole splendava forte e chiaro nel cielo azzurro e l'aria era tanto tersa che Schmid era sicuro: in una giornata come questa i fotografi dell'ufficio turistico correvano a immortalare le montagne e i laghi dell'Engiadina. Neanche un filo di vento e una limpidezza di colori che ripagava di giorni e giorni di neve sporca, pioggia e grigiore.» (455)

163 *Alpträume im Graubünden* (2009, 126).

Der Einsatz von Land- und Luftschaften als Authentizitätsmarker erfolgt europaweit im Rückgriff auf dieselben Muster und Motive, wie ein Seitenblick auf die Bretagne des Erfolgsautors Jean-Luc Bannalec zeigt: «Das Panorama von hier oben war berückend: der majestätische Atlantik, die bizarren Klippen – sie sahen aus wie der Schwanz eines Drachens –, mitten im Meer zwei tollkühne Leuchttürme auf unwirtlichen Felsen und in der Ferne die phantastische Île de Sein.»[164] Auf die Postkartenansicht und ihre Lokalisierung folgt das Lob des Lichts: «Auch ein anderes Geheimnis der Bretagne nahm man an diesem Ort besonders wahr: das einzigartige Zusammenspiel aus Licht und Farben. In der Bretagne gab es – so kam es Dupin vor – mehr Licht als anderswo. Seine außerordentliche Leuchtkraft ließ auch die Farben außerordentlich werden, die nichts anderes waren als Brechungen des Lichts.» Die vielfache Überschreibung, an welche der Regionalkrimi mit seinen authentischen Kulissen der Wiedererkennbarkeit anknüpft, kann entweder ironisiert werden durch den Hinweis auf den Tourismus oder – wie hier – beglaubigt durch den Hinweis auf berühmte Vorgänger: «Diese Intensität an Licht und Farben hatte schon ihre größten Liebhaber trunken werden lassen: Monet, Gauguin, Picasso und viele andere Maler waren der Bretagne erlegen.» Im Engadin heisst der entsprechende künstlerische Gewährsmann Giovanni Segantini.

Poesie der Landschaft

«Prächtige Lärchen reihten sich auf ihrer Reise entlang sanft geschwungener Straßen. Weiße Ziegen und gefleckte Kühe grasten in friedlicher Eintracht. Als der Wind die Wolken vertrieb, funkelten die Farben der Natur in der sonnigen Höhe an den Ufern des Sees von Silvaplana wie kostbare Steine.» (*Schatten über dem Silsersee*, 26) Die Landschaft wird in Christine Neumeyers Beschreibung durch eine Häufung von Adjektiven sowie starke Licht- und Farbeffekte evoziert. Dazu kommt bei vielen Autor:innen ein Wechsel des Registers ins Poetische: «Die Sonne hatte den Tag wach geküsst», heisst es bei Silvia Götschi. Die Konventionalität der Beschreibung wird dabei unterstützt durch eine Abstimmung der Witterung auf Lokalität und Stimmung. So trägt bereits der nächste

164 Die Beschreibung ist Kommissar Dupins achtem Fall entnommen: Jean-Luc Bannalec [Jörg Bong]: *Bretonisches Vermächtnis*, Köln 2014, 10 f.

Satz dem Umstand Rechnung, dass der Ort der Handlung ein Friedhof ist: «Als ich auf dem Waldfriedhof ankam, versteckte sie sich wieder hinter dichten Wolken. Nebelschleier fielen über die Bergflanken und verschleierten bald auch den Wald, einen Teil des Hügels gegenüber der Gräberreihe, bei der ich stand.» (*Jakobshorn*, 64)

Auch Gian Maria Calonder lässt es erst mal funkeln, wenn er die Aussicht seines spazierenden Ermittlers Capaul im Unterengadin beschreibt: «Er liebte es, am frühen Morgen bergwärts zu steigen, und wollte die Stunde nicht verpassen, in der es unten am Inn noch ganz dämmrig war und das kreuzförmige Gewächshaus der Gärtnerei funkelte wie ein Kristall in seiner Höhle.» Doch dann fährt Calonder so weiter: «Die Häuser von Guarda, das auf einer Terrasse oben am Hang lag, leuchteten matt wie Eier in einem Nest, während die Berge über Scuol scharfkantig in den diesigen, blass rosafarbenen Himmel ragten. Dagegen wirkten die Felswände des Pisoc und des Lischana bläulich, mit schlickbraun schimmernden Wäldern. Nur über Österreich leuchtete schon der helle Tag.» (*Engadiner Herzrasen*, 6) Werden auch hier Licht und Farben evoziert, so ist doch die Farbpalette nicht mehr durchgehend konventionell gewählt: ‹diesig, blass rosafarben› und noch deutlicher ‹bläulich, mit schlickbraun schimmernden Wäldern› verstösst gegen die Konvention der getexteten Postkarte. Auch die Vergleiche fallen ungewöhnlich aus. Wenn die Häuser von Guarda «matt wie Eier in einem Nest» erscheinen, so ist das zunächst überraschend und ergibt doch ein stimmiges Bild. Krohn traut es hier seinem Alter Ego Gian Maria Calonder zu, die eingeschliffenen Sehgewohnheiten zu verrücken und das Engadin durch die Augen von Massimo Capaul in ungewohnter Weise zu zeigen. Der Autor treibt sein Spiel mit den Postkartengrüssen, denn erst wer die Stereotype kennt, nimmt die Abweichung wahr.

Dass Postkarten auch humoristische Motive tragen können, zeigen zwei eigenwillige Ansichten – jetzt sind wir im Oberengadin – des Piz Rosatsch: «Während Capaul einparkte, stieg gerade die Sonne über den Piz Rosatsch. Wie er sich so schwer und formlos über die makellose Ebene erhob, erinnerte er an einen beim Stürzen in sich zusammengefallenen und mit zu viel Puderzucker kaschierten Pudding.» (*Engadiner Bescherung*, 7) In diese Beschreibung ist etwas eingegangen vom kindlichen Zug, den der Autor seinem Ermittler Massimo Capaul mitgegeben hat, um die vielfach überschriebenen Oberflächen des Engadins neu zu variieren. Selbst noch die ausgesprochen touristische Postkarte, die das Kapitel beschliesst, wird von dieser kindlichen Anmutung wie von einem lustigen Augenzwinkern begleitet: «[...] dann stieg er ins Auto und fuhr nach Samedan. Inzwischen gleißten die verschneiten Hänge, auch der Piz Rosatsch lag in der Sonne und sah nun eher aus wie ein träger Pudel, und eben zuckelte ein roter Zug der RhB neben der Straße her, ließ den Schnee aufstäuben und machte das Postkartenbild perfekt.» (16)

Das Gefühl, in den Himmel zu steigen

Bei Philipp Gurt gibt es Figuren, welche die Berge als eine der Gegenwart entragende «Zeitinsel» empfinden (*Bündner Treibjagd*, 103). Auch Ermittlerin Giulia de Medici fühlt sich am Berg manchmal «ausserhalb ihres Lebens [...], losgelöst vom Alltag, von allem, als würde sie zu einem Teil des Ganzen hier oben werden: der Felsen, der Wiesen und Matten, der Bergseen» (*Bündner Alptraum*, 185), und beim Aufstieg auf ihr Sapüner Maiensäss hat sie bisweilen sogar «das Gefühl, in den Himmel zu steigen» (*Bündner Abendrot*, 13).

Hier evoziert die Landschaft eine Erhabenheit, die ans Religiöse rührt. Philipp Gurt setzt solche Schilderungen ein, um einen möglichst wirksamen Kontrast zur atemlosen Verbrecherjagd und zum Horror der oft sexualisierten Verbrechen zu erzeugen. Der Aufenthalt in den Bergen wird zum Ritual, das ein Gefühl der Entrückung und Authentizität erzeugt. Als Déjà-vu der Wiedererkennung fungiert bei solchen Postkarten die Alpenbegeisterung des 18. Jahrhunderts. Die Berge wurden – etwa von Jean-Jacques Rousseau – als Orte imaginiert, die ältere und gewissermassen ‹echtere› Zustände des In-der-Welt-Seins nahelegen. Mit der Beschwörung dieses Berggefühls wurde Rousseau zu einem Wegbereiter des alpinen Tourismus. In *Julie oder Die neue Héloïse* von 1761 scheint es dem Protagonisten beim Besteigen der Berge, «als schwänge man sich über der Menschen Aufenthalt hinauf und ließe darin alle niedrigen und irdischen Gesinnungen zurück, als nähme die Seele, je mehr man sich den ätherischen Gegenden nähert, etwas von ihrer unveränderlichen Reinheit an».[165]

165 Rousseau 1761/1988, 78.

Regionale Geschmacksverstärker

Kuhmilch, Ziegenkäse und Wein aus der Bündner Herrschaft

Authentizitätsmarker sprechen nicht allein den Gesichtssinn an, sondern kitzeln auch den Gaumen. Die Kulinarik hat sich in den letzten 20 Jahren gar zu einer Authentizitätsikone regionaler Vermarktung entwickelt. Der Regionalkrimi nimmt Teil an dieser Entwicklung. «Meine Befürchtung, dass das Essen in Bergrestaurants grundsätzlich ungenießbar sei, war [...] unbegründet», hält Erika Sommers Ermittler Fridolin Berger fest (in *Alpentroll*, 97). Berger lässt sich im örtlichen Hotel nieder, wo «nur regionale Produkte» zum Einsatz kommen: «Fleisch aus der Dorfmetzgerei, Kuhmilchkäse, Ziegenkäse und Eier von lokalen Bauern. Ich entschied mich für eine lokale Spezialität: Hackbraten aus Gitzifleisch aus dem Tal mit Kartoffelstock.» Dazu wählt er «einen Fläscher Pinot Noir» und wird nicht enttäuscht: «Helgi liebte dieses Tal vermutlich auch deshalb, weil er hier gut essen und ausgezeichneten Wein genießen konnte.» (96 f.)

Einem guten Tropfen aus der Bündner Herrschaft sprechen auch andere Ermittler:innen gerne zu. Kommissar Egger aus Marcel Kuonis zweitem Krimi *Schweizertor* (2020) leitet im Prättigau die Suche nach mehreren vermissten Jungen. Ihr Schicksal ist mit den traumatisierenden Erlebnissen eines Batzgers[166] verknüpft, der in den 1970er-Jahren auf dem Grüscher Älpli schikaniert wurde. Doch die Ermittlungen ziehen sich schleppend hin. Um sich zu entspannen, kocht Luis Egger und gönnt sich «einen Pinot Noir aus dem Jeninser Weinberg Pradafant» (187). Während er über den ungelösten Fall sinniert, «schwenkte [er] das Weinglas, hielt seine Nase hinein und genoss das intensive Bouquet nach dunklen Beeren, bevor er den nächsten Schluck nahm». Auch dieser Wein ist «hervorragend»: «Er liess ihn langsam über die Zunge gleiten und behielt ihn lange im Gaumen, sodass sich die Aromen voll entfalten konnten.» (189)

166 Ein Batzger ist ein Hüttenjunge auf der Alp.

Regional ist sexy

Bei Regine Imholz lernen sich Täter und Opfer gleich schon auf dem «Weingut Luchs in Maienfeld» kennen. «Es war, als hätte eine Fee genau in diesem Moment ihre Liebessterne über die beiden ausgeschüttet.»[167] Vielleicht hängt es mit dieser Vorgeschichte zusammen, dass der feinfühlige und sonst ebenfalls eher zum Sinnieren neigende Cumissari Matti Coray später in seinem Brigelser Heim am üppig gedeckten Tisch mit dem «bereits entkorkten Wein» plötzlich an Sex denken muss und seine Freundin Emilia unverhohlen angrinst.

«Sie hatte in der Dorfmetzgerei alle seine Lieblingsprodukte eingekauft: Salsiz vom Surselva Hochlandrind, Rauchfleisch, Pfefferspeck und ein Stück Wildschweintrockenfleisch. Coray wusste, dass all diese Leckereien von Biobauern aus der Region stammten, die ihren Tieren eine artgerechte Haltung zukommen liessen. Manchmal verspürte er trotzdem ein schlechtes Gewissen, dass er Fleisch ass, doch nicht an diesem Abend. Er griff tüchtig zu, angelte sich von der Käseplatte aus der Brigelser Chascharia ein Stück Geissfrischkäse, Chili- und Kümmelkäse, naturgereiften Cuvel und Quaderli. So benannt nach der Alp Quader, auf der viele Brigelser Kühe jeweils den Sommer verbringen.» (111)

Natürlich ist die gute Stimmung des Cumissari auch seiner Freundin nicht entgangen. «‹Was schaust du mich so lüstern an?›, fragte sie prompt und goss sich ein Glas Terra Noir vom Weingut Hermann in Fläsch ein. Einen der absoluten Lieblingsweine der beiden.»

Ein Werbespot aus Begeisterung

Regionale Küche, lokale Produkte und besonders häufig einheimische Weine gehören zu den wichtigsten Authentizitätsmarkern im Regionalkrimi. Während sie der Fiktion regionale Glaubwürdigkeit verschaffen, machen sie die Produkte wiedererkennbar. Regine Imholz stellt auch gleich die Weinregion vor, aus welcher der Tropfen stammt. Sie tut das mit einer längeren Abschweifung. Der Cumissari und seine Kollegin sind auf der Autobahn nach Zürich unterwegs, um den Mörder der toten Frau zu finden, die am Panixer Stausee aufgefunden wurde. «Die beiden Ermittler hingen wieder ihren Gedanken nach und Coray blickte aus seinem Fenster auf die sanft ansteigenden Rebberge der Bündner

---

167 *Mord in der Surselva* (2021, 47).

Herrschaft. ‹Die kleine Gegend der grossen Weine› – mit diesem Slogan bewarb der Tourismus die Region. Es waren in der Tat herrschaftliche Trauben, die da wuchsen und den Winzern, die mit viel Herzblut und Leidenschaft ihre Weingärten bestellten, immer wieder neue Erfolge beschieden. In den letzten Jahren war der Pinor-Noir-Weltmeistertitel gleich mehrfach in die Bündner Herrschaft vergeben worden. Über 40 Rebsorten gediehen in den Rebbergen von rund 70 Betrieben. Unangefochten an der Spitze lagen Blauburgunder und Pinot Noir. Ein warmer Wind, den die Einheimischen ‹Traubenkocher› zu nennen pflegten, sorgte für Spitzenergebnisse bei den diversen Weinen. Unterdessen exportierten Winzer der Bündner Herrschaft Abertausende Flaschen ins Ausland. Es gab unter ihnen aber auch solche, die ausschliesslich ihre Kunden in der Schweiz belieferten.» (83)

Im Interview auf diese lange Passage angesprochen, die ohne sichtbare Motivation und bloss beiläufig eine Region mit ihren Produkten präsentiert, antwortet Regine Imholz wiederum mit einer Geschichte: «Es nahm mich eben selbst wunder. Wenn wir jeweils nach Hause zurückfahren [vom Ferienort Brigels an den Wohnort am Walensee, T. B.], dann blicke ja auch ich selbst da raus, auf dem Beifahrersitz, und dann fallen mir solche Dinge auf. […] Ich bin mal hingegangen, weil ich zu meinem Mann sagte: Jetzt will ich mal schauen, wo der Wein überhaupt herkommt, weil dieser Wein ist wirklich supergut. Wir suchten in Fläsch. Es ist ein riesiger Bau, ein altes grosses Haus. Und draussen steht ein Baum, da ist ein rotes Herz aufgehängt, und das drehte sich sanft im Wind, und ich stand da und es fühlte sich gut an und ich wusste: Doch, da habe ich den richtigen Wein beschrieben.»

Die Autorin begründet ihre Präsentation regionaler Produkte mit der Authentizität ihrer eigenen Expertise («supergut») und ihres eigenen Erlebens («ich bin mal hingegangen […] und es fühlte sich gut an»). Und sie fügt hinzu: «Man könnte mir jetzt vorhalten, ich mache Werbung und so, aber ich habe nichts im Auftrag gemacht, habe von niemandem etwas bekommen. Darum geht es ja nicht. Es entsteht aus meiner Begeisterungsfähigkeit.»[168]

168 Interview vom 10. 12. 2021.

Orientierung für Weinliebhaber

In Graubünden war es zuerst Markus Matzner, der das Terroir – den typischen, regional beeinflussten Charakter eines Weins – prominent in einem Krimi auftreten liess. In *Bitterer Abgang in Maienfeld* (2008) wird eine umfassende Kenntnis des Weinbaus, der Kellerwirtschaft und der Rebkrankheiten zum Bestandteil der Krimihandlung. Davon macht auch die Degustation keine Ausnahme: «Maja roch sich in die beerige Flüssigkeit hinein. Vor ihrem Auge sah sie Heidelbeeren, etwas Zimt, einen Schuss Moschus und getrocknetes Heu.» Doch im Abgang, «als sich die Rezeptoren am hinteren Zungenrand durchzusetzen begannen», registriert die Winzerin auch «eine etwas störende Bitterkeit» (54 f.). Das führt mitten hinein in einen Kriminalfall um sabotierten Wein.

Während Matzner einen spannenden Fall um das Weinthema herum zu bauen weiss, verlaufen in anderen Fällen die Grenzen zum kommerziellen Weinführer eher fliessend. So verfasst der Münchner Krimiautor und frühere Mitinhaber einer Agentur für Kommunikationsberatung[169] Michael Böckler im benachbarten Südtirol so genannte Wein-Krimis, die er selbst zutreffend so kommentiert: «Es zahlt sich aus, dass unser Protagonist Emilio viel herumfährt und lieber isst und trinkt, als in einem Kriminalfall zu ermitteln.»[170] Böcklers Weinkrimis sind alle mit einem ausführlichen Serviceteil versehen, der laut dem Understatement des Autors «keinen Wein- oder Restaurantführer fürs Südtirol ersetzen [soll] – obwohl er mittlerweile […] diesem Anspruch fast gerecht wird». Böckler stellt darin «Adressen vor, die bei einer weinaffinen und kulinarisch geprägten Reise als Orientierung dienen können» (ebd.).[171]

169 Gemäss Website des Autors: www.michael-boeckler.de, 4. 5. 2024.

170 Das ist zu lesen im Anhang von *Tödlich im Abgang. Ein Wein-Krimi aus dem Südtirol* (2020, 355).

171 Auf der Website des Autors wird festgehalten, dass sich alle seine Kriminalromane «als kompakte Reise-, Gourmet- oder Weinführer lesen lassen. Mit Restaurantempfehlungen und Kochrezepten.» www.michael-boeckler.de, 4. 5. 2024.

Der Krimi als Restaurantführer

Der touristische Blick erhält bei Regine Imholz seine spezifische Ausformung durch die Anleihen bei Jean-Luc Bannalec (alias Jörg Bong), der die Bretagne sehr erfolgreich touristisch und kriminalistisch bespielt.[172] Gewissermassen unter der Hand entwickelt sich Imholz' Krimi *Mord in der Surselva* auf Bannalecs Spuren zu einem regionalen Restaurantführer. Dass «die Cordon bleus im ‹Alpina› [...] weit herum einen legendären Ruf [genossen]», bleibt nicht der einzige Grund für einen Besuch in der Ustria von Breil/Brigels: «Egal ob mit Kind oder mit Hund, egal ob alleine, zu zweit, mit der Familie oder gleich mit einem ganzen Verein – die Atmosphäre dieses Restaurants liess allen warm ums Herz werden.» Wie ein Serviceteil inmitten des Kriminalromans liest sich der Zusatz: «[W]er hier essen wollte, musste reservieren.» (43)

Wenn sich der Cummissari «verwöhnen lassen» möchte, wählt er hingegen die «‹Ustria Steila› in Siat»: «Die Atmosphäre in dem vom bekannten Bündner Architekten Gion A. Caminada gebauten Haus behagte Matti und Emilia aufs Vortrefflichste.» (166) Und auch kulinarisch sind die beiden begeistert – immerhin sind die «phänomenalen Kochkünste» der Gastgeberin «mit 16 Gault-Millau-Punkten» ausgezeichnet worden. Nachdem das Restaurant als «Anziehungspunkt für Liebhaber der regionalen – aber verblüffend umgesetzten – Küche» beschrieben worden ist, verwundert es wenig, dass die Autorin ihren Leser:innen im Anhang «einen (nicht fiktiven) Besuch» an den geschilderten Orten ans Herz legt, denn «die erwähnten Restaurants samt ihren engagierten Betreiber*innen gibt es tatsächlich».[173]

Krimiautor:innen konkurrieren auf einem Massenmarkt, der danach verlangt, «die eigenen Waren mit zusätzlichem Gebrauchswert auszustatten, also Zusatzleistungen zu liefern».[174] Die Authentizitätsmarker, die bisher herausgearbeitet wurden – wiedererkennbare Landschaften und regionale Kulinarik – erbringen solche Zusatzleistungen.

---

172 Bannalecs bretonische Krimireihe um Kommissar Dupin verkauft sich seit ihrer Lancierung im Jahr 2012 millionenfach. Der Bekanntsheitsgrad wird durch die in vielen Ländern Europas populären Fernsehverfilmungen (seit 2014, ARD) mit Schauspieler Pasquale Aleardi zusätzlich gesteigert. Zu Bannalec als Inspiration für die Autorin vgl. auch Teil 2.

173 Ebd., Epilog (165 f.) und Danksagung (170).

174 Mandel 1988, 88.

Der Regionalkrimi hat sich vor diesem Hintergrund zu einem heimlichen Fremdenführer entwickelt, der authentische Ansichten einer Region verspricht. Und die regionale Küche als einer der heute wichtigen Authentizitätsmarker im regionalen Krimi hat sogar das Profil des Detektivs im neuen Jahrtausend verändert. Wie, das soll ein Blick auf ein neues verlegerisches Rezept zeigen, das europaweit erfolgreich ist: morden und kochen.

Wie aus Detektiven Feinschmecker wurden

Morden und kochen

Der international erfolgreiche Schotte Martin Walker, dessen «Bruno, chef de police», im Südwesten Frankreichs ermittelt, hat nach dem Erfolg von *Brunos Kochbuch* (2014), das «Rezepte und Geschichten aus dem Périgord» versammelt, inzwischen *Brunos Gartenkochbuch* (2019) nachgelegt. Die Verfasser der bekannten Allgäuer Kluftingerkrimis, Volker Klüpfel und Michael Kobr, veröffentlichten *Mahlzeit. Das Kluftinger Kochbuch* bereits 2010. Die Hamburger Krimiautorin Heike Koschyk, die unter dem Pseudonym Sophie Bonnet Provence-Krimis schreibt, nennt ihr Krimikochbuch *Provenzalischer Genuss* (2018). Das Buch arrangiert die «Lieblingsrezepte des Ermittlers Pierre Durand» nach den Schauplätzen der Serie.[175]

Und in Graubünden? Hier ist man noch nicht ganz so weit. Aber in ihrem zweiten Krimi *Tod in der Ruinaulta* (2022) legt Regine Imholz den Grundstein, um zu Bannalec aufzuschliessen, der sein *Bretonisches Kochbuch* mit «Kommissar Dupins Lieblingsgerichte[n]» 2016 herausbrachte. Imholz präsentiert die Mutter des Cumissari als leidenschaftliche Köchin mit «legendären Gerichte[n]» (90). Sie serviert «ein wunderbares Bündner Menü», das im Buch einen grossen, über mehrere Seiten sich hinziehenden Auftritt erhält (100–107). Den Anfang macht eine Rieslingsuppe mit Bündnerfleisch («[k]eine geheimen Zutaten, einfach gute regionale Küche», doch Coray weiss, «dass sie bei fast jedem Gericht eine Prise eines ihrer speziellen Gewürze oder besondere Kräuter untermischte»), als Hauptgang gibt es «Trinser Birnenravioli» («Wenn du es nachkochen willst, muss es aus deinem Kopf, aus deinem Herzen und aus deinem Bauch geschehen», nötig ist dabei allerdings natürlich auch noch «das gewisse Extra»), und als Nachtisch präsentiert die Autorin – «Tataa!» – Kastanientorte mit Schlagrahm.

Priester einer vereinseitigten Rationalität

Die Affinität von Kochen und Krimi ist in der Geschichte des Kriminalromans zunächst nicht vorgesehen. Daran zu erinnern heisst, nach der Entstehung des Regionalkrimis mit seinen Authentizitätsmarkern

---

175 www.sophie-bonnet.de/der-trailer-zum-kochbuch, 12. 5. 2023.

zu fragen. Deshalb sollen hier zunächst kurz und summarisch einige Meilensteine der Entwicklung beleuchtet werden. Da ist zunächst Sherlock Holmes, der Übervater der Ermittler. Er ist auf scharfsinniges Kombinieren spezialisiert, aber wenn er sein Superhirn nicht mit einem Kriminalfall beschäftigen kann, entschädigt er sich nicht etwa mit kulinarischen Leckerbissen, sondern mit Opium und Geigenspiel. Nicht umsonst hat Siegfried Kracauer in seinem Traktat über den Detektivroman aus den 1920er-Jahren – eine der frühesten Reflexionen über den Krimi, die wir haben[176] – den Detektiv als «säkularisierte[n] Priester» (144) charakterisiert und insbesondere für den angelsächsischen Typus des Detektivs «puritanische Züge» geltend gemacht (147). Der Detektiv ist Priester einer vereinseitigten Rationalität der Moderne, die nicht über die Irrationalität der gesellschaftlichen Verhältnisse hinwegtäuschen kann. Und er ist, zumindest in seinen Anfängen und seiner angelsächsischen Ausprägung, das Gegenstück zum Genussmenschen: asketisch, ruhelos, von einseitiger Intellektualität. Daran ändern auch die hartgesottenen Detektive der Amerikaner nicht grundsätzlich etwas, wenngleich der Intellekt hier zugunsten von mehr Körpereinsatz und Action zurückgenommen ist. Agatha Christies Hercule Poirot, eingefleischter Junggeselle mit dandyhaftem Auftreten, ist gutem Essen hingegen nicht abgeneigt. Dazu trägt nicht zuletzt bei, dass die Kriminalerzählung sich nach dem Ersten Weltkrieg zum Kriminalroman ausweitet, sodass die Charakteristik der Ermittlerfigur nun mehr Spielraum erhält. Allerdings trifft auch auf den Junggesellen Poirot zu, was über die ebenfalls bis in die 1920er-Jahre zurückreichende Figur des Pariser Kommissars Maigret gesagt werden konnte: Bei seiner Vorliebe «für Tabak, gutes Essen und [...] für ein paar Gläschen in den Bistros» handelt es sich noch um jene Art von Schwächen, «die man Pfarrern leichthin nachsieht».[177]

Vom Asketen zum Feinschmecker

Als französischer Beamter ist Maigret – im Gegensatz zum dandyhaften belgischen Aussenseiter Poirot – verheiratet, und zwar mit der Elsässerin Louise, die in zahlreichen Büchern charakterisiert wird durch ihre «fast krankhafte Sorge um den Haushalt [...] und wie kunstvoll sie kleine

176 Kracauer 2006. Eine ausführlichere Beschäftigung damit erfolgt weiter unten.

177 So Boltanski 2013, 193, 195.

Leckerbissen für ihren Gatten zubereitet, in die sie ihre ganze Liebe legt» (ebd., 193). Der soziologische Maigret-Interpret Luc Boltanski kommt im Zusammenhang mit der Kinderlosigkeit dieser Ehe noch einmal auf das Motiv der Askese zurück: «Der Gedanke liegt nicht fern, dass diese Besonderheit, die mit dem Fehlen von Sex verkoppelt ist, was aus seiner Ehe ein Beinahe-Zölibat macht, die Ähnlichkeit zwischen dem Status des Polizisten [...] und dem Status des Priesters noch mehr hervorheben soll.» (195)

Die Maigret-Serie ist allerdings über die Jahre so durchschlagend erfolgreich, dass sie verlegerische Gelüste nach Zusatzgeschäften auf den Plan ruft – und so erscheint 1974 *Le carnet de recettes de madame Maigret* (deutsch *Die geheimen Rezepte der Madame Maigret*) als frühes Beispiel eines (allerdings nicht vom Autor selbst verfassten) Krimikochbuchs.[178]

Gegen Ende der 1980er-Jahre sorgt der Katalane Manuel Vázquez Montalbán mit *Las recetas de Carvalho* für eine spektakuläre Fortsetzung dieser Kombination von Krimi und Kulinarik. Montalbán sass unter dem Franco-Regime als Kommunist im Gefängnis. Mit Pepe Carvalho erfindet er in den 1970er-Jahren einen Detektiv, der ein Feinschmecker und Verführer ist, wie er im Buche steht – eine Art programmatischer Hedonist und Antistalinist, der mit seinem ausschweifenden Genussleben sowohl dem gesellschaftlichen Korsett des Franquismus als auch einer doktrinären politischen Linken eine lange Nase dreht.

Die Fortsetzung ist unter Krimileser:innen bekannt: Andrea Camilleri nennt seinen sizilianischen Ermittler als Hommage an sein katalanisches Vorbild Commissario Montalbano. Und er stellt ihm eine

178 Robert Jullien Courtine: *Le cahier de recettes de madame Maigret*. Derselbe Herausgeber besorgt 1992 den Folgeband *Simenon et Maigret passent à table. Les plaisirs gourmands de Simenon et les bonnes recettes de madame Maigret*. Vgl. für den Spionageroman schon 1960 Johannes Mario Simmel, *Es muss nicht immer Kaviar sein. Die tolldreisten Abenteuer und auserlesenen Kochrezepte des Geheimagenten wider Willen Thomas Lieven*. Bei den dort abgedruckten Rezepten handelt es sich um «kultiviertes Essen» (Prolog) in einem weltläufigen Sinn, nicht um nationale oder regionale Küche. Ähnlich mondän schlemmt der schwer magenkranke Kommissär Barlach in Dürrenmatts *Der Richter und sein Henker* (1952): «Die Tür öffnete sich, und eine stattliche, rundliche Frau brachte eine Platte, die bis zum Rande überhäuft war mit Sardinen, Krebsen, Salaten von Gurken, Tomaten, Erbsen, besetzt mit Bergen von Mayonnaise und Eiern, dazwischen kalter Aufschnitt, Hühnerfleisch und Lachs.» (2020, 110)

Haushälterin an die Seite, die himmlisch kocht. Camilleris Erfolg als Krimiautor beruht drauf, dass er seine gut konstruierten Kriminalfälle glaubhaft in Sizilien verortet. Dazu leisten neben der genauen Kenntnis der Verhältnisse und Örtlichkeiten auch die sprachliche und kulinarische Authentizität ihren Beitrag. Für das Kochbuch sorgen dann – wie schon bei Simenon – die Verlagsinteressen: *Andrea Camilleris sizilianische Küche. Die kulinarischen Leidenschaften des Commissario Montalbano* (2005). Seit diesen kulinarischen Krimiexkursen gibt es kein Halten mehr. Zusammen mit der Regionalisierung der Küche und einer verstärkten regionalen und touristischen Ausrichtung des Krimis wandelt sich das prägende Bild des Detektivs vom Asketen zum Feinschmecker. Die spröde Rationalität der Anfänge wird auf diese Weise um jene sinnliche Sensation erweitert, ohne die sich Bücher in einer bunten Konsumgesellschaft immer schwerer verkaufen lassen. «Für mich müssen Romane auch riechen und schmecken»,[179] erklärt Bestsellerautor Martin Suter, und in seinem Engadiner Roman mit Thrillerelementen *Der Teufel von Mailand* (2006) variiert er die «üblichen Standardmenüs wie Bündnerteller, Käseschnitte, Salsiz und Gerstensuppe» denn auch zu «rhätoasiatisch[en]» Köstlichkeiten: «Pizokel mit Thai-Basilikum, Capuns mit Hummerfüllung und Hirschcurry».[180]

Regionale Rezepte für europäische Suppen

Kaum mehr ein europäischer Regionalkrimi, der nicht auch kulinarische Authentizitätsmarker verwendet. Wie sie in Stellung gebracht werden, lässt sich in *Veilchenperlmuttfalter. Gefährliche Geschäfte in St. Moritz* von Marga Vollen nachvollziehen. Die Autorin hat zwei ihrer Krimis in ihrer Feriendestination Engadin angesiedelt. Als sich ihr Engadiner Kommissar Margadant bei seinen Ermittlungen ausnahmsweise im Unterland verköstigen muss, heisst es: «Es fiel ihm auf, in welch schnellem Tempo gegessen wurde. Im Engadin hatte man mehr Freude am genussreichen Essen […].» (104) Das kulinarische Gefälle ist beträchtlich «nicht nur wegen der vielen Touristen, die in ihren Ferien Zeit hatten, gemütlich sitzen zu bleiben», sondern auch, weil das Gericht, das der Engadiner in Aarau isst, «fade gekocht und mit einem Allerweltsgewürz abgeschmeckt

179 Schütt 2023, 6.

180 *Der Teufel von Mailand*, 58, 71.

[ist], nicht wirklich schlecht, aber auch nicht gut» (ebd.). Das kulinarische Engadin erhält sein Profil als authentische Region offenbar durch den Kontrast zu einem anonymen und austauschbaren Globalen, das als fades «Allerweltsgewürz» auftritt.

Die Konstellation zeigt, dass authentische Regionalität nicht eine Eigenschaft ist, die sich vor Ort herausbildet. Sie kommt erst im Wechselspiel von Aussensicht und Innensicht zustande. Erst das Allerweltsgericht macht die regionale Küche authentisch. Oder anders gewendet: Mit regionalen Rezepten werden europäische Suppen gekocht. Die Hamburgerin Heike Koschyk, die jeweils «einige Tage vor und nach den Ferien mit der Familie» in der Provence das Material für ihre provenzalischen Krimis recherchiert, die sie dann unter dem Pseudonym Sophie Bonnet herausgibt, schildert das Zustandekommen dessen, was auf ihrer Website als «authentisches Essen»[181] aus der Provence in Aussicht gestellt wird, folgendermassen: «Die Rezepte im Kochbuch sind Klassiker aus der Provence, die ich in den Restaurants vor Ort kennen gelernt habe. Ich fotografiere die Speisekarten und die Gerichte, um die Rezepte dann auf meine Art nachzukochen.»[182]

Nimmt man einen professionalisierten Tourismussektor hinzu, der sich auf die Erwartungen der Gäste immer neu einstellt und diejenigen Vorstellungen von Authentizität erfüllt, welche die Tourist:innen mitbringen, so erhält man eine realistische Vorstellung davon, wie regionale Authentizität durch Rückkoppelungsprozesse konstruiert wird und sich dauernd weiterentwickelt. Es erscheint vor diesem Hintergrund wenig aussichtsreich, diese Konstellation moralisierend aufbrechen zu wollen, indem man eine authentischere Authentizität fordert. Eher ist es begrüssenswert, dass Autor:innen wie Heike Koschyk den Prozess transparent machen, anstatt ihn zu mystifizieren. Weiter als der moralische hilft hier zweifellos ein detektivischer Blick, der hinter die Kulissen des Regionalismus blickt und die Konstellationen sichtbar macht, welche die zeitgenössische Kulturdynamik antreiben.

---

181 www.sophie-bonnet.de/der-trailer-zum-kochbuch, 27. 5. 2023.

182 Interview «Aus dem Bauch heraus», in: «Bücher am Sonntag» 5/2018, *NZZ am Sonntag*, 27. 5. 2018, 5.

Exotik des Nahen: Von Kracauer zum Regionalkrimi

Die Raumkonstruktion im Krimi

Wenn für den Regionalkrimi lokale Wahrheiten in Anspruch genommen werden, so setzt das einen geografischen Rahmen voraus, in dem das möglich wird. Es ist im Gang dieser Überlegungen deshalb an der Zeit, nach der besonderen Raumkonstellation des Regionalkrimis zu fragen. Dass sich die Raumverhältnisse im Kriminalroman im Laufe der Zeit stark gewandelt haben, zeigt bereits ein flüchtiger Blick auf die Geschichte seiner Schauplätze. Den abgeschlossenen Landsitzen, Zügen, Inseln und Schiffen des britischen Rätselkrimis einer Agatha Christie oder Dorothy Sayers tritt ab den 1930er-Jahren der amerikanische Grossstadtdschungel im ‹hard-boiled›-Krimi eines Dashiell Hammett oder Raymond Chandler an die Seite. Auch in Europa dominieren in der Folge die Städte als Krimischauplätze.[183] Nach Maigrets Paris tauchen in den 1960er-Jahren auch italienische und deutsche Städte vermehrt auf der Krimilandkarte auf. Schliesslich kommt es «nach 1985» zu einer deutlichen «Veränderung in der Schauplatzwahl», wie Melanie Wigbers in *Krimi-Orte im Wandel* konstatiert: «Dominierte zuvor die Großstadt als Handlungsraum, so gewinnt nun der provinzielle Ort vermehrt an Bedeutung, wobei die traditionelle Begrenzung auf ein einzelnes Dorf oder eine Kleinstadt teilweise aufgegeben wird.» (2006, 238 f.) Der Krimi macht sich in der Eifel breit, im Allgäu, in Friesland oder taucht (mit Werner Buchers *Tod in Mompé*) in der Surselva auf. Wigbers hält weiter fest: «Neben den Dorfkrimi (z. B. Gercke) treten weiträumig angelegte Regionenkrimis, in denen dynamischere Handlungen möglich sind und die mit konkreten Ortsangaben und Streckenbeschreibungen ausgestattet sind (Mankell, Berndorf).» (Ebd.)

Schon früh taucht die Raumkonstruktion im Detektivroman auch als Gegenstand von Reflexion und Forschung auf. Siegfried Kracauers Studie *Der Detektiv-Roman. Eine Deutung*, entstanden in den frühen

183 Friedrich Glauser vor und Friedrich Dürrenmatt nach dem Zweiten Weltkrieg bespielen in der Schweiz schon früh ländliche Regionen. Wie sich die «Wiederentdeckung» der Region seit den 1980er-Jahren dazu verhält, untersuche ich weiter unten.

1920er-Jahren, gibt Einblick nicht nur in die Raumverhältnisse, wie sie für den Krimi seiner Zeit typisch waren, sondern wirft Licht auch auf die gesellschaftlichen und ideengeschichtlichen Hintergründe der literarischen Raumdispositive. Die Überlegungen dieses Autors stellen deshalb einen guten Ausgangspunkt dar, um die Raumverhältnisse des heute so populären Regionalkrimis in ihren politisch-gesellschaftlichen wie literarisch-imaginären Dimensionen genauer zu verstehen. Wer die eigenwillige begriffliche Arbeit in Kracauers frühen Schriften nicht scheut, kann dort Spuren entdecken, die über das bloss Räumliche von Tatorten und Handlungsräumen hinausführen, und Erhellendes zur Region und ihren Kulissen erfahren.[184]

Kracauer und das Prinzip der Internationalität

Siegfried Kracauer, zu Beginn der 1920er-Jahre eben dabei, im Feuilleton der *Frankfurter Zeitung* Fuss zu fassen – später erlangte er Bekanntheit als Pionier der Filmtheorie und als eigenwilliger Vertreter der frühen Kritischen Theorie –, erkennt im Detektivroman seiner Zeit als hervorstechendes Merkmal die Internationalität. Dabei geht es um mehr als bloss die Beliebtheit und die Verbreitung des Krimis. Kracauer konstatiert im Krimigenre eine relative «Gleichförmigkeit in den verschiedenen Ländern» (108), aufgelockert höchstens durch «eine jeweils wechselnde Tönung» (ebd.). Diese erstaunliche internationale Angleichung des Genres beruht, so der Autor, auf der «Idee der durchrationalisierten zivilisierten Gesellschaft». Die bürgerliche Aufklärung hatte sich die Instanz, die den Raum mehr und mehr geschichtlich erfüllt und erhellt, als Vernunft vorgestellt. Davon weicht Kracauer ab und hält stattdessen fest, dass die Idee der durchrationalisierten zivilisierten Gesellschaft im Detektivroman «mit radikaler Einseitigkeit» auftrete. Es handle sich dabei nämlich um eine Rationalität, die sich losgerissen habe von der «Zivilisation genannten Realität».

Kracauer urteilt zeitdiagnostisch, wenn er Zivilisation und Rationalität als losgelöst voneinander behandelt. Der Detektivroman halte «dem Zivilisatorischen einen Zerrspiegel vor, aus dem ihm eine Karikatur

---

184 Die folgenden Ausführungen zu Kracauer stelle ich in etwas modifizierter Form zusammen mit einigen Bündner Krimibeispielen auch im Sammelband *Transformationsangst und Nostalgie* vor (hg. von Jan Loheit und Stephan Pabst; soll im Frühjahr 2025 erscheinen).

seines Unwesens entgegenstarrt» (107). In diesem Zerrspiegel wird «ein Zustand der Gesellschaft» sichtbar, «in dem der bindungslose Intellekt seinen Endsieg erfochten hat, ein nur mehr äußeres Bei- und Durcheinander der Figuren und Sachen, das fahl und verwirrend anmutet» (107). Dass der Detektivroman einseitig auf Intellektualität setzt und eine entfremdete Welt bespielt, lässt sich schon an den frühen Detektiven wie Dupin, Sherlock Holmes und Konsorten ablesen. Kracauer attestiert der Figur etwas Priesterhaftes, das sich in der «Selbstglorifizierung der ratio» erschöpfe.[185] Unschwer sind in dieser Diagnose einer Rationalität, die sich verselbständigt hat, Züge dessen zu erkennen, was die Philosophen Theodor W. Adorno und Max Horkheimer etwas später als Dialektik der Aufklärung bekannt machen werden: Die Vernunft als Hoffnungsträgerin der bürgerlichen Aufklärung verwandelt sich mehr und mehr in eine bloss instrumentelle Rationalität, die nicht die erhoffte Freiheit bringt, sondern stattdessen in Entfremdung und neue Herrschaft umschlägt.

Das Exotische als Platzhalter einer anderen Welt

In offenem Widerspruch zur festgestellten Internationalität steht eine zweite räumliche Besonderheit, die Kracauer ins Auge sticht: Das Genre liebt das Exotische. «Sei es nun Ägypten, Indien oder China – die Favoriten unterliegen der Mode –: irgendein Erdenwinkel wird mit dem Stempel der Fremdheit schlechthin versehen [...].» (167) Der literarische Raum, der sich im Detektivroman öffnet, ist also charakterisiert durch einen «Widerspruch zwischen dem Prinzip der Internationalität und dem Zugeständnis exotischer Enklaven» (167).

Vom Hintergrund einer zunehmend durchrationalisierten internationalen Gesellschaft heben sich die exotisch anmutenden Länder, Motive und Figuren umso deutlicher ab: «Ästhetisch jedenfalls ist Indien ein unerschlossenes Land, seine Dschungel spotten des Asphalts, seine Fakire hypnotisieren den Gentleman.» (167) Die exotischen Enklaven verkörpern für Kracauer alles, was weder ‹durchrationalisiert› noch

185 Kracauer, 144. Der Detektiv ist nach Kracauer «[e]in säkularisierter Priester». Bei Chesterton und dessen Ermittler Father Brown verwandelt sich der Detektiv auch «wirklich in den Priester und enthüllt jenen damit als Stellvertreter in der niederen Region» (144). Wie ich bereits gezeigt habe, entwickeln sich die Ermittlerfiguren im Regionalkrimi dagegen tendenziell zu sinnlichen Geniessern und Feinschmeckern.

‹zivilisiert› wäre. Sie stellen ein Aussen oder Anders der als einseitig und entfremdet beschriebenen westlichen Gesellschaft dar: «Der Abkömmling aus jenen Gefilden [der Exotik, T. B.], der in unseren Großstädten auf- und untertaucht, muß nicht ein Verbrecher sein; seine Funktion ist vielmehr, die Stimmung des Außerhalb zu erzeugen.» (167) Zu diesem Zweck behält «die ästhetische Schöpfung dem einen oder anderen Lande das Reservat der terra incognita vor» – Kracauer benützt dafür neben der Bezeichnung ‹Reservat› auch die des ‹Parks›: Das Exotische ist «auserkoren zu einem Naturschutzpark von unbegrenzten Möglichkeiten, wie sie gerade Amerika nicht gewähren kann» (167).

Die USA, die dank des Fehlens feudalistischer Schranken im 19. Jahrhundert von Europa her als Land der unbegrenzten Möglichkeiten wahrgenommen worden waren, stehen in den 1920er-Jahren mit Frederick Taylors Methoden zur Effizienzsteigerung und den Versuchen eines Henry Ford, die Arbeit am Fliessband mit regulierter Freizeit und Massenkonsum zu kombinieren, an der Spitze jener kapitalistischen Rationalisierung, die Kracauer als entfremdet bestimmt.[186] Die ‹exotischen› Länder des literarischen ‹Aussen› – «Ägypten, Indien oder China» – bilden den äussersten Gegensatz dazu. Sie werden damit für Kracauer zu potenziellen Platzhaltern eines sinnerfüllten, authentischen Lebens, obwohl sie in der politischen Realität der Zeit ja keineswegs ein ‹Schutzgebiet› waren, sondern einbezogen in eine gewaltsame europäische Kolonialpolitik.

Von der fremden Ferne zur exotischen Nähe

Aber kann uns das die Konstruktion des Raums im heutigen Regionalkrimi verständlicher machen? Kracauers Deutung mutet ja zunächst doch sehr verstiegen an und ist stark dem Kontext der Zeit nach dem Ersten Weltkrieg verhaftet; tatsächlich war die «Sorge um den verlorenen Zusammenhang, die Sorge um den Sinn», wie Biograf Jörg Später

186 Antonio Gramsci hat in den 1920er- und frühen 1930er-Jahren im faschistischen Gefängnis eingehend über «Amerikanismus und Fordismus» nachgedacht und dabei ähnliche Punkte wie Kracauer berührt. In den Versuchen Henry Fords, auf den Lebenswandel seiner Arbeiter einzuwirken, und im Prohibitionismus erkennt Gramsci Initiativen der Unternehmer und des Staats zur Durchsetzung einer neuen Arbeits- und Lebensweise auf der Basis der fortgeschrittensten kapitalistischen Arbeitsrationalisierung. Vgl. Barfuss/Jehle 2012, 135–160.

aufzeigt, keineswegs bloss ein «Spleen» des von ihm dargestellten Autors, «sondern im intellektuellen Leben in jener Epoche weit gestreut und fest verankert» (2016, 113). Es reflektieren sich darin Umbrucherfahrungen, die in der Heftigkeit, mit der sie das spirituelle und räumliche Koordinatensystem der Zeitgenossinnen und Zeitgenossen erschüttert haben, durchaus mit der Erfahrung der neoliberalen ‹Globalisierung› seit den 1980er-Jahren vergleichbar sind. Auch sie wurde weithin als kapitalistische Rationalisierung erfahren, die einerseits neue Möglichkeiten öffnete und die Welt des Kalten Kriegs liquidierte, dabei aber zugleich als anonymer Sachzwang ins Bewusstsein der Zeitgenossen einging und Fragen nach ‹Heimat›, ‹Sinn›, ‹Identität›, und ‹Raum› neu aufbrechen liess. In beiden historischen Konjunkturen ist das defensive Tasten nach ‹sinnerfüllten› Residuen angesichts politischer und ökonomischer Umbrucherfahrungen unübersehbar. Vor dem Hintergrund dieser Gemeinsamkeit ist es interessant, Kracauer noch ein Stück weiter zu folgen in seiner Deutung der paradoxen Topografie des Detektivromans.

Die ‹ratio› ist für Kracauer einerseits «Rest und Ersatz eines Höheren» (170), andererseits aber versagt sie in ihrer Einseitigkeit gerade dort, wo sie dran gemessen wird, dass sich die Menschen in der Welt sicher und wohnlich einrichten. Sie organisiert einen leeren Raum «weit von der Heimlichkeit des sicheren Orts» (167). Das fliesst ein in die Raumkonzeption des Detektivromans: «Gefahr und Geheimnis vermengen sich, sie locken über die Grenzen in eine Ferne, die der Heimat näher sein mag als das vorläufige Zuhause hier. Diesen inneren Aspekt überträgt der Detektivroman durch die Einführung des Exotischen auf den geographischen Raum.» (Ebd.) Es bleibt daher der fernen Fremde vorbehalten, Platzhalter der Möglichkeit eines Anderen zu sein.

Was aber der Detektivroman um 1920 auf diese Weise als lockende Ferne konstruiert, findet sich unter den Bedingungen einer neoliberalen ‹Globalisierung› ins Nahe versetzt. Wo die kapitalistische Rationalisierung aus Ländern wie China oder Indien zurückstrahlt, ist es in Europa das Lokale, das als Aussen dieses Prozesses wahrgenommen wird. So entbindet eine Rationalisierungswelle im Weltmassstab die ‹Region› als ‹Naturschutzpark› der modernen westlichen Gesellschaften. Jetzt wird also umgekehrt gerade das Nahe und Lokale zum Platzhalter einer sinnerfüllten Welt: Hier kennt man die Produzentinnen und Produzenten der landwirtschaftlichen Produkte persönlich oder aus personalisiertem

Storytelling, hier ist man eingebettet in eine Landschaft – sei es das Meer oder die (Vor-)Alpen –, die sich nicht wie die Stadt rasch verändert, sondern Dauer suggeriert. Hier erfüllt sich die touristische Sehnsucht nach intakter Landschaft und Authentizität. Die fremde Ferne aus Kracauers Detektivromanen kehrt seit den 1980er-Jahren im Regionalkrimi als exotische Nähe zurück.

Region und Regionalismus

Die Region also ist jener paradoxe Ort, welcher dem politischen wie symbolischen Ringen um Sinnhaftigkeit und Raum, Heimat und Identität am Übergang zum hochtechnologischen Kapitalismus ab den 1980er-Jahren entspringt. Als Exotik des Nahen bringt sie nicht nur die Kulissen dessen hervor, was anders wäre, sondern sie konstituiert sich auch als geografischer und politischer Raum. Die Bezeichnung Region und das angelagerte Wortfeld tauchen «in deutschen Wörterbüchern erst in den 1950er Jahren auf», so Jochen Vogt in seinem Versuch, «Regionalität und Modernisierung in der neuesten deutschsprachigen Kriminalliteratur»[187] genauer zu bestimmen. «Das legt die Vermutung nahe, dass sie traditionelle Begrifflichkeiten ersetzen, die durch den nationalsozialistischen Missbrauch kaum noch gebrauchsfähig oder zumindest beschädigt sind: Heimat, Volk, Nation (von NS-Archaismen wie ‹Gau› und ‹Lebensraum› zu schweigen).»[188] Der Historiker Jon Mathieu unterscheidet für die Alpen eine «erste Phase» des Regionalismus «bis um 1970», die «geprägt [war] von regionalspezifischen Konfrontationen mit dem Nationalstaat».[189] Gemeint sind die zähen Verhandlungen mit der Zentralregierung um einen Sonderstatus etwa im Aostatal oder im Trentino-Alto Adige/Südtirol. Innerhalb eines Jahrzehnts machte dann dieser «defensive, von einzelnen Grenzgebieten ausgehende Regionalismus […] einem dynamischen Regionalismus Platz, der den ganzen Alpenraum und sein Umland erfasste.»[190]

Tatsächlich fällt in die 1980er- und 1990er-Jahre eine Dynamik, die eine Reihe neuer ‹Regionalismen› hervorbringt, die sich oftmals gegenseitig verstärken. So läuft etwa das, was der Kulturwissenschaftler Bern-

187 Brylla/Schmidt 2022, 20.
188 Ebd.
189 Mathieu 2015, 197.
190 Ebd., 198.

hard Tschofen als «zeitgenössische Wiedererfindung regionaler Küchen seit den achtziger, neunziger Jahren» bezeichnet,[191] in auffälliger Weise parallel mit der Wiedererfindung regionaler Kriminalromane. Um eine ‹Wiedererfindung› handelt es sich, weil es regionale Küchen natürlich schon vorher gegeben hat, ebenso wie auch Kriminalromane schon immer irgendwo spielen mussten – und insbesondere in der Schweiz etwa bei Friedrich Glauser oder Friedrich Dürrnmatt spielten sie mitunter auch bereits im ländlichen Raum. Seit den 1980er-Jahren wird die Kulinarik aber neu dargestellt, gepflegt, vermarktet, mit Patenten oder Ursprungsgarantien versehen, ebenso wie die Region im Krimi nun eine neue Hauptrolle sowohl als emotionale Grösse wie als Vermarktungsstrategie zugewiesen bekommt.

Für die Schweiz lässt sich die veränderte Konzeption von Regionalität in einem grösseren politischen Rahmen auch an der Entwicklung einer neuen Regionalpolitik ablesen, welche nach langen Vorarbeiten 2008 das alte, auf Ausgleich orientierte Investitionshilfegesetz ablöste und auf eine «thematische und regional differenzierte Schwerpunktsetzung»[192] abzielt. Die neue Regionalpolitik erlaubt es, regionale Entwicklung mit Standortpolitik zusammenzubringen und in gezielter Weise die Konkurrenzfähigkeit ausgewählter Standortfaktoren zu stärken. Regionalität ist damit heute nicht nur ein alltägliches und allgegenwärtiges, sondern auch ein ambivalentes Konzept: Es bezeichnet «einerseits den Protest oder Widerstand gegen zentralistische Planung, gegen die Metropolen, auch gegen Globalisierung, und andererseits ein neues, heutigen Mentalitäten und Lebensgewohnheiten angepasstes Konzept der Beeinflussung und Steuerung von Bevölkerung und Konsumenten» (Vogt 2022, 21). War das Exotisch-Ferne als Platzhalter des Authentischen bei Kracauer zugleich eingebunden in eine europäische Kolonialpolitik, so ist die Exotik des Nahen, die das Regionale mit dem Versprechen des Authentischen auflädt, eingebunden in eine neoliberale Standortpolitik.

---

191 In seiner Forschungsskizze Tschofen 2007, 181.

192 So steht es in den Leitprinzipien der «Neuen Regionalpolitik»: Staatssekretariat für Wirtschaft (Hg.): *Wissenschaftliche Grundlage der Neuen Regionalpolitik (NRP). Bericht und Management Response*, Bern 2021, www.seco.admin.ch/seco/de/home/Publikationen_Dienstleistungen/Publikationen_und_Formulare/Standortforderung/studien/grundlage_nrp.html, 26. 2. 2024.

Die Region als Platzhalterin des Authentischen

Als fremde Ferne ist das Exotische bei Kracauer eine Projektionsfläche, die sowohl Ängste vor dem Unbekannten und Archaischen wie Bilder des Authentischen und Sinnerfüllten zulässt. So wenig wie dabei das Gefährliche und das Rettende auseinandergehalten werden können, so wenig ist es möglich, in diesem Aussen konkrete Erfahrungen zu machen. Das Äussere und Andere ist ein Platzhalter, der einem unerfüllten spirituellen Bedürfnis nach Sinnhaftigkeit entspringt.

Indem die Region des Regionalkrimis die ferne Fremde in eine Exotik des Nahen überführt, ändert sich das. Die Region ist nicht mehr Chiffre, sondern Raum des Authentischen und Anderen, der betreten werden kann und der Sehnsüchte zu befriedigen verspricht: nach intakter Natur, nach Zugehörigkeit und Verwurzelung, nach dem guten Leben als Kontrast zu einem Alltag, der oft genug als entfremdet erfahren wird. Die Vorstellungen eines authentischen Lebens werden in der Region ständig auf die Probe gestellt. Das Imaginäre öffnet sich dem Spiel einer dauernden Suche nach dem Authentischen, und dazu gehören auch der Verdacht und der Blick hinter die Kulissen. Dieses schlüpfrige Terrain zwischen Naturpark und Verbrechen, zwischen Heimat und Kulisse, zwischen Paradies und Entzauberung bildet den Boden, auf dem der Regionalkrimi sich bewegt. Sein Raumdispositiv ist die Region, die exotisch ist, weil sie einen Gegenraum darstellt zu einer Wirklichkeit, die als austauschbar, beliebig oder zufällig erfahren wird – und die zugleich nahe und zugänglich ist und also erlebt und erfahren werden kann, sodass sie immer wieder mit ihrer Kulissenhaftigkeit konfrontiert wird.

Authentische Folklore

Heimatkulissen

Intakte Natur, Zugehörigkeit und Verwurzelung sowie der Wunsch nach gutem Leben sind Ingredienzen, die auch schon vor der Regionalisierungsbewegung mit dem alpinen Raum in Verbindung gebracht und literarisiert wurden. Ist der Regional- und insbesondere der «Alpenkrimi» also eine «moderne Variante der Heimatliteratur»,[193] wie heute verschiedentlich argumentiert wird? «Durch detaillierte Beschreibungen der Alpenregion, ihrer Landschaft, ihrer Leute und Brauchtümer bringen Alpenkrimis den Lesern die Alpen nicht nur als einen Ort, sondern als Heimat näher.»[194] Tatsächlich liegt eine Annäherung an Motive und Verfahrensweisen der Heimatliteratur auch dem Bündner Regionalkrimi nicht gänzlich fern. Eine direkte und affirmative Anbindung an Figuren und Heimatmotive des 19. Jahrhunderts findet sich vor allem dort, wo ein internationales touristisches Publikum angesprochen werden soll. Das ist zum Beispiel in Philipp Gurts *Mord im Bernina Express* der Fall.

Gurt stellt die titelgebende Bernina-Strecke in den Mittelpunkt der Handlung. Sie zählt zum UNESCO-Weltkulturerbe und stellt damit ein konstantes Publikumsinteresse auch für das Buch in Aussicht. Um diese internationale, touristisch ausgerichtete Leserschaft anzusprechen, versieht der Autor seine Engadiner Protagonistin, die Bergbäuerin und ‹Alpinpolizistin› Corina Costa, mit deutlichen Anklängen an Johanna Spyris Heidi. Während Heidis Hütte auf der Alp von drei alten Tannen beschützt wird – «[h]inter der Hütte standen drei alte Tannen mit dichten, langen, unbeschnittenen Ästen» (Spyri, 21) –, sind es bei Corina Costa drei Lärchen: «Corinas Zuhause [war] aus massivem Lärchenholz gezimmert und bereits über dreihundert Jahre alt. Es stand einsam hoch über dem Dorf Pontresina inmitten einer stotzigen Alpwiese und war bergseitig von drei Lärchen behütet.» (19) Vervollständigt wird das Bild von Corina durch die Züge «ihrer Mutter Rainbow, die lebenslang ein Hippie gewesen war» (25): Halb Blumenkind, halb Kind der heimatlichen Berge, kombiniert Gurts hippes Heidi die spirituelle Naturverbundenheit der Aussteigergeneration mit der Stadtskepsis aus dem Heimat-

193 Knaup 2014, 355.

194 Ebd., 368.

roman des 19. Jahrhunderts. Als die Spur im Falle einer international tätigen verbrecherischen Geheimgesellschaft nach München führt, heisst es über die Protagonistin: «Zu Hause im Engadin, da konnte sie im wildesten Gebirge, im abgeschiedensten Tal und in stockdickem Nebel immer einen Weg ins Tal finden – aber hier, am Rande der Millionenstadt fühlte sie sich orientierungslos.» Das Berg- und Blumenkind kriegt «in der ganzen Hektik in den teils mehrspurigen Straßen der Innenstadt einen sturmen Kopf» (96) – und so kommt es, wie es kommen muss: «Sie vermisste ihre Heimat und die Tiere so, als wäre sie schon seit Ewigkeiten fort.» (107)

Ein Hang zum Folklorismus

«Schlechte Neuigkeit für Aargauer: Mit Heimat ist nie das Mittelland gemeint», parodiert der Schriftsteller Daniel Mezger das Raumdispositiv des Schweizer Krimis. «Heimat meint immer die Berge. Und meint immer dieses Gefühl von weltabgewandten Eigenbrötlern; von sich im Niedergang befindenden Bergdörfern; und vor allem: von der Wehmut, dass das Echte, Naturbelassene am Verschwinden ist.»[195] Wenn Mezger auf diese Weise den Folklorismus der Alpenregionen aufs Korn nimmt, spricht er damit auch die Touristifizierung des Heimatbilds aus dem 19. Jahrhundert an: naturbelassene Dörfer, Schweizer oder Bündner Fahne und bodenständige Menschen, die sich der Moderne so lang wie möglich verweigern – oder sie (wie das hippe Heidi bei Gurt) als spirituelle Neugeburt aktualisieren. Diese vordergründige Art des Folklorismus wird jedoch nur in wenigen Krimis bedient.

Einen Folklorismus modifizierter Art stellt dagegen das im Regionalkrimi generell wirksame Bestreben dar, lokale Wahrheiten auszusprechen und die Authentizität und Unverkennbarkeit einer Gegend auf den Punkt zu bringen. Das beschränkt sich nun aber keineswegs auf die Alpen (obwohl es sich mit dem von Mezger angeführten Raumdispositiv natürlich potenzieren lässt), sondern stellt das für den gesamten deutschsprachigen Raum und (mit Modifikationen) auch darüber hinaus gültige verlegerische Geschäftsmodell Regionalkrimi dar. Dieses Modell macht sich die Geografie zunutze, indem es den raschen Umlaufzeiten

195 «Herr Mezger, haben Sie auch mal überlegt, einen Krimi zu schreiben?», in: *Literarischer Monat*, Nr. 40, 2020, 46.

im Buchhandel verortete Geschichten entgegensetzt, die in der betreffenden Region länger in den Buchhandlungen präsent bleiben. Und was noch wichtiger ist: Auch online können die Krimis unter der regionalen Bezeichnung gefunden und geordert werden. Aus diesem Grund wird die Region auch mit Vorliebe gleich schon im Titel genannt: *Tod im Engadin*, *Davosblues*, *Mord in der Surselva*.[196] Damit kann ein lokales Publikum ebenso erreicht werden wie ein touristisches.

Mit diesem verlegerischen Modell werden auch für die Autor:innen deutliche Anreize gesetzt, die Region als unverwechselbar zu präsentieren und sie vom Gewöhnlichen abzuheben. Das zielt zwar nicht direkt auf Folklorismus ab, sondern einfach darauf, die Region in ihrer Spezifik zur Darstellung zu bringen – Landschaften, Wetterlagen, Bevölkerung, Sprachen, Politik, Sport und Gewohnheiten. Aber zugleich ist nicht von der Hand zu weisen, dass dieses Besondere der Region sich am einfachsten darstellen lässt, indem das Typische herausgestrichen wird: die typische Architektur, die typischen Speisen, die typische Sprache (also dialektale Einflüsse), die typischen Bräuche und Eigenheiten.

Der Regionalkrimi als Differenzmaschine

Besonders augenfällig wird ein im eben entwickelten Sinne verstandener Hang zum Folklorismus, wo Autor:innen mehrere Regionen bespielen. In der Schweiz tut das zum Beispiel Silvia Götschi, die zu den produktivsten Krimiautor:innen des Landes zählt. Schon ein flüchtiger Blick auf einige ihrer Krimititel zeigt ihr grosses geografisches Spektrum: *Rigigeister*, *Interlaken*, *Bürgenstock*, *Muothatal*, *Einsiedeln*, *Der Teufel von Uri*. «Hinter den farbigen Masken der Luzerner Fasnacht verbergen sich Lügen, Gewalt und ein Mord, der für Chaos sorgt», wirbt ihr Luzerner Krimi auf dem Klappentext,[197] während die Autorin ihrem Bündner Krimi *Jakobshorn* im Anhang ein «kleines bündnerisches Kulinarium» beigibt mit typischen regionalen Speisen von Bündnerfleisch bis Sennenrösti und Tatsch. Der Regionalkrimi funktioniert hier wie eine Differenzmaschine: Er macht die Regionen unterscheidbar, hebt sie voneinander ab. Zugleich homogenisiert er sie im Innern, indem

196 Zum Regionalkrimi als Geschäftsmodell vgl. Teil 2.

197 *Aschenputtel. Ein Fall für Kramer. Kriminalroman*, Bern 2023. Die Luzerner Fasnacht erfreut sich als Grossanlass und attraktives Brauchtum schweizweit besonderer Bekanntheit.

er sie typisiert. Diese starke Typisierung macht auch vor den Figuren nicht halt. So heisst es von einem Davoser Polizisten: «Sein Aussehen verleugnete seine Herkunft nicht. Er war der waschechte Bündner, wie er im Bilderbuch steht, der gesunde Naturbursche mit dunklen widerspenstigen Haaren und dem feurigen Blick, in den selbst ich mich hätte verlieben können [...].» (*Jakobshorn*, 81)

Damit ist allerdings nicht das letzte Wort gesprochen, denn Silvia Götschi bleibt bei dieser Art Folklorismus nicht stehen. Aber bevor diese Spur weiterverfolgt wird, soll an dieser Stelle noch ein Beispiel angeführt werden, das einen ganz anderen Bezug zur Region aufweist. Rita Juon ist eine Autorin, die in derselben Region Viamala lebt, über die sie auch schreibt. Mit welchen Mitteln bezieht sie sich auf ihre Region?

Regionale Zivilgesellschaft

Rita Juon kommt in ihren inzwischen vier Kriminalromanen ohne die Heimatkulissen aus dem 19. Jahrhundert aus. Auch der touristische Blick wird kaum bedient, denn die Region Viamala gehört anders als Davos (wo Silvia Götschis Krimis angesiedelt sind) und das Oberengadin (wo Gurt seine Figur Corina Costa verortet) nicht zu den touristischen Hotspots des Kantons. Diese weitgehende Abwesenheit von Folklore und touristischen Klischees verleiht ihren Krimis eine besondere Nähe zu den alltäglichen Verhältnissen in der bespielten Region. Das kommt nicht zuletzt darin zum Ausdruck, dass die Autorin gewisse Details wie etwa die lokalen Namen absichtlich verfremdet, um niemandem zu nahe zu treten.[198]

Diese sorgfältig austarierte Distanz zu den regionalen Gegebenheiten schliesst nicht aus, dass die Region auch bei dieser Autorin zu jenem Aussen der durchrationalisierten Gesellschaft wird, das bei Kracauer als Exotik bezeichnet wurde. Die lokale Wahrheit, welche Juon entwickelt, besteht in der tragenden Rolle, welche sie der Zivilgesellschaft zuschreibt. Als sozialer Ort der Zugehörigkeit und Vernetzung erhält die Region dabei einen utopischen Charakter der Differenz. Tatsächlich werden bei dieser Autorin die Verbrechen nicht in erster Linie durch die Polizei oder einen einsamen Ermittler aufgeklärt, sondern durch das lose Netzwerk einer regionalen Community: durch engagierte Mütter

198 Vgl. dazu die Hinweise zu Juons Krimis in Teil 1.

und Pflegerinnen, neugierige Renter:innen und technikaffine Enkel, gut informierte Postboten und spielende Kinder. Auf das Besondere ihrer Krimis angesprochen, antwortet die Autorin: «Also erstens, dass sie wirklich in einer dörflichen, sehr ländlichen Umgebung daheim sind. Und zweitens, dass die Ermittlungen von der Bevölkerung vorangetrieben werden und nicht von der Polizei.»[199] Allerdings müssen die vielen dezentral gewonnenen Hinweise und Informationen an einem Ort zusammenlaufen, um eine die Leser:innen befriedigende Auflösung der fiktiven Verbrechen zu gewährleisten. Juon greift zu diesem Zweck auf Gespräche, soziale Bindungen, Verwandtschaftsbeziehungen zurück und auf dörfliche Treffpunkte wie den Stammtisch, der in *Mord in Andeer* sogar das letzte Wort bekommt: «Beni fand, die Zeit sei reif für etwas Positives. ‹Ich bin jedenfalls neugierig, was das neue Jahr bringt. Wir treffen uns sicher weiterhin jede Woche hier, Veränderungen hin oder her.›» Worauf die Autorin mit dem offenen Schlusssatz die Fragilität dieses Zusammenhalts anspricht: «‹Wer weiss?›» (288)

Jenseits von Heimatklischees, aber nicht ohne die traditionellen Formen der dörflichen Zivilgesellschaft zu revitalisieren, sucht der Regionalkrimi bei Juon nach einer regionalen Wahrheit, die der gesellschaftlichen Tendenz zur Individualisierung und Professionalisierung entgegenläuft. Das utopische Potenzial einer solchen regionalen Zivilgesellschaft, die imstande wäre, ihre Angelegenheiten selbsttätig und kooperativ zu lösen, verwandelt sich für die Autorin dabei in ein ästhetisches Problem der Darstellung: «Eigentlich habe ich jedes Mal versucht, ohne Polizei auszukommen, aber bis jetzt habe ich es nicht geschafft, irgendwann brauchte ich sie trotzdem – aber jetzt [in einem neuen Krimi, der in Arbeit ist; T. B.] probiere ich es wieder, bis jetzt geht's.»[200]

Dynamik der Enthüllung

Bei Wolfgang Brylla und Maike Schmidt droht das Kulissenhafte hinter dem Qualitätsbegriff zu verschwinden, wenn sie schreiben: «Gute Regionalkrimis – diese saloppe Wertung sei uns bitte verziehen – bilden keine ‹Fortsetzung der Heimatliteratur mit anderen Mitteln›, sie demontieren den Heimattopos, um dann in einem Akt der Re- bzw. Neukonstruk-

199 Interview mit der Autorin, geführt am 10. 3. 2022.

200 Das Interview wurde vor dem Erscheinen von *Mord in Portein* (2024) geführt, wo die Autorin tatsächlich ohne Polizei auskommt.

tion ein anderes (literarisches) Heimat- und Regionenbild zu servieren.»[201] Es sollte jedenfalls nicht übersehen werden, dass regionale Krimis durchaus auf traditionelle Heimatbilder und folkloristische Details als Authentizitätsmarker Bezug nehmen. Das zentrale Element der Unterscheidung von Regionalkrimi und Heimatliteratur liegt in der Dynamik: Analog zur touristischen Suche nach dem Authentischen setzt der Regionalkrimi ein Spiel zwischen Enthüllung und Kulisse in Gang, das sich nicht mehr anhalten lässt. Damit tritt er in scharfen Gegensatz zu den statischen, ständig repetierten Kulissen des alten Heimatdiskurses. So mag die Suche nach dem Authentischen zunächst auch im Regionalkrimi das Typische, ja sogar das Klischierte auf den Plan rufen, wie oben anhand eines Beispiels von Silvia Götschi gezeigt wurde. Aber das war erst die halbe Wahrheit: In demselben Krimi und bezeichnenderweise weiterhin im Rahmen einer Suche nach Authentizität werden bei Götschi Klischees und Folklorismus auch hinterfragt und durchschaut: So verwandelt sich die Wintersaison, die doch stets «wie im Bilderbuch» (273) daherkommt, in der Zwischensaison in «[t]ote Kulissen» (240): «Geschlossene Läden, leere Parkplätze. Ein Geisterdorf, in dem nichts als die verloren gegangene Idylle belebter Winter- und Sommertage zurückgeblieben war. Weiter oben die hell getünchten Villen reicher Unterländer, die zweimal pro Jahr zwei Wochen hier verbrachten.» (203)

Arbeit am Authentischen

Es lassen sich nun drei Aspekte unterscheiden, die bei der Erzeugung des Authentischen im Regionalkrimi eng ineinandergreifen. Erstens arbeitet der Regionalkrimi mit Markern, die Wiedererkennbarkeit gewährleisten und einen semantischen Transfer zwischen Fiktion und Region erlauben. Zweitens evoziert Authentizität lokale Wahrheiten, die typisch sind für die Region und echt in dem Sinne, dass es sich dabei nicht um Inszenierungen handelt. Allerdings führt das auf schwankenden Boden, denn eine Trennlinie zwischen echt und inszeniert lässt sich nicht ein für

201 Das schreiben sie in der Einleitung zum von ihnen herausgegebenen Band *Der Regionalkrimi. Ausdifferenzierungen und Entwicklungstendenzen* (2002, 13). Mit der Wendung «Fortsetzung der Heimatliteratur mit anderen Mitteln» beziehen sie sich auf einen Blog von Reinhard Jahn: Was ist ein Regionalkrimi? Eine Autopsie, https://krimiblog.blogspot.com/2009/09/was-ist-ein-regionalkrimi-eine autopsie.html, 18. 4. 2024.

allemal ziehen. Das führt zum dritten Aspekt: Der Regionalkrimi verschreibt sich einer unausgesetzten Dynamik, indem er die Kulissenhaftigkeit, an der er selbst mitarbeitet, permanent unterläuft. Ein Beispiel kann das Ineinandergreifen der verschiedenen Aspekte noch einmal veranschaulichen.

In *Bündner Treibjagd* besucht Philipp Gurts Polizistin Giulia de Medici ein Restaurant im Unterengadin. Der Besuch wird folgendermassen geschildert: «In einer gemütlichen Dorfbeiz, einer, in der noch Hunde unter dem Tisch liegen durften und sich niemand daran störte, ass sie mit Sigron zu Mittag. Urige Ländlermusik ertönte aus einer alten Jukebox. Ein bärtiger Bergler rauchte eine Villiger, während er mit seinen Kumpanen im Stumpenqualm einen scharfen Jass am Stammtisch klopfte, dass die Fäuste auf den Jassteppich donnerten und so ihre lautstarken Stimmen und ihr Lachen übertönte.» (97) Die Ländlermusik, der Jass, die Bergler und der Villiger-Stumpen – kein Zweifel, hier wird eine typische Szenerie evoziert, ein Stück authentische Folklore, wie man sie in einem Bündner Dorf tatsächlich antreffen könnte.

Haben wir es mit Authentizität zu tun oder mit einer Kulisse? Dass beides zutrifft, lässt sich an Charakterisierungen ablesen wie «urig» für die Musik oder an der zeitlichen Bestimmung «noch». Nachgespielt wird hier eine Urszene des modernen Tourismus: der ursprüngliche Ort, der «noch» nicht vom touristischen Blick entzaubert wurde. «Die Butternudeln und das Rahmschnitzel mit Champignons waren so was von lecker gewesen», fährt Gurt fort, «und die Portionen währschaft gross wie üblich, wenn sie irgendwo in den Bergen in eine gut bürgerliche Beiz einkehrte, die nicht darauf aus war, Touristen abzuzocken.» (98)

So guckt hinter der Authentizität einer Szene bereits die nächste Kulisse hervor. Wenn Giulia de Medici drei Jahre nach dem Rahmschnitzel in der authentischen Unterengadiner Dorfbeiz einen ihrer nächsten Fälle im Surses auf der Alp Flix aufklärt, erfahren wir, dass die Ermittlerin «nur Fleisch von Biohöfen aß, von denen sie die Bauern kannte». Mit den Figuren entwickeln sich auch die Vorstellungen von Authentizität. Jetzt genügen Capuns nicht mehr als Authentizitätsmarker, bestellt werden sie erst, «nachdem ihr versichert wurde, dass das Fleisch darin von Flix stammte» (*Bündner Abendrot*, 170).

Auf der Suche nach der regionalen Geschichte

Sehnsucht nach Geschichte

Regionalkrimis werden nicht nur in der Schweiz, in Österreich oder Deutschland, sondern ebenso – wenngleich unter verschiedenem Etikett – «in England, Frankreich, den USA oder auch in Polen geschrieben und verkauft. Überall kann man eine verdeckte Sehnsucht einerseits nach Geschichte und andererseits nach Regionalem ausfindig machen» (Brylla/Schmidt 2022, 13). Neben dem Schürfen nach Lokalkolorit ist das Gewinnen von Zeitkolorit das zweite Verfahren, mit dem der Regionalkrimi sein Versprechen nach lokalen Wahrheiten einlöst. Im Folgenden werden verschiedene Spielarten beleuchtet, wie sich diese Suche nach der regionalen Zeit in den Bündner Krimis der letzten Jahre manifestiert. Dazu gehört das Leiden am Traditionsverlust ebenso wie das Beschwören alpiner Zeitenthobenheit; das Sichtbarmachen von Tabus so gut wie das Erzeugen nostalgischer Kulissen.

Geschichte als Tradition und Herkommen und der Krimi als Form, Verlusterfahrungen zu gestalten, bilden den Hintergrund, vor dem der Dorfkrimi *Ich bin eiskalt* sich entwickelt. Protagonistin von Mirko Krättlis im Eigenverlag publiziertem Buch ist eine durch sexuellen Missbrauch und Homosexualität isolierte und vereinsamte Untervazerin. «Automatisch denke ich wieder über mein Heimatdorf nach. Immer weniger Leute, die mir ‹Hallo› sagen auf der Strasse. Immer mehr Bauten, die das Dorf erdrücken und dennoch wenden sich die Bewohner immer mehr voneinander ab.» (58) Trotz all der schmerzlichen Verluste und Zurückweisungen identifiziert sie sich noch immer mit den traditionellen und folkloristischen Formen, mit denen im Dorf Geschichte als Zugehörigkeit zelebriert wird. Das geht so weit, dass sie auf der Suche nach Tatorten für ihre Rachemorde die Untervazer Dorfgeschichte «Mein Heimatdorf» konsultiert.[202] In Krättlis Krimi lässt das in traditionalistische Formen gebannte Geschichtsbewusstsein keinen Raum für eine Vermittlung mit modernen Individualisierungstendenzen und fluiden Identitätsmustern. Der Rückgriff auf die örtliche Geschichte wird dadurch zweideutig: Er dient der Selbstvergewisserung,

202 *Untervaz. Mein Heimatdorf. Dorfgeschichte von Georg Fischer* (2016).

aber im Eigenen kommt die unheimliche Erfahrung des Fremd- und Andersseins zum Ausdruck.

Der Krimi «en famille»

Ein Beispiel für die Verbindung von Familiengeschichte mit Krimielementen ist der Roman *Wolfseisen* des Aargauer Werbespezialisten Peter Beeli. Beeli ist im Davoser Heimatmuseum auf eine Notiz gestossen, die ein Verbrechen an einem seiner Vorfahren aus dem 15. Jahrhundert überliefert. Die spärlichen Angaben erweitert der Autor um Recherchen zum Leben der Walser in Davos und gestaltet daraus einen «Davoser Totenreigen» (so der Untertitel), der in Form eines historischen Kriminalromans «eine von vielen Möglichkeiten» (302) dessen schildert, was seinem Vorfahren damals zugestossen sein könnte.

Auch Dina Casparis, in Zürich lebende Autorin mit Churer Wurzeln, greift in *High Heels – Heisse Mode* mehrfach auf Familiengeschichte zurück. Ihre Protagonistin Tara Bernhard kommt beim Versuch, den am Davoser Weltwirtschaftsforum entführten Schweizer Modekönig zu befreien, auch ihrer eigenen Geschichte auf die Spur, die zugleich wiederum die Familiengeschichte der Autorin ist. «Als ich nach einem passenden Versteck für den entführten Modekönig suchte, war mir plötzlich klar: Die Villa Svea ist perfekt», so Casparis über ihren Churer Schauplatz. Im markanten Gebäude an der Masanserstrasse – im Buch Villa Lucrezia genannt – «lebte ich fast zwei Jahre», so die Autorin. Dort fand sie Dokumente über ihren Urgrossvater, den Bündner Schokoladenpionier Carl Georg Bernhard, der die Autorin «zur charismatischen Figur von meinem Modekönig […] sowie zur Familiengeschichte von [Protagonistin] Tara Bernhard […] inspiriert [hat]».[203] Der Rückgriff auf die eigene Familiengeschichte übernimmt also gleich eine mehrfache Funktion: Er ist Motivationstreiber für die Schreibenden, Inspirationsquelle für Plot und Figurenzeichnung und schliesslich Authentizitätsmarker – das ist wirklich hier passiert.

203 Aus dem Vortragsmanuskript zur Krimilesung in Chur vom 2. 10. 2023, das mir die Autorin freundlicherweise zur Verfügung gestellt hat.

Alpine Zeitenthobenheit

Retardierung und Zeitenthobenheit sind Krimimotive, die sich in ländlichen Regionen und insbesondere in den Alpen einer besonderen Beliebtheit erfreuen. Die alpine Region wird zur Bühne für die stillstehende Zeit und das Spektakel des Zusammentreffens des Ungleichzeitigen. So stossen im 1987 erschienenen *Mord in Mompé* von Orte-Verleger Werner Bucher urbane Künstlerexistenzen auf provinzielle Dorfverhältnisse. Später wird das Motiv dann eher wie eine Art Zeitmaschine eingesetzt: Die Alpen bilden ein Tor zu einer vormodernen, bisweilen sogar archaischen Welt. Uli Paulus beschreibt den Bündner Schauplatz seines Krimis *Schattengott* 2012 so: «Die Dinge veränderten sich kaum, alte Gebäude, Rituale und Brauchtümer wurden trotz des Touristenandrangs bewahrt. Und nur ganz leise wehte ein sanfter Hauch von Moderne durch den Ort.» (180)

Paulus macht die archäologischen Stätten der Vialama-Region – Zilliser Kulthöhle und Carschenna mit den geheimnisvollen Felszeichnungen – zu Schauplätzen seines Krimis, der den heidnischen Mithraskult wiederaufleben lässt: «Nur in entlegenen Regionen wie den Alpen und speziell in Zillis hatte sich der Kult bis ins 5., 6. nachchristliche Jahrhundert gehalten.» (107) Aber dann ist der blutige Kult plötzlich wieder mitten in der Gegenwart präsent. Opfer sind junge Frauen der Region.

Als auch Polizistin Lindemann in die Hand des Täters fällt, wird sie von ihrem zwielichtigen Vorgesetzten Malfazi im letzten Moment gerettet. Es mutet an, als wollten die männlichen Gegen- und Mitspieler die selbstbewusst und mitunter provokativ auftretende Frau mit allen Mitteln unter Kontrolle halten – sei es durch Opferung oder durch Protektion. So werden in den Kulissen einer archaischen Vergangenheit zugleich die Konflikte und Geschlechterverhältnisse der Gegenwart durchgespielt.

Der Krimi als Lokalmuseum und Sprachinventar

Der historische Regionalkrimi zieht seine Breitenwirkung in Graubünden derzeit vor allem aus der Fähigkeit, mit authentischen Versatzstücken eine nostalgisch gefärbte Vergangenheit aufleben zu lassen. Zuerst erschlossen wird diese Dimension einer lokalhistorischen Geschichtskulisse durch den pensionierten Biologen Duri Rungger. Der in Chur aufgewachsene Rungger siedelt seine drei Bündner Krimis *Kein Fall in*

Disentis (2010), *Chur im Blues* (2013) und *Tod am Silsersee* (2017) allesamt zur Zeit seiner Jugend Mitte der 1950er- und Anfang der 1960er-Jahre an. Sein Kommissar Roc Caminada ist denn auch stilecht meist mit dem VW-Käfer unterwegs. Dieselbe nostalgische Sehnsucht bedient seit 2019 auch Philipp Gurt mit seinem Landjäger Walter Caminada, der auf seinem «Rex-Velotöffli» (20) durch das Chur der Nachkriegsjahre kurvt.

Mittels präziser Recherchearbeit rekonstruieren die beiden Autoren in ihren Chur-Krimis die alte Stadt mit ihren Örtlichkeiten, sodass der Charakter eines durch Handlung und Figuren bewegten Lokalmuseums entsteht. Der Gang der Ermittler durch die alte Stadt wird zum willkommenen Anlass, kleine Genreszenen literarisch zu choreografieren: Runggers Kommissar kaufte «in der Konfiserie Hürsch eine kleine Nusstorte. Danach bummelte er durch die Obere Gasse. Als er die Strasse vor dem Obertor überqueren wollte, kündigten das Pfeifen der Lokomotive und das Kreischen der Räder die Arosabahn an, die sich ihren Weg durch den Verkehr freikämpfte. Sie fuhr im Schritttempo, und ein Bursche mit einem schweren Koffer benutzte die Gelegenheit aufzuspringen [...].» (33) Die zahlreichen Dialekteinschlüsse und -passagen bilden ein nostalgisches Sprachinventar, und auch historische Namen von Restaurants, Geschäften und Produkten wirken als atmosphärische Authentizitätsmarker. Während die lokale Brauerei längst zur Heineken-Gruppe gehört und das Valser Mineralwasser zur Coca-Cola-Gruppe, werben die Sonnenschirme in den Gaststätten, die Walter Caminada besucht, «für Churer Bier, Sassal-Orangina oder Apfelmost» (151).

Rückblickend wird ein Zusammengehörigkeitsgefühl der einfachen Leute evoziert. Sie trinken «Zichorienkaffee» und essen «Krautsuppe mit Gerste» (*Chur 1947,* 150 und 157). Dazu gehört auch, dass und wie Landjäger Caminada am 1. August das Alpenreduit im Zweiten Weltkrieg erinnert: «Caminada war einfacher Soldat, doch er war sich immer sicher, das Unterland der Schweiz hätte Hitler in einem Streich einnehmen können, wenn er es denn gewollt hätte. Hingegen bei den Bergregionen wären die Nazis bestimmt auf grossen Widerstand gestossen, denn jede Brücke, jeden Tunnel hatten die Eidgenossen vermint [...].» (199)[204] Der Krimi

204 Als Konzession an das historische Wissen der Gegenwart heisst es dazu etwas später: «Aber eigentlich war es ihm auch egal, was alles am Rädchen gedreht hatte, dass bis auf den irrtümlichen Angriff der Alierten auf Schaffhausen mit über vierzig Toten das Schweizerland verschont geblieben war.» (200)

eröffnet hier einen nostalgischen Erinnerungsraum.[205] Während eine lokal verankerte Leserschaft durch ein Wiedererinnern oder Wiedererkennen eingebunden wird, wirken die lokalen Attribute auf ortsfremde Leser:innen als eine Lockung des Anderen.

Engagement und Betroffenheit

Krimiautor:innen wählen ihre Fälle oftmals so aus, dass dabei brisante oder tabuisierte Themen, gesellschaftliche Spannungen oder regionale Konfliktlinien mit ins Bild kommen. Sabina Altermatt thematisiert verschiedentlich die Rolle der Frau, die sich im konservativen Milieu des Bergdorfs oder des Tunnelbaus in einer traditionellen Männerrolle zu bewähren hat (*Jagdgeflüster*, *Bergwasser*). Robert Vieli übt Tourismuskritik in einem Tourismuskanton (*Demontage eines Politikers*, *Der Schreibtischtäter*), während Erika Sommer sich in *Alpentroll* gegen schnelllebigen Eventtourismus und überrissene Windkraftwerke in den Alpen einsetzt. Autor:innen wie Peter Montalin oder Maren Lassander setzen die Scheinheiligkeit der Kirche mit ihren Missbrauchsfällen in düstere und unheilschwangere Plots um (*Schattenvögel*, *Kreuzschmerzen*). Dina Casparis nutzt das Davoser Weltwirtschaftsforum, um fadenscheinige Kampagnen und schmutzige Konzernstrategien in der Modewelt zu entlarven (in *High Heels – Heisse Mode*). Gian Maria Calonder greift die Thematik von Vetternwirtschaft und Kartellbildung im Kanton auf (*Engadiner Hochjagd*).

Zu diesem Engagement der Autor:innen gehören nicht selten auch historische Recherchen zu regionalen Themen: Rita Juon nimmt einen rätselhaften Mord im Altersheim zum Anlass, die Lebensumstände der italienischen Einwanderergeneration in ihrer Region zu beleuchten (*Tod in der Viamala*). Jörg Rutz verfolgt seinen Jeninser Fall bis zu den Bourbaki-Soldaten zurück (*Tatort Madast*). Bei Philipp Gurt fällt auf, dass er

205 Katharina Löffler hält in ihrer Analyse der im Allgäu verorteten Kluftinger-Krimis fest: Die «Adaption realer, raumspezifischer Vergangenheit [im Beispiel sind es die Abtreibungskonflikte der 1980er-Jahre und die Nazivergangenheit, T. B.] wirkt einer potenziellen Austauschbarkeit des Schauplatzes entgegen. Sie unterstreicht die archivarische Qualität von Regionalkrimis. Das zeigt die doppelte mnemotechnische Wirksamkeit von Literatur: Sie beteiligt sich nicht nur an der semantischen Aushandlung extratextueller Gedächtnisorte, sondern fungiert selbst als Erinnerungsraum.» Löffler 2017, 143 f.

seine historischen Themen oftmals aus einer persönlichen Betroffenheit heraus entwirft. Diese scheint ihm die Spannung für jene erstaunliche Produktivität zu liefern – jährlich legt er zwei oder mehr Bücher vor –, die für Aussenstehende wie Besessenheit anmutet. Präsent bleibt dabei Gurts eigene Biografie: Als Kind wuchs er ohne die Geborgenheit der Familie in Heimen auf und wurde Opfer sexueller Übergriffe.[206] Eine persönliche Verknüpfung stellt der Autor auch her zur Gruppe der Jenischen, die von den 1920er- bis in die 1970er-Jahre der Verfolgung und Diskriminierung durch die Behörden ausgesetzt waren.

Abgründe und Idyllen

In der nostalgischen Welt von Walter Caminada werden sexuelle Gewalt und Missbrauch in Kontrast gesetzt zu einem intakten Familienbild. Nachdem der Landjäger in *Chur 1947* in der Klinik Waldhaus seine zukünftige Frau, «Dr. Menga Fanzun» (67), kennengelernt hat, heisst es in *Graubündner Finsternis*: Menga «arbeitete […] nun nicht mehr, sondern kümmerte sich nur noch um die Familie» (220). Gurt flicht wiederholt harmonische Genreszenen der Eheleute ein: «Menga war noch wach, als er das Haus betrat. Er nahm sie in die Arme. Wie freute er sich darauf, gleich mit ihr in der Stube zu hocken, einen Kaffee zu trinken und in Ruhe über den Tag zu reden. Aber erst wollte er nach seiner Tochter sehen. Beruhigt sah er, dass sie tief und fest schlief. […] Als alles gesagt war, saßen sie noch eine Weile aneinandergeschmiegt auf dem Kanapee und hörten Radio Beromünster.» (219 f.)

Die Caminadas entwickeln sich zu einer Musterfamilie, deren Züge immer offensichtlicher jenem harmoniebeflissenen Bild entspricht, das im Zug der geistigen Landesverteidigung und der Anbauschlacht[207] in den 1930er- und 1940er-Jahren zusammen mit der Heimatverbunden-

206 Vgl. *Schattenkind. Autobiografie. [Wie ich als Kind überlebt habe]*, Haldenstein 2016.

207 «Geistige Landesverteidigung» ist die Bezeichnung für die ideologische und propagandistische Stärkung schweizerisch artikulierter Werte, die gegen die totalitäre Propaganda vor allem seit den 1930er-Jahren zum Einsatz kam und schliesslich an der Landesausstellung von 1939 breit inszeniert wurde. «Anbauschlacht» heisst die ab 1940 erfolgte Umstellung auf landwirtschaftliche Selbstversorgung während des Zweiten Weltkriegs. Vgl. dazu die entsprechenden Begriffe im HLS.

heit tief in den Köpfen der Menschen verankert wurde. Im Dekor der Kleinstadt Chur der 1950er-Jahre schildert Gurt seinen Landjäger dabei zunehmend auch als Kleinbauern und Selbstversorger: «Er [...] stand jeden Morgen um halb sechs auf und versorgte Esel Leo und die drei Geißen, die im kleinen Stall auf der Wiese neben dem Haus untergebracht waren. Die sieben Hühner, die sie wegen der Eier seit Kurzem hielten, fütterte meist Menga, zusammen mit der Kleinen, die großen Spaß daran hatte.» (25) Die Fürsorge für Tier und Familie sind eng miteinander verflochten: «Lena wollte noch nicht hineingehen und flehte ihren Papa an, noch eine Runde auf Esel Leo reiten zu dürfen. So herzerwärmend war ihr Blick, dass Caminada einfach nicht Nein sagen konnte. Also spazifizockelte er mit ihr über die Weiden. Das Churer Rheintal ruhte friedlich unter ihnen, es ging ein sanfter Südwind, und das schwarze Haar seiner Tochter wehte im letzten Sonnenlicht.» (252) Aus Frau Doktor Fanzun wird auf diese Weise eine vorbildliche Ehe- und Hausfrau: «Als sie vor dem Haus ankamen, stand Menga zwischen den Obstbäumen. Sie trug eine Schürze und hatte soeben im Garten Schnittlauch geschnitten. ‹Es gibt eine feine Frühlingssuppe, frisch gebackenes Brot und dazu etwas Alpkäse.›» (253)

Vaganten und Bauern

Indem der nostalgische Krimi mit ideologisch unterlegten Vorgaben wie der heterosexuellen, traditionell arbeitsteiligen Normalfamilie oder dem Patriotismus der ‹echten› Bergler arbeitet, ermöglicht er eine einfache Identifikation. Dass das auch seinen Preis hat, zeigt sich deutlicher noch als bei der Familienidylle bei Gurts nostalgischer Intervention in die Geschichte der Jenischen, die abschliessend etwas genauer betrachtet werden soll.[208]

208 Jenische werden im Bündner Krimi auch bei anderen Autor:innen – allerdings nur kurz und nebenher – porträtiert. Duri Rungger thematisiert die eingefleischten Vorurteile gegen Jenische in einer pittoresken Szene, die Sprache und Mentalität allerdings selbst wiederum allzu klischiert reproduziert (*Chur im Blues*, 118–122). Christine Neumeyer lässt in ihrem am Ende des 19. Jahrhunderts spielenden Segantini-Krimi *Schatten im Silsersee* eine «alte Bäuerin aus dem Volk der Jenischen» auftreten, «das man in Graubünden vor einigen Jahrzehnten angersiedelt hatte, um den umherziehenden Menschen eine Heimat zu geben» (10 f.). Die jenische Frau fungiert dabei bloss als eingestreutes regionales Versatzstück, dessen oberflächliche Behandlung sich auch an der Zuordnung

Das Bild der Jenischen wurde zu Beginn des 20. Jahrhunderts negativ geprägt von einem pseudowissenschaftlichen Diskurs angeblicher Entartung und Degeneration. So publizierte etwa Johann Joseph Jörger, Gründungsdirektor der Psychiatrischen Klinik Waldhaus in Chur, im Jahr 1918 zwei Schriften, die unterschiedlicher nicht sein könnten und die doch in unheimlicher Weise aufeinander verweisen: eine rassenbiologische Studie zur jenischen «Familie Markus» sowie – mit Unterstützung der Bündnerischen Vereinigung für Heimatschutz – den Band *Urchigi Lüt* mit Valser Dialektgeschichten.

Vaganten und Bauern werden einander bei Jörger gern und mehrfach gegenübergestellt, wie der Bündner Historiker Guadench Dazzi herausgearbeitet hat: «Auf der einen Seite die ortsfeste, beständige und tugendhafte Kultur der Sesshaften und auf der anderen Seite ‹als Abirrung vom gewöhnlichen Familientypus› die unstete, haltlose und rückständige Lebensweise der Jenischen, also unterschiedliche Welten, die sich anscheinend nicht miteinander vereinen lassen.» Dazzi zitiert noch einmal Jörger: «‹Wegen dieses ganz eigenartigen Verhaltens wurden die Zero [diskriminierender Deckname für eine von Jörger untersuchte jenische Familie, T. B.] von ihren Mitbürgern seit langem als fremdartiges Element ausgeschieden, gemieden und als unzugehörig betrachtet.›» (87) Kurz: Die ‹echten›, ‹sesshaften› und dem ‹normalen Familientypus› zugehörigen Valser:innen wurden als urchig gegen die unechten, rückständigen und fremden Jenischen ausgespielt, denen gemäss Jörger nicht einmal «echte Poesie»[209] in der Musik zugeschrieben werden kann.

eines falschen Dialekts erkennen lässt (10 f.). Im Schweizer Krimi wurde die Verfolgung der Jenischen durch das «Hilfswerk für die Kinder der Landstrasse» 2004 bereits bei Hansjörg Schneider thematisiert in *Hunkeler macht Sachen*.

209 «Sie haben nichts Orientalisches an sich, ihre Musik z. B. hat nichts Fremdartiges, keine echte Poesie [...].» Vortrag «Die Vagantenfrage», gehalten 1924, paginierter Separatdruck, Kantonsbibliothek Graubünden, Signatur Be 664:12. Ich habe das Thema echt/unecht und seine Verknüpfung mit eigen/fremd in *Authentische Kulissen* breiter ausgearbeitet. Barfuss 2018, 20–23.

Die Weihen der Nationalmusik

Gurt zeichnet in *Graubündner Finsternis* (2022) eine Kindswegnahme von 1931 nach, wie sie als Massnahme gegen den ‹Vagantismus› vom «Hilfswerk für die Kinder der Landstrasse» unter der Leitung von Alfred Siegfried tatsächlich vorgenommen wurden. «Nun kam ein Landjäger auf den kleinen Georg zu, der herzzerreißend schrie, nachdem man seinen Vater fortgebracht hatte.» (97) Einfühlsam schildert der Autor den Leidensweg des kleinen Georg Moser im Heim. «Trost fand er in der Musik. Wann immer er konnte, spielte er sein Örgeli.» (149) Nach einem sexuellen Übergriff – auch das eine historische Reminiszenz an den 1973 verstorbenen Leiter des Hilfswerks – flieht der Bursche ins Valsertal, wo er glücklicherweise von der Musik zur Familie Berni geleitet wird. Der gute Ziehvater Ignaz Berni baut seinem Schützling eine ganz besondere Handorgel: «Zum Schluss bemalte er die vorderen Kanten mit Edelweiss, Enzian und Alpenröschen – in der Mitte das Wappen der Schweiz und das vom Kanton Graubünden.» (176)

Die Frage, ob jenische Musik einen Bezug zur «echten Poesie» der ‹Zigeunermusik› hat oder nicht, ist müssig, wenn sie, wie bei Jörger, als Frage nach Abstammung und Volkstum gestellt wird. Unbestritten ist, dass jenische Musikanten wie Josef Metzger (1817–1876) in Trin, Franz-Josef Waser (1858–1895) im Engadin oder der Obervazer Paul Kollegger (1872–1927) eine wichtige Rolle für die Entwicklung dessen spielten, was später Bündner Volksmusik heissen sollte. Sie spielten an verschiedenen Orten und bauten Einflüsse aus vielen Richtungen und Traditionen in ihre Musik ein. Wurde diese lebendige Musiktradition im 20. Jahrhundert für ein städtisches Publikum mehr und mehr zur schweizerisch-ländlichen Volksmusik stilisiert, so zwängte die geistige Landesverteidigung sie in den 1930er-Jahren vollends ins ideologische Korsett einer Nationalmusik, die Heimatverbundenheit, echtes Schweizertum und Ursprünglichkeit zu repräsentieren hatte.

Rückwärts in die Zukunft

Wenn Gurt in *Graubündner Finsternis* den jenischen Örgeler «auf über zweieinhalbtausend Metern» sein mit Bündner und Schweizer Wappen verziertes Instrument spielen und dazu juchzen lässt, knüpft er an das Gebirgspathos und den Patriotismus der geistigen Landesverteidigung an, die er nun für seinen jenischen Musiker in Anspruch nimmt: «Sein

Blick schweifte über die vielen Bergkämme und Gipfel hinüber zu den Serpentinen des San Bernardino und hinunter ins schöne Rheinwald. Er war so beseelt von all der Schönheit, dass er sein neues Örgeli aus dem Koffer nahm und zu spielen begann, zu singen und zu juchzen […].» (180 f.) Dass der Autor in seinem Krimi das historische Schicksal der auseinandergerissenen jenischen Familien in erschütternder und gut lesbarer Weise nachvollziehbar macht, ist kein geringes Verdienst.[210] Wenn er aber den stigmatisierten Jenischen, der von seinen Mitbürgern ehemals (gemäss Jörger) «als fremdartiges Element ausgeschieden, gemieden und als unzugehörig betrachtet» worden war, nun in direkter Umkehrung selbst zum echten Schweizer Patrioten macht, übernimmt diese nostalgische Verfahrensweise die vorgegebenen Begriffe. Die problematische Unterteilung in echt/unecht und eigen/fremd, die so viel Unheil gestiftet hat, bleibt unangetastet.

Es gelingt dem Autor hier nicht, sich aus dem Kulissenspiel zu befreien, auf das er sich mit dem nostalgischen Blick eingelassen hat. Er kann zwar die Rollen wechseln und den jenischen Burschen nachträglich zum echteren Schweizer küren, aber hinterfragen oder ändern lassen sich die Spielregeln auf dieser Bühne nicht. Gurt behilft sich mit einem Aus-der-Geschichte-Fallen seiner beiden Polizisten, die 1953 nach einem «lauen Abend […] von überwältigender Herzlichkeit» im Lager der Fahrenden auf dem Scharotl nach Hause gefahren werden: «Während die beiden Ermittler mit dem Rücken zur Fahrtrichtung auf der Ladebrücke hockten und auf die nächtliche Landstrasse blickten, zündete Caminada sich eine Villiger an. ‹Irgendwann werden alle erfahren, was für einer dieser Alfred Siegfried war und was die Pro Juventute mit dem Hilfswerk Kinder der Landstrasse angerichtet hat …›» (314) Nicht zufällig blicken die beiden Polizisten bei dieser Szene *rückwärts* in die Zukunft.

210 Gewürdigt wird es im Nachwort von Hans Caprez, der 1973 mit seinem anklagenden Artikel im *Beobacher* das Ende des sogenannten Hilfswerks für die Kinder der Landstrasse der Pro Juventute eingeleitet hatte: «Mit seinem Roman setzt Philipp Gurt den verfolgten Jenischen ein Mahnmal gegen das Vergessen.» (316)

Zum Schluss: Die Wahrheiten des Krimis

Eine doppelte Enttäuschung

Das zentrale Versprechen des Kriminalromans an seine Leser:innen bildet der Blick hinter die Kulissen. Die Enthüllung einer Realität hinter der vordergründigen Realität ist das, was diesem Genre Interesse weit über die Grenzen literarisch interessierter Kreise hinaus zusichert. Allerdings verläuft die Wahrheitssuche des Krimis nicht so einfach, wie es zunächst den Anschein macht. Nur schon in handwerklich-literarischer Hinsicht ist die Wahrheit des Krimis ein komplexes Konstrukt. Das Versprechen, hinter allen Kulissen, Inszenierungen und Manipulationen die Wahrheit zu ergründen, führt selbst wiederum zu einer aufwendigen literarischen Inszenierung. Natürlich: Literatur und Kunst sind ästhetisch gestaltet und in diesem Sinne konstruiert; jede Autorin und jeder Autor muss die Leser:innen führen, muss ihnen Dinge suggerieren können, über den Zeitpunkt der Informationsvergabe entscheiden und so fort. Die Begriffe Inszenierung und Kulisse kommen ja bezeichnenderweise aus dem Theater. Und dennoch: Im Krimi ist etwas Zusätzliches am Werk. Nur dort muss der Autor aktiv falsche Fährten legen, muss Informationen am Leser vorbeischmuggeln, muss den Leser hartnäckig täuschen, um ihn erst am Schluss im doppelten Sinn zu *enttäuschen*: ent-täuschen im Sinne einer Aufhebung der Täuschungen, ent-täuschen aber oftmals auch im Sinn von frustrieren, weil man als Leser die Enthüllung der Wahrheit zum Schluss wiederum als kunstvolle und raffinierte Inszenierung durchschaut.[211] Das ist ein heikler Moment in jeder Krimilektüre.

---

211 Dieser besondere literarische Konstruktionscharakter des Krimis ist in der Fachliteratur mehrfach beschrieben worden – etwa von Finke (1983) oder Schulz-Buschhaus (1975). Andreas Blödorn fasst die Beiträge im *Handbuch Kriminalliteratur* so zusammen: «[I]m klassischen Detektivroman – im Gegensatz ‹zu allen übrigen Gattungen der narrativen Literatur› (Finke 1983, 3) – diene die Erzählinstanz als ‹Perspektiventräger› eben nicht nur der Vermittlung, sondern zugleich auch ‹der Mystifikation des Lesers›, indem durch Auswahl und Anordnung der gegebenen Informationen nicht nur die Plausibilisierung von Handlungen und Deutungen, sondern auch das Legen falscher Spuren und die Oktroyierung eines ‹in bestimmten Zügen unzutreffende[n] Bild[es] der fiktiven Wirklichkeit› angestrebt werde (ebd., 3, im Anschluss an das Konzept von Schulz-Buschhaus [1975, 4]». Bei Schulz-Buschhaus ist die Rede von einer «planmäßige[n] Verdunkelung des Rätsels». Blödorn 2018, 15.

Etwas zugespitzt: Die nackte Wahrheit, die der Krimi enthüllt, erweist sich zum Schluss doch wiederum als mehr oder weniger raffinierte Inszenierung.

Natürlich ist das keine moralisierende Feststellung. Es gibt keine nackte Wahrheit, jede Wahrheit bedarf der Vermittlung. Dennoch dürfte die doppelte Enttäuschung des Kriminalromans zumindest mitverantwortlich sein für den Suchtcharakter, den das Genre ausübt: Man greift gleich zum nächsten Fall, zum nächsten Enthüllungsversprechen. Einem auf Klappentexten und in Buchwerbungen oft bemühten Topos entsprechend werden Krimis nicht gelesen, sondern verschlungen. Und Suchtcharakter scheint der Krimi auch für die Schreibenden zu haben: Die derzeitige Konjunktur des Genres ist überhaupt nur möglich geworden durch eine beschleunigte Serialisierung, die seit den 2000er-Jahren auch in den Regionen zahlreiche Autor:innen zum schnellen Weiterschreiben treibt.

Ob die doppelte Enttäuschung ein Makel des Krimis ist oder vielleicht sogar Teil seiner Katharsis, seiner reinigenden Wirkung, wie das seit Aristoteles heisst, ist eine offene Frage. Vielleicht ist es ja tatsächlich eine der zivilisatorischen Leistungen dieses Genres, dass es jedes Mal ernüchternd vor Augen führt, dass es die nackte Wahrheit nicht gibt, dass es überhaupt keine Wahrheiten gibt, wenn wir sie nicht ermitteln und vermitteln, wenn wir ihnen nicht zum Erscheinen verhelfen.

Katz-und-Maus-Spiel mit der Realität

Es wäre allerdings irreführend, Krimileser:innen heute in erster Linie als Wahrheitssuchende darzustellen. Mit dem Blick hinter die Kulissen eröffnet der Krimi seinen Leser:innen nämlich vor allem andern ein unterhaltsames Spiel um die Realität der Realität. Luc Boltanski hat den Detektiv deshalb zu einem Verwandten des Soziologen gemacht: Wie der Ermittler bewegt er sich durch das gesamte Gefüge der Gesellschaft von den Aussenseitern bis zur Elite. Keiner bleibt verschont vor dem Verdacht. Das ist die Stelle, an der die vorliegende Analyse des zeitgenössischen Regionalkrimis einhakt: Der Regionalkrimi, so die These, bringt neben dem Soziologen noch eine andere moderne Figur ins Spiel. Die Suche gilt hier immer auch einer lokalen Wahrheit. Der Blick hinter die Kulissen verspricht zu enthüllen, wie es *hier* wirklich ist. Damit entpuppt sich der Detektiv im Regionalkrimi als naher Verwandter des modernen Touristen und die Krimis werden zu heimlichen Fremdenführern.

Aber auch die Suche nach einer lokalen Wahrheit erweist sich als komplexer, als zunächst erwartet. Mit dem Touristischen übernimmt der Krimi das widersprüchliche Erbe einer Suche nach dem Ursprünglichen, Authentischen. Doch das authentisch Gelesene verwandelt sich immer sofort wieder in eine Kulisse zurück, zumal in einer entwickelten Dienstleistungsgesellschaft. Dean MacCannell hat das nicht abschliessbare Spiel des modernen Tourismus um Authentizität als dauerndes Hin und Her zwischen Hinter- und Vorderbühne beschrieben. Der Tourist kann niemals mit Sicherheit wissen, ob er sich hinter den Kulissen befindet oder ob es sich bei der Hinterbühne um eine für ihn neu eingerichtete Vorderbühne handelt, wo Authentizität bloss vorgeführt wird. Die Suche nach einer lokalen Wahrheit im Regionalkrimi wird von einer analogen Dynamik bestimmt. Die authentischen Ansichten, die vorgeführt werden, stehen unter Verdacht. Das Heimatliche lebt Seite an Seite mit dem Unheimlichen. Und der Blick hinter die Kulissen macht auch vor den Bildern des Authentischen nicht halt. Die Bühne für dieses unausgesetzte Katz-und-Maus-Spiel um die Realität hinter der Realität bildet die Region. Als Platzhalterin einer Exotik, die ein Aussen der herrschenden Verhältnisse darstellt, enthält das Regionale imaginäre, eskapistische und utopische Anteile. Zugleich ist die Region aber ein konkreter und begehbarer Erfahrungsraum. Das macht sie aufnahmefähig für immer neue Aspekte, Ansichten und Identitätsentwürfe. Es ist dieses fortgesetzte Spiel zwischen Enthüllung und Verhüllung, was den Regionalkrimi kategorisch vom Heimatroman unterscheidet. Letzterer hat das Spiel mit Authentizität und Kulissen unterbrochen und erhebt die Heimatkulissen damit in den Rang musealer Folklore.

Reicher Fundus

Die Lektüren haben vor Augen geführt, dass der Bündner Krimi seine Authentizität und seine Kulissen aus einem reichen Fundus schöpft. Rousseaus Beschwörung des Berggefühls als eines echteren In-der-Welt-Seins gehört dazu und die Heimatkulissen des 19. Jahrhunderts, welche die Berge effektvoll vom hektischen Treiben in der Stadt absetzen. Die Heimatschutzbewegung vom Beginn des 20. Jahrhunderts spielt darin ihre Rolle und die geistige Landesverteidigung der 1930er- und

1940er-Jahre, die Kultur und Landschaften ideologisch neu in Dienst nimmt. Die Naturparks des 20. Jahrhunderts pflegen die unberührte Natur, während die Pärke des 21. Jahrhunderts zwischen Tradition und Moderne nach Orten guten Lebens suchen. Zu den touristischen Postkarten aus dem alpinen Ferien- und Freizeitpark gesellen sich die digitalen Bilder der Influencer:innen, welche die Berge als Orte der Selbstdarstellung und Selbstfindung um die Welt schicken.

Der Bündner Krimi der Gegenwart schöpft aus diesem Fundus, zitiert und rezykliert ihn, ironisiert und kritisiert ihn, überschreibt und erweitert ihn. Er tanzt auf den Rändern des literarischen Felds, changiert zwischen Selbstbild und Fremdbild. An diesen offenen Charakter des Krimis möchten die vorliegenden Überlegungen anknüpfen. Sie laden ein zu einem Gespräch über das Verhältnis von Authentizität und Kulissen, Literatur und Tourismus, Welt und Region.

Literaturverzeichnis

1 Krimis mit Schauplatz Graubünden, Romane und Erzählungen mit Krimielementen

Allgäuer, Paul: *Davos Marathon. Roman*, Hamburg 2019.

Altermatt, Sabina: *Verrat in Zürich West. Kriminalroman*, Zelg-Wolfhalden, Zürich 2005.

Altermatt, Sabina: *Alpenrauschen. Roman*, Zürich 2008.

Altermatt, Sabina: *Jagdgeflüster. Kriminalroman*, München, Berlin, Zürich 2015.

Altheer, Paul: *Die dreizehn Katastrophen. Detektivroman*, hg. und mit einem Nachwort versehen von Paul Ott, Kurt Stadelmann und Dominik Müller, Zürich 2010 [zuerst Zürich, Leipzig, Berlin 1926].

Altheer, Paul: *Diamanten auf Parsenn. Kriminalroman*, Zürich 1942.

Augstburger, Urs: *Das Dorf der Nichtschwimmer. Bergroman*, Zürich 2020.

Badraun, Daniel: *In vista a Buddha. Duos crimis da Daniel Badraun*, Samedan 1996.

Badraun, Daniel: *Detectiva e detectiv*, Schlarigna 2003.

Badraun, Daniel: *2022 u tè a mezzanot. Ün nouv cas per Claudio Mettler*, Schlarigna 2003.

Badraun, Daniel: *Hundsvieh. Kriminalroman* [Cover: «Ein Krimi aus den Bündner Bergen»], Messkirch 2013.

Badraun, Daniel: *Schwarzeis. Kriminalroman*, Köln 2015.

Badraun, Daniel: *Muschelgaul. Kriminalroman*, Messkirch 2015.

Badraun, Daniel: *Krähenyeti. Kriminalroman*, Messkirch 2017.

Badraun, Daniel: *Randulin. Kriminalroman* [Umschlag: *Engadin-Krimi*], Messkirch 2019.

Badraun, Daniel: *Tod im Engadin. Kriminalroman*, Köln 2021.

Bardill, Lilly: *Mord in der Altersresidenz. Mit Illustrationen von Paper Denoth*, Chur 2021.

Becher, Ulrich: *Murmeljagd. Roman. Mit einem Essay von Eva Menasse*, Zürich 2022 [Erstausgabe 1969].

Beeli, Peter: *Wolfseisen. Davoser Totenreigen. Roman*, Basel 2022.

Beriger, Andreas: *Das Netz. Engadiner Kriminalroman*, St. Moritz 2006.

Bernet, Dominik: *Marmorera. Roman*, Muri bei Bern 2006.

Biebricher, Rolf: *Ein Schloss in Graubünden. Kriminalroman*, München 1988.

Bivetti, Attilio: *Nuot Nes*, Chur 2014.
Bivetti, Attilio: *L'aungel da Nuot Nes. Raquints criminels*, Chur 2017.
Bordoli, Ladina: *Der Tod lässt kein Schwein kalt. Kriminalroman*, München 2021.
Brosch, Luca [d. i. Sebastian Stuertz]: *Bevor die Welt sich weiterdreht. Roman*, München 2023 [der Roman zur Fernsehserie *Davos 1917*].
Brülisauer, Dominik: *Tod nach Anzeige. Roman*, Books on Demand, Norderstedt 2020.
Brunies, Gildo: *La minchületta d'utuon*, Berlin 2021 [Jugendkrimi].
Brunntaler, Marie: *Piz Palü. Roman*, München 2021.
Cadruvi, Claudia: *Gulasch en schelentera*, Zürich 2008.
Calonder, Gian Maria [d. i. Tim Krohn]: *Engadiner Abgründe. Ein Mord für Massimo Capaul. Roman*, Zürich 2018.
Calonder, Gian Maria [d. i. Tim Krohn]: *Endstation Engadin. Ein Mord für Massimo Capaul. Roman*, Zürich 2019.
Calonder, Gian Maria [d. i. Tim Krohn]: *Engadiner Hochjagd. Ein Mord für Massimo Capaul. Roman*, Zürich 2020.
Calonder, Gian Maria [d. i. Tim Krohn]: *Engadiner Bescherung. Ein Mord für Massimo Capaul. Roman*, Zürich 2020.
Calonder, Gian Maria [d. i. Tim Krohn]: *Engadiner Herzrasen. Ein Mord für Massimo Capaul. Roman*, Zürich 2021.
Calonder, Gian Maria [d. i. Tim Krohn]: *Engadiner Knochenbruch. Ein Mord für Massimo Capaul. Roman*, Zürich 2022.
Calonder, Gian Maria [d. i. Tim Krohn]: *Engadiner Nächte. Kein Mord für Massimo Capaul. Roman*, Zürich 2023.
Camenisch, Silvio: *Da mesa stad. Historias criminalas*, Disentis/Mustér 1992.
Candinas, Theo: *Gion Barlac fa il detectiv* (Schweizerisches Jugendschriftenwerk), Zürich 1977.
Candinas, Theo: *Mysteriöser Unfall eines Politikers am WEF*, Frauenfeld 2009.
Caratsch, Reto: *Il commissari da la cravatta verda* [1952], in: ders., *Ouvras*, Zernez [Ediziun dal Chardun] 1983, 121–182 [Ediziun dal Dschember: Zürich, Paris 1950].
Casparis, Dina: *High Heels – Heisse Mode. Ein Thriller aus der Modewelt. Teil II der High Heels Reihe*, Zürich 2022.
Correnti, Dario: *Stiller als der Tod. Thriller*, München 2021 [italienisch: *Il destino dell'orso*, Mailand 2019].
Dürrenmatt, Friedrich: *Das Versprechen. Requiem auf den Kriminalroman*, in: Werkausgabe in 37 Bänden, Bd. 22, Zürich 1998 [Erstausgabe 1958].

Dürrenmatt, Friedrich: *Durcheinandertal. Roman*, Zürich 1989.
Durschei, Jon [d. i. Werner Bucher], Irmgard Hierdeis: *Mord in Mompé. Kriminalroman*, Zürich 1987.
Girardelli, Marc, Michaela Grünig: *Mordsschnee. Kriminalroman*, Köln 2017.
Götschi, Silvia: *Jakobshorn. Kriminalroman*, aktualisierte Neuausgabe, Köln 2018 [Erstausgabe 2014].
Götschi, Silvia: *Mattawald. Kriminalroman*, Köln 2015.
Götschi, Silvia: *Bärentritt. Kriminalroman*, Köln 2016.
Götschi, Silvia: *Davosblues. Kriminalroman*, Köln 2021.
Gurt, Philipp: *Bündner Treibjagd. Kriminalroman*, Köln 2019.
Gurt, Philipp: *Chur 1947. Kriminalroman*, Köln 2019.
Gurt, Philipp: *Bündner Irrlichter. Kriminalroman*, Köln 2020 [Erstausgabe 2014].
Gurt, Philipp: *Bündnerfleisch. Kriminalroman*, Köln 2020 [Erstausgabe 2015].
Gurt, Philipp: *Bündner Alptraum. Kriminalroman*, Köln 2020.
Gurt, Philipp: *Helvetia 1949. Kriminalroman*, Köln 2020.
Gurt, Philipp: *Der Puppenmacher. Ein Fall für Landjäger Caminada*, Zürich 2021 [später als *Graubündner Schreie. Landjäger Caminada und der Puppenmacher*].
Gurt, Philipp: *Bündner Abendrot. Ein Fall für Giulia de Medici*, Zürich 2022.
Gurt, Philipp: *Graubündner Finsternis. Landjäger Caminada und der Fuhrmann. Roman. Mit einem Nachwort von Hans Caprez*, Zürich 2022.
Gurt, Philipp: *Bündner Sturm. Ein Fall für Giulia de Medici. Roman*, Zürich 2023.
Gurt, Philipp: *Mord im Bernina Express. Roman*, Zürich 2023.
Gurt, Philipp: *Graubündner Totentanz. Landjäger Caminada und die Sennerin. Roman*, Zürich 2023.
Gurt, Philipp: *Bündner Blutmond. Ein Fall für Giulia de Medici*, Zürich 2024.
Gurt, Philipp: *Die Tote im St. Moritzersee. Der zweite Fall für Corina Costa*, Zürich 2024.
Gutgsell, Andreas: *Tod im Val Fex. Ein Engadin Krimi*, Basel 2022.
Gutgsell, Andreas: *Tod im Eiskanal. Kriminalroman*, Basel 2024.
Hammer, Wolfgang: *Die letzte Geliebte. Fast ein Kriminalroman*, Basel o. J. [1961].
Harari, Lukas: *Der Magnet*, Zürich 2018 [französisch: *L'Aimant*, Paris 2017].
Hess, Katharina: *Die Gegenspieler*, Chur, Basel 1975.
Hidber, Franziska, Christian Ruch: *Mørk. Ein Krimi zwischen Nordkap, Sarganserland und Engadin*, Chur 2022.
Hotz, Constance: *Vier Tage im März. Roman*, St. Moritz 2007.
Huonder, Silvio: *Die Dunkelheit in den Bergen. Roman*, München 2012.

Imhof, Christian: *Schwellenmomente. Ein Prättigauer Thriller*, Grüsch 2023.
Imholz, Regine: *Mord in der Surselva. Die Tote am Wasserfall*, Glarus, Chur 2021.
Imholz, Regine: *Tod in der Ruinaulta. Kriminalroman*, Köln 2022.
Ivanov, Petra: *Angst, Haas und Glockenschlag. Drei Regio-Krimis*, Herisau 2007.
Juon, Rita: *Tod am Piz Beverin. Kriminalroman*, Schwellbrunn 2018.
Juon, Rita: *Tod in der Viamala. Kriminalroman*, Schwellbrunn 2019.
Juon, Rita: *Tod in Andeer. Kriminalroman*, Schwellbrunn 2021.
Juon, Rita: *Tod in Portein. Kriminalroman*, Schwellbrunn 2024.
Kellenberger, Ernesto: *Pulver gut …? Kriminalroman*, Books on Demand, Norderstedt 2009.
Klainguti, Göri: *Linard Lum. Set raquints criminels da Göri Klainguti e Linard Lum*, Samedan 1988.
Klainguti, Göri: *L'ü*, Celerina/Schlarigna 2005.
Knellwolf, Ulrich: *Tod in Sils Maria. 13 üble Geschichten*, Zürich 1993.
Krättli, Mirco: *Ich bin eiskalt. Thriller*, Books on Demand, Norderstedt 2019.
Kuoni, Marcel: *Tannenrauschen. Kriminalroman*, Zürich 2017.
Kuoni, Marcel: *Schweizertor*, Chur 2020.
Lassander, Maren: *Kreuzschmerzen. Kriminalroman*, München 2023.
Lergier-Caviezel, Leontina: *Davos ils mugrins*, Chur 2018 [deutsch: *Hinter dem Gwätt. Roman*, Biel/Bienne 2020].
Loy, Rosetta: *Schokolade bei Hanselmann*, aus dem Italienischen von Maja Pflug, München, Zürich 1995 [italienisch: *Cioccolata da Hanselmann*, Milano 1995].
Matzner, Markus: *Bitterer Abgang in Maienfeld. Kriminalroman*, Oberegg, Zürich 2008.
Montalin, Peter: *Schattenvögel. Kriminalroman*, Thusis 2012.
Montalin, Peter: *Grünes Blut. Kriminalroman*, Thusis 2013.
Moor, Markus: *Notizen über einen beiläufigen Mord. Roman*, Zürich 2000.
Neumeyer, Christine: *Schatten im Silsersee. Historischer Kriminalroman*, Köln 2022.
Nikolay, Hartmut: *Alpträume im Graubünden. Krimi*, Biel 2009.
Paganini, Andrea: *Le indagini imperfette*, Soveria Mannelli 2022.
Parolini, Ladina: *La melodia da la gïa. Crimi per giuvenils*, Chur 2022 [Jugendbuch].
Paulus, Uli: *Schattengott. Kriminalroman*, Köln 2012.
Peer, Oscar: *Hannes. Bericht aus der Haft*, Zürich 1978.
Peer, Oscar: *Hannes. Roman criminal*, Chur 2014.

Peer, Oscar: *Hannes. Roman*, Zürich 2015.
Ripamonti, Andrea: *Delitto a Sankt Moritz*, Firenze 2019.
Ritter, Marc: *Bluteis. Thriller*, München 2013.
Rungger, Duri: *Kein Fall in Disentis? Kriminalroman*, Oberegg, Zürich 2010.
Rungger, Duri: *Chur im Blues. Kriminalroman*, Oberegg 2013.
Rungger, Duri: *Tod am Silsersee. Kriminalroman*, Schwellbrunn 2017.
Rungger, Duri: *Fatale Manipulation. Verdächtiger Todesfall in Flims. Kriminalroman*, Aarau o. J [2020].
Rutz, Jörg: *Tatort Madast. Dunkle Schatten über der Bündner Herrschaft*, Chur 2018.
Rutz, Jörg: *Dunkle Zeiten – der Verrat. Kriminalroman*, Grüsch 2023.
Rutz, Jörg: *Dunkle Zeiten – Dammbruch. Kriminalroman*, Grüsch 2023.
Salatino, Francesca Vivan: *Misteriosi delitti a Maloja*, Balerna 2016.
Salerno, Susanna: *La fonte del male. Thriller*, Locarno 2020.
Salerno, Susanna: *Come in cielo così in terra. Thriller*, Locarno 2022.
Schevichaven, Jakob van [Pseudonym Ivans]: *De IJskoningin*, illustriert von Frans van Noorden, Utrecht 1920 [deutsch: Die Eiskönigin. Aus dem Leben Geoffrey Gills, Detektiv. Übersetzung von L. J. K. van Oosterzee. Vorwort des Übersetzers datiert 2005; zwei Exemplare in der Dokumentationsbibliothek St. Moritz, Signatur LIT 1 3856.01 und 02].
Schmid, Tina: *Val Calanca. Kriminalroman*, Köln 2021.
Schubert, Niklaus: *Vereina Connection. Wenn Gewisse Gewisses auf dem Gewissen haben*, Zürich, Freiburg im Breisgau 1999.
Sommer, Erika: *Alpentroll. Kriminalroman*, Messkirch 2022.
Spescha, Flurin: *Fieu e flomma. Roman*, Chur 1993.
Stegemann, Wilhelm: *… und J. G. Curman schweigt!*, Rorschach o. J. [1937].
Steinmann, Matthias: *Nachtfahrt. Roman*, Zürich 1993 [überarbeitete Neuauflage unter dem Titel *Die Todesanzeige. Roman*, Konolfingen 2020].
Suter, Martin: *Der Teufel von Mailand. Roman*, Zürich 2006.
Vieli, Robert: *Der Torso im See. Kriminalroman*, Berlin 1994.
Vieli, Robert: *Der Duft des Verbrechens. Kriminalroman*, Zürich, Chur 2011.
Vieli, Robert: *Hinter der Mauer. Kriminalroman*, Glarus, Chur 2012.
Vieli, Robert: *Demontage eines Politikers. Kriminalroman*, Glarus, Chur 2014.
Vieli, Robert: *Wer war Nicolin Camara? Kriminalroman*, Haldenstein 2015.
Vieli, Robert: *Der Schreibtischtäter. Kriminalroman*, Chur 2017.
Vollen, Marga: *Veilchenperlmuttfalter. Gefährliche Geschäfte in St. Moritz*, Glarus, Chur 2014.
Vollen, Marga: *Skabiosenscheckenfalter. Das Geschenk des toten Bankers*, Glarus, Chur 2015.

Wallach, Alan: *Corviglia. A Murder in the Alps. An Alpine Mystery Novel*, Edgewater NJ 2015.
Weber, Georg: *Das letzte Hemd hat keine Taschen. Kriminalroman*, Zürich, Chur 2010.
Weber, Georg: *Gublers letzte Reise. Kriminalroman*, Glarus, Chur 2013.
Weber, Georg: *Hotel Belvédère. Kriminalroman*, Chur 2016.
Werdenberg, Melchior: *Malefizien. Missgeschicke, Liebeleien und Verbrechen*, Zürich 2022.

2 Kriminalhörspiele fürs Radio mit Bündner Hintergrund

Badraun, Daniel: *Il nuf infernel*, Radio Rumantsch, 1995.
Ein teuflischer Knoten, Radio Munot, Schaffhausen 1996.
La flur da Lotos, Radio Rumantsch, Chur 1996.
Horse Shoe. Der Radiokrimi zur Bob-WM 1997, Radio Piz, St. Moritz.
Die Lotosblüte, Radio Munot, Schaffhausen 1997.
Die Muschel, Radio Piz, St. Moritz 1998.
Polizeiposten Quattervals. 24 Adventsgeschichten, Radio Piz, St. Moritz 1998.
2000, Radio Rumantsch, Chur 2000.
Giacomettis Hund, Radio Grischa, Chur 2000.
Kuhhandel, Radio Grischa, Chur 2001.
Das Kriminalarchiv, Serie *Schreckmümpfeli*, DRS, 2004.
Candinas, Theo: *La fuigia dil Stoffel*, Radio Rumantsch, Chur 1974.
Decurtins, Michel: *CSI: Trun/Rabius*, Radio Rumantsch 2006.
Il num dalla rosa, Radio Rumantsch 2004.
Gion Antoni Marlowe, Radio Rumantsch 2000.
Gansner, Hans Peter: *Dr Fall Rappold im Hochtannatal*, DRS, 2001.
Tod à la carte, DRS, 2002.
Wilhelmina Tellona, DRS, 2003.
Jagdfiaber, DRS, 2004.
Dr Fall vu dr Casa Uschäras (Nach E. A. Poe), DRS, 2005.
Ds Maitli im Rota Gwand, DRS, 2006.
Dr Tschaggino kunnt …!, DRS, 2007.
Dr Fall Cadalura, DRS, 2008.
A Schuldiga muass hära, DRS, 2009.
Sunnaraub im Hochtannatal, DRS, 2010.
An Engel in dr Sexkaserna, DRS, 2011.
Achtung Steischlag!, DRS, 2012.

Dr Alpsauheiri, DRS, 2013.
Dr Sündafall, DRS, 2014.
Tod unter am Galtischprutz, DRS, 2015.
Goldruusch im Hochtannatal, DRS, 2016.
Dr Erschtgeborani, DRS, 2018.
Klainguti, Göri: *Linard Lum a Paris*, Radio Rumantsch, 1989.
Peer, Andri: *Confessur cunter vöglia*, Sendungen für Rätoromanen, 1968.
Sommer, Erika: *Mord in Scuol*, DRS, 1997.
Mord im Piz Triazza, DRS, 2001.
Veraguth, Manfred: *Xena Ruinatscha. Crimis*, Radio Rumantsch [Jugendkrimi, CD, 2005].

3 Weitere Primärliteratur

Altermatt, Sabina: *Bergwasser. Kriminalroman*, München, Zürich 2014.
Badraun, Daniel, Rolf Canal: *Lieblingsplätze Engadin*, 1. aktualisierte Neuauflage, Messkirch 2021 [Erstausgabe: *Willkommen im Engadin. Wasser, Berge, Übergänge. 66 Lieblingsplätze und 11 Pässe*, Messkirch 2013].
Bannalec, Jean-Luc [d. i. Jörg Bong]: *Bretonisches Vermächtnis. Kommissar Dupins achter Fall*, Köln 2021.
Bernhard, Thomas: *Der Untergeher*, Frankfurt am Main 1983.
Böckler, Michael: *Tödlich im Abgang. Ein Weinkrimi aus Südtirol*, Hamburg 2020.
Bonnet, Sophie [d. i. Heike Koschyk]: *Provenzalischer Genuss. Die Lieblingsrezepte des Ermittlers Pierre Durand*, München 2018.
Camenisch, Arno: *Die Kur*, Solothurn 2015.
Candinas, Theo: *La fuigia dil Stoffel*, Chur 1971 [Jugendbuch].
Courtine, Robert Jullien: *Le cahier de recettes de madame Maigret*, Paris 1974.
Courtine, Robert Jullien: *Simenon et Maigret passent à table. Les plaisirs gourmands de Simenon et les bonnes recettes de madame Maigret*, Paris 1992.
Dürrenmatt, Friedrich: *Der Tunnel. Erzählung*, Zürich 1952.
Dürrenmatt, Friedrich: *Der Richter und sein Henker. Roman*, Hamburg 2020 [erste Buchausgabe 1952].
Finze-Michaelsen, Holger: *Grauer Novembermorgen. Die Geschichte eines Mordes im Prättigau*, Glarus, Chur 2015.
Finze-Michaelsen, Holger: *Die Tochter des Wasenmeisters. Geschichte einer Hinrichtung in Graubünden*, Glarus, Chur 2021.
Finze-Michaelsen, Holger: *Hexenjagd im Prättigau. Als an der Landquart die Scheiterhaufen brannten*, Glarus, Chur 2022.

Fischer, Georg: *Untervaz. Mein Heimatdorf. Dorfgeschichte von Georg Fischer*, Glarus, Chur 2016.
Gansner, Hans Peter: *Sechs Fälle für Pascale Fontaine. Kriminalnovellen aus Frankreich*, Berlin 1999.
Gansner, Hans Peter: *Mein ist die Rache. Ein brand-heisser Fall für die französische Kommissarin Pascale Fontaine*, Berlin 2001.
Gansner, Hans Peter: *Tödliches Tête-à-Tête auf Guadeloupe. Eine Kriminalnovelle aus der Karibik mit der französischen Kommissarin Pascale Fontaine*, Dozwil 2009.
Giger, Hubert: *La stria da Dentervals*, Chur 2014 [deutsch: *Die Hexe von Dentervals. Historischer Roman*, übersetzt von Jano Felice Pajarola, Biel/Bienne 2014].
Götschi, Silvia: *Aschenputtel. Ein Fall für Kramer. Kriminalroman*, Bern 2023.
Halter, Toni: *Il cavalè della Greina. Roman*, Disentis/Mustér 1960.
Hartmann, Lukas: *Räuberleben. Roman*, Zürich 2012.
Heer, Jakob Christoph: *Der König der Bernina. Roman aus dem Hochgebirge*, Augsburg 1987.
Heerbrand, Jakob Friedrich: *Hannikel, oder die Räuber- und Mörderbande, welche in Sulz am Nekar in Verhaft genommen und am 17. Jul. 1787. daselbst justificirt worden. Ein wahrhafter Zigeuner-Roman ganz aus den Kriminal-Akten gezogen*, Tübingen 1787.
Imboden, Blanca: *Arosa. Von Bären, Eichhörnchen und Mister 99-Prozent*, Gockhausen 2018.
Jörger, Johann Joseph: *Dr hellig Garta. Geschichte im Valser Dialekt* [1920], Davos 2021.
Jörger, Johann Joseph: «Die Vagantenfrage. Vortrag, gehalten von Dr. Jörger, Waldhaus-Chur, am 3. November 1924 am Instruktionskurs für die Armenpfleger in Chur.» Paginierter Separatdruck. Kantonsbibliothek Chur [Signatur Be 664/12a].
Jörger, Johann Josef: *Die letzten Schattenauer. Roman*, Basel 1926.
Klüpfel, Volker, Michael Kobr: *Mahlzeit! Das Kluftinger Kochbuch*, München 2014 [Erstausgabe 2010].
Knittel, John: *Via Mala. Roman*, bearbeitete, gekürzte und aus dem englischen Original übersetzte Fassung, Frankfurt am Main 1999.
Krohn, Tim: *Quatemberkinder und wie das Vreneli die Gletscher brünnen machte. Roman*, Berlin 1998.
Krohn, Tim: *Vrenelis Gärtli. Roman*, Berlin 2007.
Lardi, Massimo: *Dal Bernina al Naviglio. Romanzo*, Locarno 2002 [deutsch: *Export zwei. Eine Schmuggler-Geschichte aus dem Puschlav*, Zürich 2008].

Montalbán, Manuel Vázquez: *Las recetas de Carvalho*, Barcelona 1989 [deutsch: *Die Küche der lässlichen Sünden. Kochen mit Pepe Carvalho*, München 2004].

Mottis, Gerry: *Terra bruciata. Le streghe, il boia e il diavolo. Romanzo storico*, Mendrisio 2017 [deutsch: *Hexensabbat im Misox. Roman*, Wangen 2020].

Meuth, Martina, Bernd Neuner-Duttenhofer: *Andrea Camilleris sizilianische Küche. Die kulinarischen Leidenschaften des Commissario Montalbano*, Bergisch Gladbach 2005.

Patzen, E.: *Stockersepp vor dem Kantonsgericht in Chur im Jahr 1816. Eine Kriminalerzählung nach Originalakten bearbeitet*, Buchs 1893.

Rettich, Margret: *Die Geschichte vom Wasserfall … der Christian Pitschen Melchior Glück brachte, als dieser es schon verloren glaubte*, Glarus 2015.

Rousseau, Jean-Jacques: *Julie oder Die neue Héloïse. Briefe zweier Liebenden aus einer kleinen Stadt am Fuße der Alpen. Gesammelt und herausgegeben durch Jean-Jacques Rousseau* [1761], 2., durchgesehene Auflage, München 1988.

Schneider, Hansjörg: *Hunkeler macht Sachen. Roman*, Zürich 2004.

Schuetz, Anne Dominique: *Die unsichtbare Grenze. Roman*, Zürich 2014.

Simmel, Johannes Mario: *Es muss nicht immer Kaviar sein. Die tolldreisten Abenteuer und auserlesenen Kochrezepte des Geheimagenten wider Willen Thomas Lieven*, Zürich 1960.

Spyri, Johanna: *Heidi. Heidis Lehr- und Wanderjahre. Heidi kann brauchen, was es gelernt hat. Originalausgabe illustriert von Rudolf Münger*, München o. J. [5. Auflage 2000].

Walker, Martin: *Brunos Kochbuch. Rezepte und Geschichten aus dem Périgord*, Zürich 2014.

Walker, Martin, Julia Watson: *Brunos Gartenkochbuch*, Zürich 2019.

4 Sekundärliteratur

Amlinger, Carolin: *Schreiben. Eine Soziologie literarischer Arbeit*, Berlin 2021.

Anker, Daniel: «König oder Jungfrau?», in: ders. (Hg.): *Piz Bernina. König der Ostalpen*, Zürich 1999, 160–167.

Barfuss, Thomas, Peter Jehle: *Antonio Gramsci zur Einführung*, Hamburg 2014.

Barfuss, Thomas: «Landschaftstheater, Auftragsmorde, literarische Wellness. Ausblicke auf die neuen Literaturverhältnisse», in: *Kunst und Kultur Graubünden* (Bündner Jahrbuch 2017), Chur 2016, 86–92.

Barfuss, Thomas: *Authentische Kulissen. Graubünden und die Inszenierung der Alpen*, Baden 2018.

Barfuss, Thomas: «Erzählen als Aufwertung von Dingen und Orten. Zur Touristifizierung von Forschung, Kultur und Engagement», in: *Bündner Monatsblatt* 2, 2021, 151–175.
Barfuss, Thomas: «Murdraretsch en vista. Retschertgas davart il roman criminal en Engiadina ed en Bregaglia», in: *Annalas da la Societad Retorumantscha* 135, 2022, 63–80.
Bartl, Andreas: «Kriminalliteratur seit der Mitte des 20. Jahrhunderts», in: Susanne Düwell, Andrea Bartl, Christof Hamann, Oliver Ruf (Hg.): *Handbuch Kriminalliteratur. Theorien – Geschichte – Medien*, Stuttgart 2018, 326–349.
Bätzing, Werner, Evelyn Hanzig-Bätzing: *Orte guten Lebens. Die Alpen jenseits von Übernutzung und Idyll. Einsichten und Einmischungen aus drei Jahrzehnten*, Zürich 2009.
Baumberger, Christa: «Babel im Engadin. Mehrsprachigkeit bei Annemarie Schwarzenbach und Ulrich Becher», in: Christa Baumberger, Mirella Carbone, Annetta Ganzoni (Hg.): *Sigls da lingua. Sprachsprünge. Salti di lingua. Poetiken der Mehrsprachigkeit in Graubünden*, Zürich 2018, 175–189.
Benjamin, Walter: *Gesammelte Schriften*, unter Mitwirkung von Theodor Adorno und Gershom Scholem hg. von Rolf Tiedemann und Hermann Schweppenhäuser (Suhrkamp Taschenbuch Wissenschaft), Frankfurt am Main 1991.
Blödorn, Andreas: «Narratologie», in: Susanne Düwell, Andrea Bartl, Christof Hamann, Oliver Ruf (Hg.): *Handbuch der Kriminalliteratur. Theorien – Geschichte – Medien*, Stuttgart 2018, 14–23.
Bloch, Ernst: «Maloja-Chiavenna-Drift» [1934], in: ders.: *Gesamtausgabe in 16 Bänden*, Bd. 9, Frankfurt am Main 1977, 498–503.
Bloch, Ernst: «Philosophische Ansicht des Detektivromans», in: ders.: *Gesamtausgabe in 16 Bänden*, Bd. 9, Frankfurt am Main 1977, 242–263.
Boltanski, Luc: *Rätsel und Komplotte. Kriminalliteratur, Paranoia, moderne Gesellschaft*, aus dem Französischen von Christine Pries, Berlin 2013 [französisch: Paris 2012].
Bourdieu, Pierre: *Die Regeln der Kunst. Genese und Struktur des literarischen Feldes*, Frankfurt am Main 2002.
Brown, Marian: «J. C. Heer. Zu seinem Leben und seinem Werk ‹Der König der Bernina›», in: Jakob Chistoph Heer: *Der König der Bernina. Roman aus dem Hochgebirge*, Augsburg 1987.
Brylla, Wolfgang, Maike Schmidt (Hg.): *Der Regionalkrimi. Ausdifferenzierung und Entwicklungstendenzen*, Göttingen 2022.
Brylla, Wolfgang, Maike Schmidt: «Ausdifferenzierung und Entwicklungstendenzen des Regionalkrimis. Zur Einleitung», in: dies.:

Der Regionalkrimi. Ausdifferenzierung und Entwicklungstendenzen, Göttingen 2022, 9–16.
Chandler, Raymond: «Die simple Kunst des Mordes. Ein Essay» [1950], in: ders.: *Die simple Kunst des Mordes* (Werkausgabe, Bd. 13), Zürich 1975, 318–342.
Collenberg, Adolf: *Die Bündner Parteien auf der Suche nach Identität und Macht 1880–1939. Paritäten, Dissidenzen und Allianzen. Exkurs: Die Schwarze Lawine*, Ennenda, Chur 2023.
Dazzi, Guadench: «‹Puur› oder ‹Kessler›. Die Konstruktion von Selbst- und Fremdbildern», in: ders., Sara Galle, Andréa Kaufmann, Thomas Meier (Hg.): *Puur und Kessler. Sesshafte und Fahrende in Graubünden*, hg. vom Institut für Kulturforschung Graubünden, Baden 2008, 67–101.
Derungs, Giusep: «Das bewegte und abenteuerliche Leben des Gion Giachen Solèr genannt ‹Gion da Farglix› und dessen Darstellung in den Büchern ‹Der letzte Schattenauer› und ‹Il cavalè della Greina›», Seminararbeit Universität Zürich 1989 (Bündner Kantonsbibliothek, Signatur Bfu 1134).
Düwell, Susanne, Andrea Bartl, Christof Hamann, Oliver Ruf (Hg.): *Handbuch der Kriminalliteratur. Theorien – Geschichte – Medien*, Stuttgart 2018.
Eco, Umberto: *Im Wald der Fiktionen. Sechs Streifzüge durch die Literatur. Harvard Vorlesungen* [Norton Lectures 1992–1993], aus dem Italienischen von Burkhard Kroeber, München, Wien 1994.
d'Eramo, Marco: *Die Welt im Selfie. Eine Besichtigung des touristischen Zeitalters*, aus dem Italienischen von Martina Kempter, Berlin 2018 [italienische Erstausgabe 2017].
Finke, Beatrix: *Erzählsituationen und Figurenperspektiven im Detektivroman*, Amsterdam 1983.
Ganzoni, Annetta: «Bündnerromanische Kriminalgeschichten als Genre der kulturpolitischen Auseinandersetzung», in: *Quarto. Zeitschrift des Schweizerischen Literaturarchivs* 21/22, Januar 2006, 161–168.
Ganzoni, Annetta, Luca Pitsch: *Rumantsch e latin da chatscha. Fantasias umoristicas e seriusas da passa 200 onns*, Chur 2019.
Goffman, Erving: *Wir alle spielen Theater. Die Selbstdarstellung im Alltag*, aus dem Amerikanischen von Peter Weber-Schäfer, Vorwort von Lord Ralf Dahrendorf, München 1983.
Gramsci, Antonio: *Gefängnishefte. Kritische Gesamtausgabe in zehn Bänden*, Hamburg 1991–2002.
Haldimann, Ueli (Hg.): *Hermann Hesse, Thomas Mann und andere in Arosa. Texte und Bilder aus zwei Jahrhunderten*, Zürich 2001.
Historisches Lexikon der Schweiz (HLS), https://hls-dhs-dss.ch.
Hobsbawm, Eric: *Sozialrebellen. Archaische Sozialbewegungen im 19. und 20. Jahrhundert*, Neuwied, Berlin 1962 [englisch: *Primitive Rebels*, 1959].

Knaup, Anna Katharina: «Tatort Heimat. Der Alpenkrimi als moderne Variante der Heimatliteratur», in: Johann Georg Lughofer (Hg.): *Das Erschreiben der Berge. Die Alpen in der deutschsprachigen Literatur* (Innsbrucker Beiträge zur Kulturwissenschaft. Germanistische Reihe 81), Innsbruck 2014, 355–368.

Knipp, Raphaela: *Begehbare Literatur. Eine literatur- und kulturwissenschaftliche Studie zum Literaturtourismus*, Heidelberg 2017.

Kracauer, Siegfried: «Der Detektiv-Roman. Eine Deutung» [Ein philosophisches Traktat über den Detektiv-Roman], in: ders.: *Werke*, Bd. 1, Frankfurt am Main 2006, 103–209.

Löffler, Katharina: *Allgäu reloaded. Wie Regionalkrimis Räume erfinden*, Bielefeld 2017.

Maase, Kaspar: *Populärkulturforschung. Eine Einführung*, Bielefeld 2019.

Mandel, Ernest: *Ein schöner Mord. Sozialgeschichte des Kriminalromans*, aus dem Englischen übersetzt von Nils Thomas Lindquist, 2., durchgesehene Auflage, Frankfurt 1988 [englisch: *Delightful Murder*, 1984].

MacCannell, Dean: *The Tourist. A New Theory of the Leisure Class. With a New Introduction*, Berkeley, Los Angeles, London 2013 [Erstausgabe: 1976].

Mathieu, Jon: *Die Alpen. Raum – Kultur – Geschichte*, Stuttgart 2015.

Ott, Paul: «Paul Altheer als Krimiautor», in: Paul Altheer: *Die dreizehn Katastrophen. Detektivroman*, hg. und mit einem Nachwort versehen von Paul Ott, Kurt Stadelmann und Dominik Müller, Zürich 2010, 116–122.

Ott, Paul: *Mord im Alpenglühen. Der Schweizer Kriminalroman – Geschichte und Gegenwart*, Zürich 2020.

Piatti, Barbara: *Die Geographie der Literatur. Schauplätze, Handlungsräume, Raumphantasien*, Göttingen 2008.

Prokop, Dieter: *Medien-Macht und Massen-Wirkung. Ein geschichtlicher Überblick*, Freiburg im Breisgau 1995.

Reijnders, Stijn: *Places of Imagination. Media, Tourism, Culture*, Farnham, Burlington 2011.

Riatsch, Clà: *Pathos und Parodie. Inversionslagen in der bündnerromanischen Literatur*, Aachen 2015.

Rohner, Daniel: *Dialog mit Mi Fu. Dialogue with Mi Fu*, Heidelberg, Berlin 2017.

Safranski, Rüdiger: *Friedrich Schiller oder Die Erfindung des deutschen Idealismus*, München 2004.

Schütt, Julian: «El Patrón des Literaturkartells», in: *Die Südostschweiz Kultur*, Samstag, 18. 3. 2023, 6.

Schulz-Buschhaus, Ulrich: *Formen und Ideologien des Kriminalromans. Ein gattungsgeschichtlicher Essay*, Frankfurt am Main 1975.

Seger, Cordula: *Grand Hotel. Schauplatz der Literatur*, Köln 2005.

Seger, Cordula, Bettina Plattner-Gerber: *Engadin St. Moritz. Ein Tal schreibt Geschichten. A Valley with Stories to Tell*, Zürich 2016.

Seger, Cordula, Reinhard G. Wittmann (Hg.): *Grand Hotel. Bühne der Literatur*, München 2007.

Simonett, Jürg: *Johann Stoffel (1899–1970). Vom populären Dieb zum diplomierten Schneidermeister*, Zürich 2020.

Später, Jörg: *Siegfried Kracauer. Eine Biografie*, Berlin 2016.

von Sprecher, Johann Andreas: *Kulturgeschichte der Drei Bünde im 18. Jahrhundert* [1875], bearbeitet und neu hg. mit Einführung, wissenschaftlichem Anhang, Textergänzungen und Literaturnachtrag von Rudolf Jenny, 4. Auflage, Chur 2006.

Todorov, Tzvetan: «Typologie des Kriminalromans» [1966], in: Jochen Vogt (Hg.): *Der Kriminalroman. Poetik, Theorie, Geschichte*, Stuttgart 1998, 208–215.

Truffaut, François: *Mr. Hitchcock, wie haben Sie das gemacht?*, aus dem Französischen von Frieda Grafe, München 1997.

Tschofen, Bernhard: «Vom Geschmack der Regionen. Kulinarische Praxis, europäische Politik und räumliche Kultur – eine Forschungsskizze», in: *Zeitschrift für Volkskunde* 103/2, 2007, 169–196.

Urry, John: *The Tourist Gaze*, 2. Auflage, London, Thousand Oaks, New Dehli 2002.

Utz, Peter: «Container des Verbrechens. Der Kriminalroman als ‹Globalgeschichte› mit lokaler Verortung, am Beispiel der Literatur aus der Schweiz», in: Urs Büttner, David D. Kim (Hg.): *Globalgeschichten der deutschen Literatur. Methoden – Ansätze – Probleme* (Globalisierte Literaturen 1), Berlin, Heidelberg 2022, 35–47.

Vogt, Jochen: «Regionalität und Modernisierung in der neuesten deutschsprachigen Kriminalliteratur (seit 1990). Nebst einigen Lektüreempfehlungen», in: Wolfgang Brylla, Maike Schmidt (Hg.): *Der Regionalkrimi. Ausdifferenzierung und Entwicklungstendenzen*, Göttingen 2022, 19–46.

Weber, Ulrich: «Das Kurhaus im ‹Durcheinandertal›», in: Cordula Seger, Reinhard G. Wittmann (Hg.): *Grand Hotel. Bühne der Literatur*, München 2007, 158–171.

Wigbers, Melanie: *Krimi-Orte im Wandel. Gestaltung und Funktionen der Handlungsschauplätze in Kriminalerzählungen von der Romantik bis in die Gegenwart,* Würzburg 2006.

Zeh, Juli: «Zur Hölle mit der Authentizität!», in: *Die Zeit*, Nr. 39, 21. 9. 2006, www.zeit.de/2006/39/L-Literatur.

Die Publikation ist entstanden im Rahmen eines Forschungsprojekts des Instituts für Kulturforschung Graubünden.

Mit Beiträgen haben das Buchprojekt unterstützt:
– Commissione della cultura, Comune di Bregaglia
– Cumün da Scuol
– Kulturkommission, Gemeinde Davos
– Gemeinde St. Moritz
– Gemeinde Surses
– Kulturfachstelle, Stadt Chur
– Pontresina Cultura
– Samedan Evenimaints
– SWISSLOS/Kulturförderung, Kanton Graubünden

Informationen zum Verlagsprogramm:
www.chronos-verlag.ch

Karten: Gysin Konzept + Gestaltung
Lektorat: Cordula Seger
Korrektorat: Walter Bossard
Umschlagbild: Rohner, Daniel: *Dialog mit Mi Fu. Dialogue with Mi Fu*, Heidelberg, Berlin 2017.

ISBN 978-3-0340-1768-8